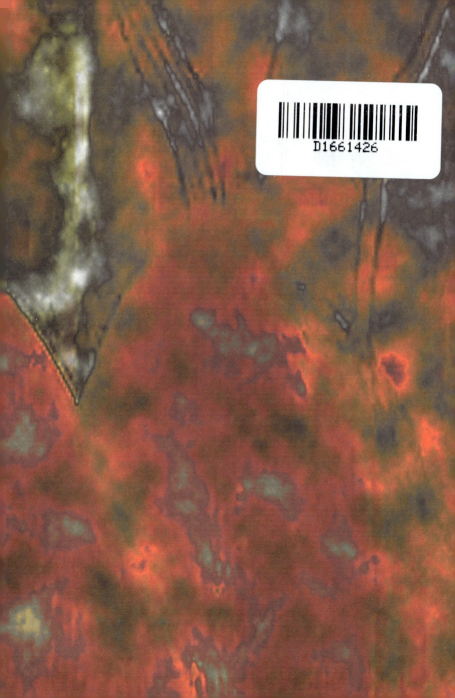

Urs Augstburger

Gatto Dileo

Eine Liebesballade

 bilgerverlag

Für meine Töchter

und im Gedenken an
Lisetta Zimmermann-Gienal   1939 – 2002
Paul Zimmermann-Gienal   1934 – 2002

Nessuno ha mai chiarito se
il mondo è vero senza di te
(Vasco Rossi)

INTRO

Der Himmel ist sternenklar. Er schaltet die Scheibenwischer ein. Der Schleier vor seinen Augen bleibt. Die Windschutzscheibe wölbt sich. Der Asphalt schlägt Wogen, stülpt sich auf, legt sich um die Pneus, gibt sie mit einem schmatzenden Geräusch wieder frei.

Zuviel gekifft.

Am Strassenrand ein Blumenstrauss, daneben ein schwaches Kerzenlicht. Den Tod haben schon andere überlebt. Die Scheinwerfer irren weiter. Die Seitenwand des Transporters schrammt gegen die Stützmauer, das kreischende Geräusch vermischt sich mit dem Heulen des Motors. Maurizio dreht am Lautstärkeknopf des Kassettengeräts.

Zuviel gekifft, zuviel Bier. Kein Gefühl für Geschwindigkeit, für Distanzen, nur Schmerz. Egal. Hat keine Bedeutung. Er ist draussen. Alles verloren. Die Band, Mitra.

Er rammt das Gaspedal in den Boden. Sie haben miteinander geschlafen. Salvo und Mitra. Sein Freund und seine Freundin. Die Blicke zwischen den beiden, ihr Zögern beim Wiedersehen, Mitras ungewohnte Forschheit im Bett, das geheuchelte Interesse an seinem neuen Text … Er hat nicht fragen müssen. Er hat es gefühlt, gerochen, gesehen. Seit Wochen geahnt.

Der nächste Tunnel. Ein Labyrinth aus Lichtreflexen, als verschenkten Kristalle ihr inneres Leuchten. Die nassglänzenden Wände vervielfachen, verschieben sich. Alles Vergangenheit. Salvo, Mitra, die Band. Der zweite Verrat. Dieser verfluchte Produzent. Donato. Nur Arschlöcher heissen Donato. Er genüge höheren Ansprüchen nicht! Er, Maurizio! Die Seele der Band. Der Mittelpunkt der Triade.

Scheissname. Drei sind immer einer zuviel.

Einen Dreiklang gibt es nur in der Musik.

Seine Schuld. Weshalb hat er nichts dagegen getan? Salvo Einhalt geboten, schon vor Jahren? Selbst die Äste der Bäume am Strassenrand greifen nach ihm. Maurizio beschleunigt den Wagen. Salvo hat seine Schüchternheit ausgenutzt. Seine Gutmütigkeit. Sein Vertrauen! Hat ihn ausgeraubt, leergesaugt, weggeworfen. Hat seine Leidenschaft für die Musik zur eigenen gemacht. Seine Texte, seine Ideen, die Melodieansätze verinnerlicht. Geklaut! Jede seiner Bewegungen vorne am Bühnenrand drückt es aus: Meine Songs! Meine Band! Meine Show!

Jetzt gehörte auch Mitra ihm.

Scheiss auf sie, scheiss auf ihn.

Eine Ausweichstelle am Strassenrand. Der Transporter schlingert, er schaltet die Zündung aus, der Wagen bockt, als der Motor abstirbt. Maurizio lässt seinen Oberkörper auf das Lenkrad fallen. Verharrt minutenlang, bewegungslos. Gibt es einen Ausweg? Zurückfahren, Salvo vom Plattendeal abbringen, ihm die Augen öffnen für die Lügen des Produzenten? Unmöglich. Maurizio will Musik machen, Salvo aber Karriere.

Mitra zur Rede stellen?

Er fürchtet ihre Antworten.

Und Salvos Winkelzüge. Donatos Urteil. Mutters Fragen, Vaters Vorwürfe.

Maurizio startet den Motor, legt den Gang ein. Nichts ist geblieben. Die Musik war seine einzige Hoffnung gewesen, Mitra sein letzter Halt. Bis heute.

Sie hat sich entschieden. Ihn verraten.

Er dreht die Musik lauter. Mitra hat die Kassette von Italien mitgebracht. Schlechtes Gewissen? Du kannst alles überstehen, hat sie gesagt, wenn du in jeder Situation den richtigen Song im Ohr hast. Exakt seine Worte an sie, damals, als er sie von den Friedhöfen ins Leben zurückgeholt hatte.

Der Motor heult auf.
Sie hat es so gewollt.
Sie alle haben es so gewollt.

1. DAS KREUZ

Der Junge starrte ihn entgeistert an.

Augenblicklich verfluchte Gatto seine Naivität. Eben noch hatte er durch das Fenster gesehen, wie der Bursche Kieselsteine Richtung Pergola gekickt hatte, eine Hand in der Tasche der tiefsitzenden Hose, in der anderen eine Papiertüte, wahrscheinlich die Lebensmittel. Siebzehn mochte er sein, die demonstrative Langeweile Teil eines Schutzwalles, der sofort eingestürzt war, als Gatto die Tür geöffnet hatte.

Ein Teenager im Valle Quarta wusste nicht weniger als jeder andere, was hatte er sich bloss gedacht? Das Tal war nicht das Ende der Welt, das Städtchen am See nur zwei Autostunden entfernt, die italienische Grenze nicht viel weiter. Er hätte Vorkehrungen treffen sollen, jetzt war es zu spät.

«Die Lebensmittel?»

Der Junge nickte. Gatto streckte die Hand aus. «Wieviel?»

«Vierundneunzigdreissig.» Die Antwort war kaum hörbar.

«Behalt den Rest. Und ... du erzählst keinem, wer ich bin!» Er liess es wie eine Feststellung klingen, zugleich fragte er sich, weshalb der Junge ihn ernst nehmen sollte. Vorbei die Zeiten, als sie seine Wünsche erfüllten, bevor er sie geäussert hatte. «Im Laden wirst du sagen, da war keiner. Du hättest vergeblich geklingelt, die Tasche dann vor die Tür gestellt ...»

«Und das Geld?»

«Was ist damit?»

«Wie bezahlt einer, der nicht da ist?»

Gatto stutzte. «Gib es einfach erst später weiter.» Eine bessere Lösung fiel ihm spontan nicht ein. «Wie heisst du?»

«Marco.»

«*Ci vediamo*, Marco ... falls unser Geheimnis eines bleibt!»

Der Junge entfernte sich einige Schritte. Im Schatten der Kastanienbäume blieb er stehen. «Schöner Wagen!» Er deutete über die Schlucht hinweg zum Parkplatz.

Gatto nickte. «Vielleicht nehm ich dich mal mit.» Ein kleiner Anreiz konnte nicht schaden.

«Und ... soll ich Sie Gatto nennen?» Marco wurde mutiger. «Oder Salvo? Weil – das ist doch Ihr richtiger Name? Salvo! Steht im Internet.»

«Steht da?» Gatto lächelte matt. «Dann wird es wohl stimmen. *Ciao.*»

Der Junge rannte los. Die Aufregung liess ihn in der Mitte der schmalen Steinbrücke stolpern. Bevor er auf der anderen Seite hinter der Wegbiegung verschwand, schaute er zurück, legte bedeutungsvoll den Zeigefinger auf die Lippen.

Gatto räumte die Lebensmittel in den Kühlschrank. Jeden Gedanken an die möglichen Konsequenzen dieser Begegnung verdrängte er. Der einzige Zufluchtsort waren seine Erinnerungen, damit hatte er sich schon lange abgefunden.

Er fügte die beiden Holzstäbe zu einem Kreuz und nahm den Hammer. Siebzehn Jahre waren seit ihrer letzten Liebesnacht im Nonnenkloster der Sorelle dei Poveri di Santa Caterina vergangen. Kein Tag, an dem er nicht an sie dachte. Drei gezielte Schläge trieben den Nagel durch die Holzstäbe. Drei Kerzen hatte sie in der Chiesa di San Francesco in Cortona angezündet. Eine für ihren Grossvater, der gleichentags in Disentis zu Grabe getragen wurde, eine für die Grossmutter, eine für die absehbaren weiteren Entweihungen des Klosters.

Sechstausendzweihundertfünfzehn Tage seither. Vorübergehend hatte er neben anderen Frauen gelebt. Während drei Jahren hiess eine Luisa. Eines Tages fand sie heraus, dass seine Besessenheit nicht der Arbeit galt, wie alle glaubten. Die war nur die Brücke zur Vergangenheit. Die letzte.

Mit einem weichen Tuch polierte er das Holzkreuz.

Erste Sonnenstrahlen stahlen sich in die Schlucht. Sie trockneten die Pfützen des nächtlichen Gewitterregens auf der Terrasse. Das verdampfende Wasser stieg in dünnen Schleiern von den Granitplatten auf. Gatto setzte sich auf die Bank neben der Küchentür. Die Luft war klar. Erstmals seit seiner Ankunft konnte er in der Ferne das Quartadelta und das matte Blau des Sees erkennen.

Das Gespräch mit Marco hatte ihn erschöpft. Wenigstens blieben die Schwindelgefühle aus. Sie wären weder Anlass zur Sorge noch Grund, sich hinzulegen, hatte ihm der Arzt kurz nach dem Zusammenbruch erklärt. Wenn er gar nichts mehr täte, würden sich die Burnout-Symptome noch verstärken. Gattos Finger zwirbelten gewohnheitsmässig eine Haarsträhne vor den Augen. Er musste sein Aussehen verändern! Das neue Leben hatte kaum begonnen, und schon war er auf die Verschwiegenheit eines Jungen angewiesen.

Salvo. Seit dem Tod der Mutter nannte ihn keiner mehr so. Glücklicherweise hatte seine Fangemeinde nie erfahren, wie der Künstlername ihres Idols entstanden war. Im Ferienlager für sozial Mindergestellte in den Toggenburger Bergen hatte sich keiner für Salvo, den «Tschingg», interessiert. Mit Ausnahme der jungen Katze vom Nachbarhof. Zwei Wochen lang hatte er jede freie Minute mit ihr verbracht. Bald nannten ihn die anderen «Gatto», die Katze.

Selbst während des Finales beim Tischfussballturnier krallte sich das Kätzchen auf seiner Schulter fest. Er gewann trotzdem, und mit ihm Holland. Die verspätete Rache für das WM-Finale 1974. Die Andeutung eines Lächelns huschte über seine Lippen. Als wäre es gestern gewesen, erinnerte er sich an die Mannschaft um Jongbloed, Cruyff, Krol, Suurbier, Rensenbrink, Neeskens, Haan. Nicht zu vergessen sein Held, Flügelspieler Johnny Rep! Das war kein Fussballspiel, es war ein Wettstreit zwischen Kunst und Handwerk, zwischen Idealismus und Realismus. Mit dem üblichen fatalen Ausgang, besiegelt durch einen kleinen Dicken, der Müller hiess, und bezeichnenderweise «Bomber der Nation» genannt wurde. Die geschlagenen Holländer, die Magier des Fussballs, hatte er verehrt, wie sein selbstbemaltes T-Shirt kundtat, nicht Italien, die Heimat seines Vaters. Für einen Secondo-Bub, der in der Deutschschweiz aufwuchs, zumindest ungewöhnlich.

Die Abgrenzung von der Ausgrenzung, wusste er heute.

Die Geschichte hatte Donato, sein Manager, sofort vergessen. Doch der Spitzname Gatto, die Katze, gefiel ihm. Salvo sei nämlich zu christlich, Dileo immerhin akzeptabel. Gatto Dileo also – daraus liesse sich was machen, das klänge sinnlich, gefährlich, brutal gar, in jeder Nuancierung aber erotisch, er solle sich nur mal die Merchandising-Möglichkeiten vorstellen, die Slogans der Kampagnen: Gatto, die Katze. Gattopardo, der Leopard. Oder die Krönung: Gatto, der Rammbock!

Entsprechend waren die Werbe-T-Shirts für seine ersten Auftritte ausgefallen.

Damals hatte er sie gemocht, erinnerte er sich mit Verwunderung.

Ein Zitronenfalter tanzte über der Schlucht. Seine Umrisse grenzten sich erst scharf vom Grün im untersten Becken ab, dann verschwammen sie vor dem Weiss der stiebenden Gischt in den Trichtern zwischen den Felsblöcken, wurden wieder sichtbar im klaren Braun, wo die Strömung die Quarta wie einen gläsernen Vorhang über die Steine spannte.

Gatto stand auf. Bald würde die Mittagshitze die morgendliche Kühle zerreiben. Der Weg führte in spitzen Kehren und gesichert durch ein Geländer aus dünnen Baumstämmen zum Fluss hinab. An den steilsten Stellen waren Stufen in den Fels gehauen. Auf halber Höhe zweigte ein Pfad ab, er endete etliche Meter über dem Wasser auf einem Felsvorsprung. Für die früheren Besitzer des Torre einst ein Aussichtsplätzchen.

Zwei Zementsäcke standen dort bereit, Sand aus dem Bett der Quarta, eine Maurerkelle, ein Mischbecken, ein Eimer mit Wasser, Bretter für die Schalung. Was er brauchte, hatte er in den letzten Tagen hergebracht. Jeder Gang ein Grossunternehmen, mit Umsicht geplant, nur schon der Gedanke daran hatte ihm Mal für Mal den Schweiss aus den Poren getrieben. Nach wenigen Schritten waren seine Beinmuskeln übersäuert, die Schlucht verschwamm vor seinen Augen, die Angst presste seinen Atem in ein Keuchen. Keiner da, der ihn rechtzeitig gefunden hätte, wäre er zusammengebrochen! Kein Arzt, der beruhigend erklären konnte, was körperliche Erschöpfung war und was ein Symptom der seelischen.

Er schüttete weissen und wenig grauen Zement in das Becken. Die entstandene Farbe traf die des Felsens leidlich. Der Sand machte die Masse körnig. Er rührte sie mit Wasser an, bis sie nicht mehr pappte, sondern geschmeidig von der Kelle glitt. Mit den Schalbrettern formte er einen zwanzig Zentimeter hohen Quader, goss den Inhalt des Mischbeckens hinein. Vorsichtig strich er die sonderbar elastische Masse glatt. Der Zement band das Wasser bereits. Er steckte das Holzkreuz hinein. Mit einem Zweig ritzte er die Wörter «*Eravamo in tre*» in den Zement.

Sein Rücken schmerzte. Langsam richtete er sich auf. «Wir waren drei, Maurizio. Damals. Jetzt noch zwei. So Gott will!» Unwillkürlich blickte er hoch. Ein Falke schraubte sich über dem Torre in den Himmel. Als weiche er Gattos Blick aus, drehte er ab und verschwand. Die Sonne hatte den Zenith überschritten, das Kreuz warf seinen ersten Schatten auf die Felswand.

In schwarzen Büscheln fielen die Haare ins Lavabo. Gatto hatte keine Sekunde gezögert. Verwundert betrachtete er seine freigelegte Kopfform.

Strich mit der Hand über die Stoppeln, alle exakt zwei Millimeter lang, wie die Skala auf dem Langhaarschneider verriet. Sein verändertes Spiegelbild berührte ihn nicht. Schuldgefühle liessen sich nicht wegschneiden. Die Fotografen hingegen hätten ihre helle Freude gehabt. Gatto Dileo nackt! Schluss mit den lasziv schüchternen Blicken durch die Haarsträhnen. Sie waren bei den ersten Fotoshootings aus Unsicherheit entstanden, im Laufe der Jahre zum Markenzeichen geworden und schliesslich zur Koketterie verkommen.

Der kleine Zierbalkon im zweiten Geschoss ermöglichte den Blick über sein ganzes Anwesen. Von der fast senkrechten Felswand und den darunterliegenden Waldpartien – ihre Ausläufer reichten bis an die Rückseite des Gebäudes – über die Terrasse zur Steinbrücke, die Verbindung zur weniger schroffen, besiedelten Talseite. Er hatte nie nachgeforscht, wozu der Torre degli Uccelli ursprünglich gebaut worden war. Der Architekt hatte etwas von einer Beobachtungsstation für Vögel erzählt. Das erklärte den Namen, nicht aber die Ausmasse des Turms. Seine Mauern waren, wie im Tal üblich, aus groben Natursteinen gefügt. Ihre unregelmässigen Formen mussten den Maurern einiges an Improvisationstalent abgefordert haben. Vergleichbar mit den Mäuerchen, die die Terrassen des familieneigenen Olivenhains nahe Siena abschlossen. Während der langen Ferien war es jeweils seine Aufgabe gewesen, sie unter Vaters gestrenger Aufsicht auszubessern. Ferien war das falsche Wort, korrigierte er sich. Sie gingen nach Hause, *per mettere tutto a posto,* um nach dem Rechten zu sehen. Vaters Worte. Sein Vater, der nie wirklich verstanden hatte, was Gatto eigentlich tat. Wie man sein Leben so vertändeln konnte.

Vater hätte den Torre für ihn restaurieren sollen. Sein letzter grosser Auftrag vor der Pensionierung, ein Traum für jeden Maurer. Nicht nur finanziell. Niemals hatte er sich dem Vater näher gefühlt als in den Stunden, die sie gemeinsam über den Bauplänen und Fotografien verbracht hatten. Er fühlte sich in die Kindheit zurückversetzt, sah die Steinbrocken wieder, mit denen er die Lücken in den Terrassenmauern schliessen sollte, der Verzweiflung nahe, weil keiner auf den andern passte, und im Wissen darum, wie schnell der Vater drei herausgreifen und zusammenfügen könnte wie getrennte Drillinge. Aus Trotz hatte er manchmal gepfuscht, handbreite Spalten in Kauf genommen, dem erzürnten Vater erklärt, das müsse so sein wegen der Eidechsen, die seien hier grösser als in der Schweiz.

Viel später erst war ihm klargeworden, dass er seinen Perfektionismus geerbt hatte. In unzähligen Studionächten entwickelte er seine Variation des väterlichen Handwerkerethos.

Er war erleichtert gewesen, weil er ihm mit dem Auftrag vieles zurückgeben konnte – auf eine Weise, die der Stolz des Vaters zuliess. Vierzehn Tage vor Baubeginn wurde der Krebs diagnostiziert, begannen die Untersuchungen. Der Zustand des Vaters war mit jedem weiteren Ergebnis schlechter geworden. Am letzten Wochenende ausserhalb des Krankenhauses, in Freiheit, wie er gesagt hatte, liess er sich zum Entsetzen der Mutter hierherfahren. Ein letztes Durchatmen, dachte Gatto jetzt, obwohl der Vater kaum noch hatte atmen können. Noch ein Mal Sonne und Wind spüren. Nicht nur das, dafür hätte er nicht kommen müssen: Er musste sehen, wo er seinen Sohn zurückliess. Er hatte die alten Mauern abgetastet, daran gerochen, als könnte er feuchte Stellen erschnuppern, nickte nach jeder Prüfung zufrieden, verpflichtete Gatto ohne Worte dazu, die Arbeit der Männer, die das Haus einst erbaut hatten, zu ehren.

Auf diesem Balkon hatten sie gestanden, in die Schlucht geblickt, der Vater stumm, mit Ausnahme des einen Satzes, den er nicht sogleich als Abschied verstanden hatte. «Wichtig ist nur, dass etwas bleibt von dem, was war», hatte sein Vater gemurmelt.

Zwei Wochen später war er im Kantonsspital Baden gestorben.

In derselben Nacht hatte Gatto Dileo einen weiteren Award entgegengenommen. In London.

Es gab noch andere Dinge, die er sich nie verzeihen würde.

Im Schlafzimmer strich seine Hand über die Steinmauern, die auch im Innern des Hauses unverputzt waren. Die schlichten Holzmöbel im Bad und im Gästezimmer hätten Vater gefallen. Zögerlich stieg er die Treppe hinauf. Unter dem Dach, wo einst ein beamteter oder besessener Ornithologe seine Beobachtungsstation betrieben hatte, war nun ein komplettes Studio. Gatto hatte es seit seiner Ankunft nicht betreten.

Auf dem Schreibtisch des angrenzenden Zimmers thronte der lampenförmige iMac wie ein verschwörerisch blinzelndes Monster, bereit, sich all die DV-Filme seines letzten Auftrittes einzuverleiben. Er hatte Donato versprochen, er würde sich dahinterklemmen.

Bald.

Irgendwann.

Er stellte die Internetverbindung her, öffnete die Mailbox seiner Homepage. Die Leute vom Management hatten die üblichen Fanmails bereits aussortiert, die weitergeleiteten kamen üblicherweise von Donato selbst. Sie trugen einen Dringlichkeitsvermerk. Er löschte sie ungelesen. Die Absenderadresse des letzten Mails liess ihn stutzen. Er öffnete es.

von: amicidell@giustizia.it   an: gatto@gattodileo.com

Betreff: persönlich

Caro Dileo

Ich weiss, wer Sie sind. Was Sie sind. Ich weiss, wo Sie sind, jetzt, da Sie diese Zeilen lesen. Keine Angst, ich werde nicht damit hausieren gehen. Obwohl – mein Mitleid verdienen Sie nicht. Auch wenn unsere Geschichten auf unglückselige Weise miteinander verbunden sind, übersteigt mein Leid Ihres in einer Weise, die Sie nicht ermessen können. Sie und Ihresgleichen.

Vor drei Jahren bin ich aus Italien ins Tessin gefahren. Denselben Weg wie Sie kürzlich im Krankenwagen? Egal. Auf dem Nebensitz stand ein Kästchen. Unbearbeitetes Holz, zwanzig auf zwanzig auf dreissig Zentimeter. Verziert mit einem kleinen Strauss. Welche Blumen es waren, weiss ich nicht mehr. Ich habe sie während der Fahrt nicht angeschaut. Ich hatte andere Bilder vor Augen. Die Biene zum Beispiel. Ihr Leib war eine Papprolle. Ihre Fühler und Beine Pfeifenstopfer. Ella hatte sie als Vierjährige für die sterbende Mamma gebastelt und ihr ins Spital gebracht. Mit all den Dingen, die nach dem Tod ihrer Mutter zurückkamen, mit dem Bademantel, dem Necessaire, kehrte auch die Biene in unser Haus zurück. Mein Fehler. Eine Unachtsamkeit. Unentschuldbar. Ella sah sie. Sie fragte, weshalb Mamma ihr Geschenk nicht mitgenommen habe. Dahin, wo sie hingegangen sei. Ihren Blick in jenem Moment habe ich nie vergessen. Zehn Jahre später, während der Autofahrt, sah ich diesen Schmerz wieder, die Verständnislosigkeit, die Trauer ...

Wie hätten Sie es erklärt? Einer Vierjährigen? Was hätten Sie gesagt, Gatto Dileo?

Ich sah nicht die Strasse, sah nicht den Weg, nur Bilder, immer mehr Bilder. Ella im Planschbecken, selbstvergessen einen Becher mit Wasser füllend, ihn ausleerend, neu füllend. Ihre Zungenspitze eingeklemmt zwischen den Zähnen, so sehr hatte sie sich in ihrer Traumwelt verloren.

Ich sah die sehnsuchtsvolle Erleichterung, mit der sie die vielfarbigen Wolkentürme bei einem Sonnenuntergang am Meer betrachtete. Wochen, nachdem ich ihr erklärt hatte, dass Mamma jetzt da oben sei, bei Tag Wolken anmalte und nachts für sie die Sterne anzündete. «Mamma hat wieder viel gearbeitet heute», sagte Ella. Damals. Am Strand.

Ich sah sie am Tisch, wie sie aufgeregt die Karten unseres Zahlenspiels zum ersten Mal in die richtige Reihenfolge legte. Eins bis zwanzig, in der Mitte die zehn, verkehrt herum, die Lieblingszahl der Mutter.

Ich sah sie im Garten den Lebensbaum giessen, den wir am Tag von Mammas Tod gepflanzt hatten. Jeden Abend gab Ella ihm Wasser. Auch wenn es regnete. Ich tat nichts dagegen, Gatto Dileo. Ich hörte zu, wie sie dabei die Erlebnisse des Tages mit ihrer Mutter besprach. Nur in Andeutungen, die ich nicht verstand. Die Mutter schon, denn sie war ja dabeigewesen, ihr Schutzengel, auf dem Schulweg, im Klassenzimmer, am Mittagstisch.

Was erzähle ich Ihnen! Sie haben keine Kinder, Sie können das nicht verstehen. Nichts von dem, was vierzehn Jahre lang mein Leben ausgemacht hat. Sie haben richtig gelesen: VIERZEHN!

Nur vierzehn wurde sie.

Warum, Gatto Dileo, schreiben Sie nicht darüber einen Song?

Den richtigen Ort habe ich damals nicht gefunden. Oder nicht gesehen. Die Staumauer war nicht schlechter als etwas anderes. Die Dämmerung kam schnell an diesem Abend. Ich kletterte über die Absperrung. Erst in der Mitte der Mauer nahm ich die Urne aus dem Kästchen. Nahm das, was bleibt, wenn nichts mehr bleibt, überliess die Asche dem Wind.

Es hat nicht geholfen. Nichts hat geholfen.

Vielleicht sind Sie sensibler, als ich denke. Vielleicht fragen Sie sich, weshalb ich nicht gesprungen bin.

Ich weiss es nicht. Vielleicht weil ich erst Sie treffen muss?

Ich sprang nicht. Ich schnitt mir nur in den Zeigefinger. Malte mit meinem Blut sorgfältig eine Biene mit rundem Leib und langen Beinen auf die Mauer.

Warum, Gatto Dileo, machen Sie nicht daraus einen Song?

2. VITA SPERICOLATA
(Vasco Rossi)

Mitra hatte zwei Probleme. Ihre schmollende Tochter auf dem Nebensitz war das kleinere. Annas Unberechenbarkeit war sie gewohnt, sie war sechzehn. Eher beunruhigte sie, was sie tat. Sie hätte Rolf nicht erklären können, weshalb sie ihre Reiseroute spontan geändert hatte. Das Konzert, die Erinnerungen, das Aufbrechen verdrängter Gefühle ... Schon beim Planen der Reise hatte sie mit einem Umweg über Cortona geliebäugelt, gestand sie sich ein. Jetzt, kurz vor dem Ziel, zeitigte ihr schlechtes Gewissen absurde Nebenwirkungen. Den sonderbarsten Gedanken bekam sie nicht mehr aus dem Kopf: Sie liebte ihren Mann etwa so sehr wie ihre Schuhe.

Sie lagen neben der Schalthebelkonsole. Eine Kreuzung von Cowboystiefeln und Slippern. Hohe Absätze, hinten offen, gefertigt aus Schlangen-, Elefanten- oder Krokodilleder, was wusste sie. Der Preis so unkorrekt wie die Herkunft des Leders, er machte exakt einen Fünftel ihres Monatslohnes aus. Sie waren jeden Franken wert. Am Anfang hatte sie Blasen bekommen, zwei an jedem Fuss. Gleichmütig hatte sie die Schmerzen ertragen, das Leder würde sich anpassen. Schon hier hinkt der Vergleich, dachte sie amüsiert. Auch Rolf hatte sich angepasst, allerdings nicht ihr, nur den Begebenheiten.

Wenn sie in den Slippern durch die Stadt stöckelte, fühlte sie sich begehrenswert und unverletzlich zugleich. «Das, was sich jede Frau wünscht!» beendete sie ihren Werbeslogan. An gewissen Tagen konnte sie ohne die Schuhe nicht sein. Sie hatte sich schon in Wutanfälle gesteigert, wenn sie feststellte, dass der Zürcher Bindfadenregen sie in geschlossene Schuhe zwingen würde. Sie lächelte. Sie liebte ihre Schuhe wirklich! Soviel zu Rolfs Ehrenrettung.

Abgesehen davon – weshalb war die Midlifekrise Männern vorbehalten? Denen drohte weder Meno-Pause noch Hitzewallungen, ihre Sonnenbrille hingegen beschlug sich schon beim Gedanken daran.

«Die Ausfahrt. Da! Nach Cortona! Da willst du doch hin, woran denkst du die ganze Zeit?»

Mitra verliess im letzten Moment die Autostrada, sie fädelte sich in den Verkehr Richtung Val di Chiana ein. «Ich habe mich eben gefragt, ob ich eher auf meine Schuhe oder auf Rolf verzichten würde», sagte sie ohne Vorwarnung.

«Was gibt es da zu überlegen?» erwiderte Anna. «Die Schuhe waren teuer.»

Sie lachte nicht. Mitra wurde vorsichtig.

«Du hältst nicht sehr viel von deinem Stiefvater …»

«Er ist ein Langweiler, das weisst du.»

«Er ist zuverlässig. Berechenbar. Er ist der Vater meines Sohnes.»

Anna hob abwehrend die Hände. «Aber nicht meiner. Du hast ihn mit deinen Schuhen verglichen!»

Stillschweigend einigten sie sich darauf, das Thema nicht weiterzuverfolgen. Was die Beziehung zu ihrem Mann betraf, fühlte sich Mitra verunsichert genug. Vor neun Jahren hatte Rolf in der Werbeagentur, wo sie arbeitete, den elektronischen Briefverkehr installiert, drei Stunden später hatte sie das erste Mail von ihm auf dem Bildschirm, am Abend des folgenden Tages offenbarte er ihr Einblicke in sein zweites Leben als illegaler Hacker. Mitra war begeistert gewesen. Er wechselte kurz darauf die Seite. Heute war er in der E-Commerce-Abteilung einer Grossbank verantwortlich für Datensicherheit. Manchmal zog er eine Krawatte an, und er las seit neuestem die *Neue Zürcher Zeitung*. Unmerkliche Veränderungen, sie mochten der Grund dafür sein, dass sie ihm gelegentlich ihre Schuhe vorzog.

Nach der Geburt von Manuel vor fünf Jahren blieb nichts mehr vom einstigen Freak und Untergrundkämpfer übrig. Sie hingegen sehnte sich vermehrt nach Ausbrüchen aus dem Alltag. Die Gelegenheiten waren selten. Je mehr Rolf sich um ihren Sohn kümmerte, um so heftiger klammerte sich dieser an sie. Was ihr als Mutter schmeichelte, als Partnerin leid tat, sie als Frau einschränkte. Bei aller Liebe zu Manuel – wenn nicht jeweils ihre Eltern eingesprungen wären, so wie jetzt, sie wäre längst zur Dienstleistungsmaschine verkommen.

Mitra blickte in den Rückspiegel. Ihre schwarzen Augen blitzten noch immer jugendlich, wenn sie es darauf anlegte. *Zwei Kohlenstücke/ in gleissendem Eis gefroren/ die Glut erhalten/ Abgründe, aus denen Funken schlagen ...* Das einzige Gedicht von Salvo. Er hatte Worten nicht getraut, das Schreiben Maurizio überlassen.

Wenn sie wenig geschlafen hatte, zeigten sich leichte Kerben an der Innenseite der Nasenwurzel. Tiefere Falten fand sie nur in den Augenwinkeln. Die paar grauen Haare kümmerten sie weniger. Im Zeitalter der Tönungen konnte sich ohnehin kaum eine Frau an ihre ursprüngliche Haarfarbe erinnern. Für ihre achtunddreissig Jahre sah sie passabel aus. Alles in allem. Seit der zweiten Schwangerschaft war sie nur noch schlanker geworden. Zugegeben, auch an den falschen Stellen. Sie trug wieder dieselbe Hosengrösse wie vor siebzehn Jahren. Als sie zum letzten Mal hier gewesen war. Ohne Ankündigung drängten Tränen in ihre Augen. Sie wählte das letzte Stück auf ihrer selbstgebrannten CD an. Musik wirkte bei ihren plötzlichen Stimmungswechseln ausgleichend. Willy de Ville sang, nicht er. Seine Stimme ertrug sie meist schlecht. Das Lied erzählte von einem Kuss, der Willy für den Rest des Lebens einsam gemacht hatte. In ihrem Fall waren es ein paar Nächte. Die Wahrheit war manchmal kitschig. Sie schaltete auf Radio um. Ein italienischer Schnellsprecher vertrieb mit seinen Wortsalven ihre Melancholie. Die bevorstehende Konfrontation mit der Vergangenheit erklärte ihre Wehleidigkeit! Aus der Einsamkeit war Neues entstanden. Ihr zweites Leben. Hier war sie, zurück in der Toscana, im Sommer, unterwegs mit der Tochter, die sie liebte. Sie brauchte nur Anna aus dem Schmollwinkel zu holen, und die Reise würde für sie beide ein Erlebnis.

Wie auf Befehl wuchs vor ihnen Cortona aus dem Hügel. Nahtlos fügten sich die erdfarbenen Stadtmauern, Palazzi und Kirchen in die karge Vegetation. Die Luft über der Strasse flimmerte, vielleicht der Hitze wegen, doch was erklärte den feinen Schauer, der über ihren Rücken lief?

«Und darunter ein ... hörst du mir überhaupt zu?» fragte Anna, die Musik übertönend.

«Sicher. Darunter das Top von Indian Rose!» Das war die Gelegenheit, die sie nicht verpassen durfte, wollte sie nicht die nächsten drei Tage angeschwiegen werden. «Ich verspreche dir, zuerst finden wir einen Kleiderladen, der deine Marken führt. Und ich – mich werden wir auch neu einkleiden!»

Sogleich spürte sie Lippen auf ihrer Wange. Anna, die Wankelmütige!

«Das wolltest du doch schon lange», hakte sie sogleich nach. «Ein neues Styling! Vielleicht ist es der richtige Zeitpunkt.»

Anna rutschte bereits unruhig auf dem Beifahrersitz herum, ihr Überdruss war weggefegt, sie stellte eine Einkaufsliste zusammen. Was hatte sie sich gedacht? wunderte sich Mitra. Dass sie mit schwarzem Kopftuch durch die Kirchen und Museen von Cortona pilgern würde, im Gedenken an vergangene Zeiten?

Genau das würde sie tun. Nur ohne Tuch.

«Danach zerschneide ich deine alten Levis! Du kannst ruhig mal etwas Moderneres tragen. Bauch frei, auf die Hüfte geschnitten, wie die Miss-Sixty-Modelle!»

Annas plötzlicher Eifer amüsierte Mitra. «Miss Sixty muss ich nicht tragen, Miss Sixty bin ich selbst.»

«Bei deiner Figur liegt noch etwas drin!»

«Ja. Ein Nabelpiercing. Oder ein intimes Tatoo.»

Anna boxte gegen ihre Schulter. «Was ist nur an diesem Konzert passiert? Seit Mailand bist du ... bist du frech und rotzig wie ... wie ...»

«Wie du? Das hat nichts mit dem Konzert zu tun», sagte Mitra rasch. «Vielleicht spüre ich bloss den italienischen Sommer und ziehe wieder die Levis an, wenn unsere kleine Reise vorbei ist.»

«Dann sprech ich nicht mehr mit dir!»

«Mit dieser Drohung schreckst du mich nicht mehr, Anna Elina Gagliardo!»

Das Hotel Italia in der Via Ghibellina war in Ordnung, Anna hatte gut geschlafen, sie ein bisschen. Hundert Euro wechselten die Hand, als sie sich nach dem Frühstück in der engen Bar trennten. Sie solle die Kleidergeschäfte, die für beide in Frage kämen, im Stadtplan einzeichnen. «Und schau dir dazwischen das eine oder andere Bauwerk an!»

Was sie vielleicht sogar tun würde, der Zauber der mittelalterlichen Stadt wirkte selbst auf eine modefixierte Sechzehnjährige. Das hatte sie Anna angemerkt, als sie bei der Porta San Agostino die Ringmauer passierten. Dann die Via Guelfa hinauf, die sich überraschend zur Piazza della Repubblica öffnete und über die Treppe des Palazzo Civico in den Himmel führte.

Mitra wollte allein sein. Die Bilder wiederfinden, die Gerüche, die Lieder. Sie würde dort beginnen, wo der Bus sie damals abgesetzt hatte: auf der Terrasse der Piazzale Garibaldi, mit Blick auf die Ebene des Val di Chiana und den Lago Trasimeno.

Ungeachtet der Zeit, die vergangen war, wählte sie den richtigen Weg durch die engen Gassen. Sie waren mit grossen Platten ausgelegt, verbanden die eng gestaffelten Häuserzeilen, als setzten sie bloss deren Natursteinmauern fort. Durch die Via Coppi kam sie zur Nazionale. In der Garibaldi-Bar bestellte sie einen Amaretto auf Eis. Sie spazierte zur Ringmauer, die die Piazza begrenzte. Hier hatte der tote Skorpion gelegen, oder das, was sie für einen toten Skorpion gehalten hatten, übernächtigt wie sie waren, zwischen ihren Koffern und Taschen dösend. Die Unterkünfte im Kloster waren noch nicht bereit gewesen. Sie erinnerte sich an die Leichtigkeit, die wie ein Virus nach und nach alle erfasst hatte, zuletzt ihren überkorrekten Klassenlehrer. Im Laufe der zwei Wochen liess er gar den einen oder anderen Programmpunkt seiner ausgefeilten Abiturreise ausfallen.

Voglio una vita maleducata
di quelle vite fatte così
voglio una vita che se ne frega
che se ne frega di tutto, sì!!!
Voglio una vita che non è mai tardi
di quelle che non dormi mai
voglio una vita
vedrai che vita vedrai!!!

Das ungezogene Leben. Sich einen Dreck um alles scheren. Das Leben jener, die nie schliefen ... Sie summte nicht weiter, ein älteres Ehepaar setzte sich in ihre Nähe auf das Mäuerchen. Hier hatten sie das Lied zum ersten Mal gehört! Erst verblüfft, dann elektrisiert. Zuerst die Secondos wie sie, die auf Anhieb alles verstanden, etwas später auch ihre Schweizer Klassenkollegen. Denn kaum war das Stück zu Ende, hatte Salvo ein Fünfhundert-Lire-Stück in die Jukebox geworfen und achtmal *Vita Spericolata* gedrückt, diese Hymne auf den jugendlichen Übermut, der sie letztendlich ins Unglück getrieben hatte.

E poi ci troveremo come le stars
a bere del whisky al Roxy Bar
o forse non c'incontreremo mai
ognuno a rincorrere i suoi guai!!!

Nur Salvo führte das waghalsige Leben, das sie hier wie im Rausch hinausgebrüllt hatten. Er war ein Star geworden, während andere ihrem Unglück nachliefen. Vascos Worte. Zu welchem Preis? Sein Anblick auf der Bühne hatte sie erschreckt. Die öffentlichen Spekulationen über eine schwere Krankheit schienen nicht mehr so abwegig. Was wusste sie schon! Siebzehn Jahre lang hatte sie ihn nur noch auf Fotografien gesehen, in Illustrierten, zurechtgemacht, geschminkt, ein Phantom. Sie schaute in die Ebene hinaus. Das matte Blau des grossen Sees verschwamm im nachmittäglichen Dunst, der die Lücken zwischen den Hügeln schloss.

Und sie? Was stimmte bloss mit ihr nicht? Was hielt sie trotz ihrer chronischen Übermüdung ganze Nächte lang wach? Was hatte sie nach all der Zeit zum Konzertbesuch bewogen? Weshalb nicht! hatte sie sich trotzig eingeredet, es lag am Weg, Anna würde den Aufenthalt schätzen, Mailand war die Modestadt schlechthin. Die nachfolgenden Änderungen der Ferienpläne waren schwieriger zu erklären: etruskische Mauern in der Toscana statt der vorgesehenen Partywoche an der Adria.

Sie fragte sich, ob es etwas geändert hätte, wenn Anna Salvos Tochter gewesen wäre. Sie hätten sich wiedergefunden, gemeinsam gegen ihre Schuldgefühle angekämpft. Dank Anna hatte sie mit der Vergangenheit Frieden schliessen können. Salvo nicht. Das Ausmass seines Leidens hatte sich gegen Ende seines Abschiedskonzertes offenbart. Die Tränen hatte sie vor Anna verborgen. Ihre Tochter verstand ohnehin nicht, was sie in diese Halle getrieben hatte. Weshalb sie auf dem Schwarzmarkt ein Vermögen für die zwei Tickets bezahlte, wo das Konzert in jedem zweiten Fernsehsender zu sehen war! Ihre ach so erwachsene Tochter, die für den richtigen Markennamen auf einem Accessoire bereitwillig das Taschengeld eines Monats hinblätterte.

Geweint hatte sie später, im Hotelzimmer. Lautlos. Die Bilder kehrten zurück. Das letzte Gespräch am Fluss, die blauen Blitze der Ambulanz, der Hubschrauber, das ungläubige Entsetzen ihrer Eltern, der Blick in Salvos versteinertes Gesicht ...

Sie hatte nicht gewusst, dass sie ihn nie mehr sehen würde. Bis zum Konzert. Siebzehn Jahre später stand er auf der Bühne, bat sie vor zehntausend Zuschauern um Entschuldigung. Für das, was damals geschehen war? Was nicht geschehen war? Hatte er ihre Anwesenheit gespürt? Ihre Gedanken drehten sich im Kreis. Im Morgengrauen hatte sie den Entschluss gefasst, ihre Reisepläne geändert. Deshalb war sie jetzt hier.

Sie überquerte die Via Nazionale, ging bis zur ersten Parallelstrasse. Vor der Chiesa di San Francesco blieb sie stehen. Eine Kapelle aus dem dreizehnten Jahrhundert. Grob gehauene Natursteine, eine kleine Steinrosette und das Kreuz auf dem Giebeldach die einzigen Verzierungen. Wieder schritt sie eingeschüchtert die unregelmässigen Steinstufen hinauf, im Zwielicht des Innenraums wandte sie sich nach links. Sie zündete drei Kerzen an, steckte sie neben die bereits brennenden in das Sandbecken.

Die Erinnerungen an ihren Grossvater, den sie hier einst betrauert hatte, waren spärlich geworden. Das Kratzen seiner Bartstoppeln an ihrer Wange, der Tabakgeruch, sein kunstvoll verzierter Stock, der ihr bei den Wanderungen den Weg gewiesen hatte ... Zwei Kerzen hatte sie damals ihm und der Grossmutter zugedacht, die dritte den Schwestern des entweihten Klosters – hatte sie Salvo aus Verlegenheit vorgeschwindelt.

In der hintersten Bankreihe kniete sie zum Gebet nieder. Als sie wieder aufstand, war die eine Kerze bereits zur Hälfte abgebrannt.

3.   DER MÖRDER

Der Stamm hatte den richtigen Durchmesser, entrindet würde er genau in die Löcher der Betonpfeiler passen. Knapp die Hälfte der Rundhölzer, die den Weg in die Schlucht sicherten, waren morsch. Ersatz gab es genügend, im Wäldchen zwischen dem Torre und der felsigen Talwand stritten sich Eschen, Birken, Akazien und Kastanienbäume um das wenige Licht. Über die Härte, die Dauerhaftigkeit der Hölzer wusste Gatto nichts, er wählte die Stämme nach ihrem Umfang. Gleich beim ersten begannen die Schwierigkeiten. Durchsägt hatte er ihn rasch, doch am Ende verklemmte das Blatt. Ein kräftiger Fusstritt holte den Stamm schliesslich vom Strunk, nur stürzte er nicht um, wie Gatto erwartet hatte. Die Äste waren ineinander verwachsen, unmöglich, die Baumkronen zu trennen. Er mass den herunterhängenden Stamm aus, sägte von der Leiter aus ein zwei Meter langes Stück ab. Die Krone liess er hängen. Eine andere Möglichkeit sah er nicht. Ernüchtert betrachtete Gatto die Spuren seiner Arbeit. Er bereicherte das Valle Quarta um eine Attraktion: die hängenden Gärten des Torre degli Uccelli.

Vater hätte den Kopf geschüttelt.

Das, was bleibt, wenn nichts mehr bleibt … Fast Vaters Worte, die der Unbekannte verwendet hatte. Es fehlte ihm nicht an Ernsthaftigkeit, der Grund für seine mangelnde Konzentration war das seltsame Mail. Es liess ihm keine Ruhe. Der Mann hatte erst seine Frau, zehn Jahre später die Tochter verloren. Wenn er die Zeilen richtig deutete, gab er ihm – oder eher dem Kunstprodukt Gatto Dileo – die Schuld daran. In seiner Karriere war er für vieles verantwortlich gemacht worden, von der Untreue unbekannter Freundinnen und Ehefrauen bis zur Ausrottung des Regenwaldes. Donato hatte solche Anwürfe von ihm ferngehalten. Jetzt war der Schutzwall, der ihn seit bald zwanzig Jahren umgab, durchbrochen. Beunruhigend der Absender: «Freunde der Gerechtigkeit»! Klang nach geistiger Verwirrung. Und nach Selbstjustiz. Es passte nicht zum Inhalt des Mails. Die Art, wie der Mann und die Tochter mit dem Verlust der Mutter umgegangen waren, berührte Gatto, erinnerte ihn an seine depressive Hilflosigkeit nach dem Tod seiner Eltern. Kurz nach dem Vater war seine Mutter gestorben. Dieselbe Diagnose, derselbe schnelle Verlauf. Ihre Selbstaufgabe. Sie hatte ihn gefragt, wofür sie noch kämpfen solle. Für einen Sohn, den sie nur aus dem Fernsehen kannte? Für Enkelkinder, die nie gezeugt würden?

Den Gedanken an eine Antwort verwarf er. Es würde dem Absender das Gefühl von Wichtigkeit geben. Unterschätzen durfte er ihn trotzdem nicht. Er kenne sein Versteck. Ein Bluff? Niemand konnte es wissen, dafür hatte er gesorgt. Der Architekt war vertraglich zu Stillschweigen verpflichtet, die Verträge liefen über einen Strohmann. Alles perfekt getarnt. Trotzdem erwähnte der Mailschreiber den Krankenwagen, der ihn hierhergebracht hatte!

Die List eines findigen Journalisten?

Bevor ihn der Verfolgungswahn packte, wollte er weiterarbeiten. Vater hätte aus den Fehlern die richtigen Schlüsse gezogen! Der nächste Baum war eine Akazie. Ihr Holz war härter. Oder liessen seine Kräfte bereits nach? Aufgeben kam nicht in Frage. Körperliche Aktivitäten waren der einzige Weg zur Genesung. Auch wenn es schonendere Tätigkeiten gab. Sein rechter Arm baumelte kraftlos von der Schulter herab, als hätte er seine Nervenstränge und nicht den Baum durchsägt.

Die Arbeit an der Terrasse schien ihm einfacher. Er wollte die Fugen zwischen den Granitplatten füllen. Eine Beschäftigung von symbolischer Bedeutung. Die Terrasse wurde nicht neu, unverändert blieben die Platten mit ihren Schrunden und pilzigen Flechten, doch der Mörtel würde sie zu einem Ganzen fügen. So wie er die Bruchstücke seines Lebens ordnen wollte. Gatto schaute zum Kreuz hinunter. Maurizio hätte es besser ausgedrückt. Er hatte das Spiel mit Worten geliebt. «*All songs and lyrics: Gatto Dileo*» war auf seinen Platten vermerkt. Ein lächerlicher Schwindel. Maurizio konnte sich nicht mehr dagegen wehren. Donato hatte Gatto vor der Veröffentlichung des ersten Albums zu diesem ersten unverzeihlichen Fehler überredet. Er müsse ihn als Cantautore aufbauen, als Sänger und Songwriter, eine echte Künstlerpersönlichkeit. Das wolle er doch auch. Wenn es sein Gewissen beruhige, könne man allfällige Einnahmen aus den Texttantiemen einem wohltätigen Zweck zufliessen lassen.

Zwei Jahre danach hatte Gatto tatsächlich eine Stiftung für Angehörige von Mordopfern ins Leben gerufen. Bald verwaltete sie Millionen, wie Donato ungeachtet Gattos Protesten durchsickern liess. Machte sich gut in der Presse, jeder Rockstar betrieb ein Fundraising. Einmal mehr war er in seiner Naivität Donato auf den Leim gekrochen. Er solle sich endlich von der Vergangenheit lösen, hatte der gepredigt und gebetsmühlenartig seine Geschäftsmaxime heruntergeleiert: Gestern ist heute, geh raus, mach dir Freunde, damit du die Feinde von morgen besser kennst!

Der Antwort auf die Frage, wie es denn um ihre Freundschaft bestellt sei, war Donato immer ausgewichen. Worauf Gatto ohne dessen Wissen die Hälfte aller Einnahmen auf ein Sperrkonto fliessen liess. Bis heute. Wofür genau, wusste er nicht. Es schien ihm das mindeste, das er tun konnte. Gatto setzte die Säge knapp über den Wurzeln der Akazie an.

«*Attenzione!*»

Marco stand vor ihm.

«*Ciao.*»

«*Ciao.*»

Er betrachtete lächelnd die schwebende Baumkrone des ersten Baumes. «Schwierige Arbeit?»

Gatto nickte.

«Für das Geländer?»

«Ja.»

«Kann ich liefern. Morgen. Auf Mass. Entrindet. Wieviel brauchst du?»

«Das möchte ich selber tun.»

Marco schaute ihn erstaunt an. «Freiwillig?»

«Ja.» Wahrscheinlich fragte sich Marco, weshalb ein Gatto Dileo sich abmühte, wo er sich doch sämtliche Schreinereien im Tessin kaufen konnte.

«Soll ich dir helfen?»

«Freiwillig?» fragte Gatto zurück.

Marco zögerte. «Für eine Fahrt mit dem Z4?»

«Werd ich mir überlegen.»

«Ich helfe auch so», lenkte Marco ein. Er schaute sich den Stamm der Akazie genau an. «Zum Beispiel würde ich mich hierherstellen!»

«Würdest du?»

«Wegen der Spannung!»

«Spannung?»

«Darf ich?» Marco nahm die Säge, er bewegte sie mit ruhigen, geübten Zügen, eine Hand drückte gegen den Stamm, die Schnittstelle öffnete sich leicht, die Zähne verkeilten sich nie.

«Vorsicht!» Marco durchtrennte das letzte Stück und sprang fast gleichzeitig beiseite. Die letzten Späne splitterten, der Stamm wischte mit einem giftigen Sirren über die Stelle, wo Gatto eben noch gestanden hatte.

«Ach, diese Spannung!» murmelte Gatto selbstironisch.

«Das Holz der Akazie ist hart.»Marco blieb sachlich. «Gut fürs Geländer, schlecht zum Sägen.»

«Zu zweit wird es gehen», hörte Gatto sich sagen.

Zwei Stunden später gingen sie auf die Terrasse. Obschon er nur Handlangerdienste verrichtet hatte, war Gatto erschöpft. In der Küche nahm er das Brot, Käse und Trockenfleisch aus der Tüte, die Marco gebracht hatte. Er stellte alles auf ein Tablett und zwei Flaschen Gazosa dazu. Der Junge sass der Schlucht zugewandt, er betrachtete das Kreuz auf dem Felsvorsprung. Gatto öffnete den altmodischen Klappverschluss seiner Flasche. Er setzte sie erst wieder ab, als sie fast leer war.

Marco verkniff sich Fragen über das Kreuz, zur Musik, über andere Prominente. Gatto war beeindruckt. Nicht nur Schüchternheit war der Grund für diese Zurückhaltung, Marco spürte, was er nicht ansprechen durfte.

Er bringe Gatto morgen ein Werkzeug zum Entrinden der Stämme. Das erleichtere die Arbeit und mache die Struktur des Holzes deutlicher sichtbar.

Auf Gattos Fragen hin erzählte er bereitwillig von seiner Familie. Seit fünf Jahren führte die Mutter den Dorfladen und in zwei umgebauten Rustici einen Gästebetrieb für Wanderer und Bergsteiger. Jetzt, in den Sommerferien, mit Marcos Unterstützung. Der Vater war mit dem Vieh auf der Alp Bivina, oben im Quellgebiet der Quarta, wo man dem Rinnsal niemals die Kraft zutrauen würde, die der Fluss hier unten entfaltete. Er deutete in die Schlucht hinunter. «Das wird bald anders.»

«Wegen der Trockenheit?»

«Sie planen einen Stausee. Uns werden sie enteignen, sagt Vater. Die Alp wird geflutet, unsere Kühe und Schafe enden im Schlachthaus.»

«Könnt ihr nichts dagegen tun?»

«Die meisten wissen bereits, wofür sie ihre Entschädigungsgelder ausgeben werden.»

«Das wird alles verändern!»

«Sie werden den Wasserstand über den Damm regulieren. Dadurch müsste es weniger Badeunfälle geben, sagt Mutter, also dürften auch die Touristen zufrieden sein.»

«Wo wir schon dabei sind, Marco: Gibt es hier in der Nähe eine Staumauer? Ich meine ... eine, die bereits steht?»

«Klar. James Bond!»

«James Bond?»

«Die Eröffnungssequenz mit dem Bungee-Sprung. Haben sie drüben im Seletta-Tal gedreht.»

«Kann man die Mauer begehen?»

Marco starrte ihn erschrocken an.

«Nein, nicht was du denkst. Ich suche nur ... einen geeigneten Ort für ein paar Filmaufnahmen! James Bond klingt gut. Noch Durst?»

Marco nickte. Gatto ging hinein, stutzte. Auf der Küchenablage stand ein Kristall von der Grösse zweier Daumen. Scharfe Kanten, glattgeschliffene Seiten, durchsichtig wie Fensterglas, mit Ausnahme des unteren Drittels, wo der Quarz eine grünliche Substanz einschloss.

Er nahm ihn mit hinaus.

«Das kann ich nicht annehmen», sagte er.

Marco schaute ihn verständnislos an.

«Ein Geschenk von dir?»

«Nein.»

«Nein?» Ein Fremder war im Haus gewesen! Schweiss perlte auf Gattos Stirn. Gab es einen Zusammenhang mit dem Mail?

Marco hielt den Kristall gegen die Sonne. Er brach die Strahlen, fächerte das Licht vielfarbig auf die Granitplatten, als sei ein Stück Regenbogen herabgefallen. Unvermittelt lachte er auf. «Klar, das ist ein Geschenk! Ein Willkommensgruss vom Mörder!»

Gatto wartete misstrauisch auf weitere Erklärungen.

«Mörder, Spinner, Steinhauer, Eremit – wie immer du ihn nennen willst. Seinen Namen kenne ich nicht.»

«Ich versteh gar nichts.»

«Er sucht im Tal nach Mineralien. Seit Jahren.» Er betrachtete den Kristall in seiner Hand. «Anscheinend ist er fündig geworden. Ein schönes Stück.» Er deutete auf die grüne Substanz. «Einschlüsse von Granit.»

«Ein Mann, den ihr ‹Mörder› nennt, marschiert unbemerkt in mein Haus?!»

«Nur ein Spitzname. Aufgrund irgendwelcher Gerüchte im Dorf.»

«Weshalb stellt der mir so was in die Küche.»

Marco hob die Schultern. «Eine Abgeltung?» schlug er vor. «Gehört die Wand hinter dem Torre zu deinem Grundstück?»

«Ja. Der Kanton verkaufte mir damit auch die Verantwortung für Steinschläge.»

«Auf unserer Alp hatten wir oft Strahler. Ich weiss, dass sie zehn Prozent ihrer Funde den jeweiligen Grundbesitzern abgeben müssen. Der Mörder lebt oben in der Wand, er hat da eine Art Hütte gebaut. Auf deinem Boden also. Vielleicht ist das da seine Entschädigung! Wenn du dich für ihn interessierst, kann ich ja meine Mutter fragen. Vielleicht weiss sie mehr über ihn.»

«Gut.» Gatto stand auf. «Und ... bringst du das Werkzeug?» Er zeigte auf die neun gestapelten Stämme.

«Versprochen.»

Sie drückten sich zum Abschied die Hand.

Marcos Hilfsbereitschaft gefiel ihm. Gerade deshalb sollte er auf der Hut sein. Nur kein Rückfall in alte Zeiten, in denen stets einer neben ihm gestanden hatte, der Gitarrencases trug, Türen öffnete oder Rechnungen bezahlte! Er hielt den Quarzkristall gegen die Sonne. Das, was Marco

Graniteinschlüsse genannt hatte, sah für ihn wie gefrorenes Moos aus. Vor Zehntausenden von Jahren, stellte er sich vor, war die Quarzhülle noch flüssig gewesen, nachgiebig, bevor sie langsam erstarrte. Ähnlich jener gläsernen Glocke um ihn. Mit jeder Handreichung seiner Entourage hatte sie sich unmerklich verdichtet. Von der realen Welt getrennt, die er – oder vielmehr Maurizio – einst so treffend beschrieben hatte, dass die Zuhörer sich in seinen Liedern wiederfanden. Die verfluchte Widersprüchlichkeit des Ruhmes. *Manteau de gloire* hatte sie sein bevorzugter Schriftsteller Philippe Djian, genannt, den Mantel des Ruhmes, den er ablegen wollte, im Wissen um die schiere Unmöglichkeit seines Vorhabens. Natürlich würde der Ruhm verblassen, vielleicht sehr schnell. Nur konnte er es nicht leugnen: Er war Teil seines Selbstverständnisses. Zu lange hatte er auf den Bühnen gestanden, sich an die roten Teppiche gewöhnt. Gab es den Weg zurück? Was blieb, ausser Schuldgefühlen? Er drehte den Kristall zwischen seinen Fingern. Das Geschenk eines Mörders! Wahrscheinlich hat er nie jemandem Leid zugefügt. Die Bezeichnung wäre für ihn treffender gewesen, aber keiner nannte Gatto Dileo einen Mörder.

Wenn jene drei Wochen nicht gewesen wären, hätte er jetzt vielleicht einen Sohn in Marcos Alter. Oder mehrere Kinder. Wäre Musiklehrer in irgendeiner Deutschschweizer Kleinstadt, *vita regolata, non spericolata*, Geruhsamkeit statt Wagemut. Auf der Strasse würden ihn nur Leute ansprechen, die ihn kannten, abends würde er nach Hause gehen, zu seiner Familie, nicht in eines dieser austauschbaren Hotelzimmer, unbelastet vom ständigen Druck.

Vielleicht hätte er noch seine alte Band.

Er stellte den Kristall neben das Kreuz und stieg in die Schlucht hinab. Filmte mit der kleinen Digitalkamera. An diesem Ort war das keine gros-

se Kunst, stellte er fest. Wohin er das Objektiv auch richtete, es erfasste
wundersame Ausschnitte, die ihm als Ausgangsmaterial für seinen letz-
ten Videoclip dienen würden. Ein steinerner Elefantenbauch mit seiner
Maserung verschiedenfarbener Mineralien, von der Quarta in freundlich
runde Formen gefräst. Die kupfernen Ablagerungen der Rinnsale und
Wasserfälle. Die weissen Quarzadern – wie Spinnennetze klebten sie auf
dem weicheren, glattpolierten Kalkstein. Dort, wo die Gischt ihn benetz-
te, gleissten die Sonnenstrahlen bedrohlich. Das Spiel der Farben im
Wasser. Gatto schaute durch den Sucher, die Kamera auf den treibenden
Schaum fixiert, bis er dachte, er bewege sich, er fliesse der Quarta entge-
gen, der Unerschütterlichkeit des Granits unter seinen Füssen zum Trotz.
Er ertrug die Schwindelgefühle nicht mehr, bewegte das Objektiv weiter
in Richtung des bauchigen Teils der Schlucht. Im ersten Becken begehrte
die Quarta auf, verbiss sich unter der Wasseroberfläche in Felswände,
machte ihrem Unmut in brodelnden Wirbeln Luft. Erst im zweiten
Becken beruhigte sie sich. Grün- und Brauntöne durchbrachen die
Gischt, die bald nur noch zwischen den Steinen aufschäumte. Oder vor
der Felsstufe, die ins dritte, tiefste Becken führte. Hier fand alles Ruhe,
das Grün wurde dunkler, als besinne sich der Fluss angesichts des Kreu-
zes, bevor er sich in neue Wasserfälle stürzte, in den nächsten Kampf ge-
gen die steinernen Hindernisse, unbändig, siegessicher.

Was blieb davon nach dem Bau des Staudamms?

Gatto filmte einige Totalen. Den Vogelturm. Den Wald, den er mis-
shandelt hatte. Der sich der Talwand bemächtigte. Nur die senkrechten
Felsabbrüche trotzten jeder Wurzel. Die Brücke zum Haus. Vor siebzehn
Jahren ein an Seilen aufgehängter Brettersteg, jetzt eine sanft geschwun-
gene Natursteinbrücke im Tessiner Stil, eigens für ihn gebaut. Die Kame-
ra erfasste die dem Haus gegenüberliegende Talseite mit dem Pfad, der
aus der Schlucht führte, zum Parkplatz, zur Strasse hoch.

Die Batterieanzeige blinkte auf. Der Falke, der ihm eben als unscharfer Schatten durchs Bild geflogen war, drehte ohne einen Schlag seiner mächtigen Flügel Kreise über der Schlucht. Selbstsicher liess er sich höher tragen. Gatto würde ihn als Symbol brauchen, denn Videomaterial von Maurizio war nicht zu finden. Schnell wechselte er den Akku der Kamera, seine Füsse suchten besseren Stand, er richtete das Objektiv hinauf. Bevor der Autofocus die richtige Einstellung gefunden hatte, verschwand der Falke über der Talschulter. Enttäuscht liess er die Kamera sinken.

Das unablässige Tosen der Quarta hatte unten in der Schlucht alles übertönt. Erst hier oben auf der Terrasse hörte er das seltsame Geräusch. Es klang wie der Nachhall einer Baumaschine. Gatto ortete seinen Ursprung in der Felswand. Der Mörder? Der Kristallsucher, korrigierte er sich. Er suchte den Fachbegriff, erst erfolglos den italienischen, dann den schweizerdeutschen – richtig: Strahler!

In einem Anflug von Selbstüberschätzung marschierte er los, in den Wald hinein. Der Hang wurde bald steiler. Nach hundert Metern gab er die Kletterei auf dem rutschigen Waldboden auf. Er wartete, bis das Hämmern des Pulses an seinem Trommelfell verklang. Horchte. Das Geräusch der Maschine war verklungen. Ernüchtert begann er den Abstieg. Seine Kraft reichte erst für berechenbare Unternehmungen.

Mit einem Bier in der Hand setzte er sich auf den Felsvorsprung. Er prostete dem Kreuz zu, legte sich auf den Rücken, hielt nach dem Falken Ausschau. Ich kann Mitras Blick nicht vergessen, Maurizio! Diesen letzten Blick, bevor sie in den Lieferwagen ihres Vaters steigt. Metzgerei Gagliardo, rote Buchstaben auf weissem Grund, die Griffe der Hecktüren mit Draht behelfsmässig zusammengebunden. Unter dem Vordach der Notaufnahme deine Eltern, meine Mutter, mein Vater hilflos daneben. Ich renne los. Über die dichtbefahrenen Strassen, das Hupen ignorierend, die Seepromenade entlang, durch das Gedränge vor der Schiffsanlegestelle, hoch zum Bahnhof. Das Geld reicht für eine Hinfahrtkarte nach Cortona. In Bellinzona in den Zug nach Florenz und Rom, mit Halt in Terontola. Dieselbe Strecke wie drei Wochen zuvor, die Panini-Wagen auf den Bahnsteigen, die blechernen Verspätungsmeldungen, die nach Eisen und Zug riechenden Hände ... sie, die mich lachend in die Seite knufft, die Klassenkameraden, die unsere Neckereien anzüglich kommentieren, als sähen sie die Funken schlagen, wenn sich unsere Oberschenkel wie zufällig berühren.

Die ältere Frau im Abteil. Nach Piacenza reicht sie mir ein Papiertaschentuch, ich sei doch noch jung und es werde ja wohl niemand gestorben sein.

In Terontola nimmt mich ein Olivenhändler mit, hinauf nach Cortona. An der Piazza Garibaldi springe ich ab, stolpere durch die halbvertrauten Gassen, vorbei am Kloster Santa Caterina mit seinen gusseisernen Gästebetten – ihr Slip, der im Dunkeln leuchtet wie die Glühwürmchen draussen auf den Oleanderbüschen, *ti sei accorto che facciamo l'amore, si!* Die fliegenden Hände, um sich zu versichern, dass es wirklich unsere Körper sind auf den kühlen Laken, die sich im Rhythmus des Liedes finden. Tränenblind zur Chiesa di San Francesco, die Via del Salvatore suchend, die Strasse des Retters – welch ein Hohn!

Die Strasse, in der Donato sein Tonstudio hat.

«Was ist passiert?» fragt er. Ich weiss, du hast ihn gehasst, Maurizio. Du hast ihn durchschaut.

Gatto schreckte auf. Der Falke kreiste über ihm, wie wenn er ihn als Beute auserkoren hätte. Sein Schmerz hatte keine Worte gefunden und Donato hatte nicht nachgefragt. Er machte aus jeder Situation das Bestmögliche. Für sich und seine Produktionsfirma. Vielleicht hatte er schon

damals gehofft, Gattos Schmerz würde zu gegebener Zeit gewinnbrin-
gend in Musik gerinnen.

4. VA BENE, VA BENE COSI
(Vasco Rossi)

Vielleicht existierte der Spalier der Glühwürmchen nur in ihrer Phantasie. Jetzt, bei Tag, erinnerte nichts daran, die Oleanderbüsche entlang des Kieswegs waren staubgrau. Mitra ging zur Tür. Der Klang der Glocke klang vertraut. Jemand machte sich am Riegel zu schaffen. Nachts um zehn war das Tor jeweils geschlossen worden. Salvo hatte das Fenster in seinem Zimmer zum Ein- und Ausgang für alle umfunktioniert, bis er der Oberin einen Schlüssel abschwatzen konnte.

Sie stellte sich der Schwester als Lehrerin vor, sie bereite eine Klassenreise vor und suche preiswerte Unterkünfte. Vor Jahren sei sie selber hier ... Überraschenderweise machte die Nonne keine Umstände. Sie wies ihr mit einer einladenden Geste den Weg durch das Glasgeviert des Entrées in den Korridor.

«Mädchen und Jungen werden selbstverständlich getrennt untergebracht», bemerkte Mitra, eifrig in ein Notizheft kritzelnd, als wolle sie das gesamte Klosterinventar aufnehmen. Die Schwester nickte, deutete nach links für die Mädchen, nach rechts für die Jungen, gestattete ihr einen Blick in die Duschen, die den Zimmern gegenüberlagen. Wie zufällig blieb Mitra vor der einen Tür stehen. Es war die dritte. «Darf ich?» fragte sie.

Das sei eines der wenigen Zweierzimmer, normalerweise teilten sich vier Kinder die Unterkunft, wandte die Schwester ein. Mitra zeigte sich beeindruckt von soviel Luxus ... den sich Salvo gleich nach ihrer Ankunft mit List erschlichen hatte. Zusammen mit seinem Zimmergenossen, der in der Folge öfter vor einer verschlossenen Tür stand.

Die Schwester öffnete sie.

Die kahlen Wände, die gewölbte Decke, das Kreuz über den zwei Betten, die Wolldecken auf den durchgelegenen Matratzen, der Nachttisch, wo das silberne Kassettengerät gestanden hatte ...

Erst jetzt spürte sie die Hand der Schwester auf ihrer.

«Nur eine Erinnerung!» Mitra wischte sich mit zwei Fingern über die Augen. Die Nonne lächelte wissend. Sie solle sich in Ruhe umschauen. Und ihre Notizen nicht vergessen! Sie warte an der Eingangstür.

Ihre Hand strich über die Wolldecke. Sie fühlte sich weicher an als vor siebzehn Jahren. Das Bettgestell hingegen erinnerte unverändert an ein Krankenhaus. Sie hob es am Kopfende an. Der Gummipfropfen zum Schutz des Linoleums liess sich mühelos herausdrehen. Sie tastete hinein. Nichts. Sie liess das Gestell einmal auf den Boden knallen, stemmte es erneut hoch. Eine kleine Papierrolle fiel aus dem Rohr. Mitra schraubte aufgeregt den Gummi wieder hinein, keine Sekunde zu spät, auf dem Flur hörte sie Schritte, die aber bald verhallten.

Sie löste die Schnur, rollte das Papier auf. Eine Polaroid-Fotografie fiel heraus. Salvo stützt sich auf eine Hand, streckt die andere hoch, drückt auf den Auslöser, ohne dass seine Bewegungen in ihr aus dem Rhythmus geraten. Wer tut schon so was, mittendrin! denkt sie. Will er seine Unsicherheit überspielen? Und was ist mit meinen Ängsten? Die lassen sich nicht wegknipsen!

Das erste Bild trocknet, die Umrisse ihrer Körper zeichnen sich im chemischen Film des Polaroids ab.

Nach zehn Blitzen ist der Film verbraucht. Salvo hat seine sanften Beckenbewegungen fortgesetzt, sie wundert sich, wie lange er an sich hält. Anders als Maurizio. Dessen Problem ist die Regel, hat sie in Gesprächen mit ihren Freundinnen erfahren. Weshalb fällt ihr das gerade jetzt ein? Sie denkt zuviel! Fragt sich zum Beispiel, ob sie ihm zeigen soll, wie sie zum Höhepunkt kommt. Lässt es, es ist schön so, alles muss er nicht wissen, ein Rest Intimität bleibt Maurizio vorbehalten.

Das Bettgestell war der ideale Aufbewahrungsort gewesen. Nur die eine Fotografie war darin versteckt. Ihre Farbe hat sich im Lauf der Jahre wenig verändert. Sein Körper jugendlich schlank, das Gesicht abgeschnitten, ihres halb verdeckt von den langen Haaren, neugierig und entrückt zugleich. Ihre noch makellosen Brüste stachen hoch. Sein Hintern schien durch die Anspannung der Muskulatur wie gemeißelt.

Sie legte das Bild in die Tasche. Hatte Salvo die übrigen neun aufbehalten? Die Hülle ihres Liebesschreins, wie er es etwas pathetisch genannt hatte, war die Abschrift von *Va bene, va bene così*.

Sie hören das Lied Zeile für Zeile an, spulen das Tonband zurück, rätseln von neuem über die Bedeutung, *in fondo è come salire – basta non guardare giù*. «Vasco hat recht», flüstert sie. «Es ist wie beim Klettern, man darf einfach nicht hinunterschauen. Wir dürfen nicht an Maurizio denken!»

Sie überlisten ihre Befangenheit. Mit einer eigenen Version des Flaschenspiels: Wer eine Zeile vollständig übersetzen kann, zieht dem andern ein Kleidungsstück aus. *Ti sei accorta che facciamo l'amore?* Wie hätten sie nicht merken sollen, was sie tun? Nach der ersten Strophe liegt sie in Slip und Büstenhalter auf dem Bett, in der Mitte der zweiten trägt sie nur noch Maurizios Goldkettchen um ihr Fussgelenk. Zumindest sucht sein Blick vor jedem weiteren Schritt ihr Einverständnis.

«Das Spiel ist ungerecht!»

Bei Salvo zu Hause wird immer italienisch gesprochen, in ihrer Familie nur bei Verwandtschaftstreffen. Sie ändert die Regeln. Für ihn gebe es nichts mehr auszuziehen, er solle sie machen lassen und weiterschreiben! Die letzten Buchstaben auf der Papierrolle waren fast unleserlich. Mitra lächelte. Da hatte sie erstmals ihre Scheu überwunden, die Initiative an sich gerissen! Mit einer Schere war sie sanft über seinen Oberschenkel gefahren, unter den Slip. Der Stoff dehnt sich an einem zweiten Ort, schnellt gleich darauf zur Seite, sie hat den Bund durchschnitten. «Bist du dir sicher?» fragt er sie. Jetzt wird ihm schwindlig, jetzt schaut er hinunter. Sie seien doch Freunde, mehr noch, eine Band! Wenn Maurizio ...

Zu spät! bedeuten ihm ihre Hände.

Die Steinplatten und Mauern strahlten die Hitze zurück. Sie erreichte die Piazzale Garibaldi, setzte sich im Schatten auf die Terrassenmauer. Nur selten durchbrach eine Vespahupe oder eine Kirchenglocke die Stille. Die Häuser duckten sich unter der Mittagssonne. Da war sie, zurück in Cortona, siebzehn Jahre später. Jagte den Erinnerungen an ihre Jugendliebe nach – und wunderte sich über die Bilder, die haftengeblieben waren. Die Klassenkollegin, die sie spätnachts auf der Toilette beim Waschen ihrer Kleider traf! Der Sturz aus dem schmalen Bett in ihrem eigenen Zimmer. Der pikierte Gesichtsausdruck des Bürgermeisters, als ihm der Klassenchor ein zotenhaftes Seemannslied von Dalla und De Gregori vorsang. Die Antipasti misti beim Turco, die riesigen Platten mit Penne arrabiate. Simple Anekdoten einer Abiturreise, wäre nicht diese mystische Bedeutsamkeit, die jeden Gedanken daran verbrämte. So unverständlich war das nicht, entschuldigte sie ihre Sentimentalität, die zwei Wochen hier, die darauffolgenden Tage im Tessin hatten ihr Leben verändert. Nichts weniger. Würde sie die Schuldgefühle jemals los? War ihr Vorhaben richtig, Anna endlich alles zu gestehen? Gerne hätte sie mit Salvo darüber gesprochen. Nur er konnte alles verstehen.

Lange hatte sie sich diesem Eingeständnis verwehrt.

Hatte nicht er den entscheidenden Schritt getan? In aller Öffentlichkeit? Alleine war er am Bühnenrand gestanden, Maurizios verschrammte Gitarre umgehängt. Sie hatte die Unsicherheit in seiner Stimme gehört, als er zum Publikum sprach, sich bedankte für die Unterstützung über die Jahre. Nun sei die Zeit reif für die Wahrheit, nach all den Liedern, die ja nicht er geschrieben habe, die ihm zugeflogen seien wie ein Geschenk Gottes. Doch Gott könne grausam sein und Geschenke würden manchmal zur Strafe. Ein Lied wolle er noch singen, ein neues, gleichsam das erste, das er selbst getextet habe, im Bewusstsein, es würde sein letztes sein. Zwanzig Jahre lang sei er gerannt, habe gekämpft, um Anerkennung, um Liebe letztlich, was keine Entschuldigung dafür sei, zu verraten, woran er geglaubt habe. Er sei jung gewesen damals, er habe Dinge verschuldet, die er nicht wiedergutmachen könne, Dinge, von denen nur sie wisse. *Lei.* Vielleicht würde sie dieses Lied irgendwann hören, zu Hause, wo immer das sei, oder unterwegs, im Auto, in einem Hotelzimmer, und sich daran erinnern, was einst geschehen war, und verstehen, dass er nicht gewollt hatte, was geschehen war.

Gatto Dileo wandte sich vom Publikum ab, verbarg seine Tränen, flüchtete sich in die ersten Akkorde von *Eravamo in tre,* sang mit brüchiger Stimme.

Und sie, von der er sprach, hatte nicht weinen dürfen.

«Endlich, Mamma! Die schliessen bald!»

«*Calmati Anna, siamo in Italia.*»

Ihre Tochter hatte sich bei ihr eingehakt, sie Richtung Einkaufsstrasse gezogen. Jetzt blieb sie stehen. «Alles in Ordnung, Mamma?»

«Ja.» Mitra blinzelte. «Nur die trockene Luft. Der Wind. Hast du etwas für mich gefunden?»

«Ist der Papst katholisch?»

«Ist Mathematik logisch?»

«Ist ein Bogen krumm?»

«Sind Männer dumm?» beendeten sie den Reim im Chor. Ihr schallendes Lachen provozierte neugierige Blicke.

Mitra zog Anna an sich, genoss den Augenblick ihrer Eintracht. Er konnte jäh enden, das wusste sie nur zu gut. Die Launen einer Sechzehnjährigen waren unberechenbar. Sie gingen die Via Roma hinunter. Vielleicht war das der Unterschied zwischen ihr und ihm. Sie hatte Kinder. Ein wirkliches Leben. Weniger Zeit, der Vergangenheit nachzuhängen.

«Hast du die Kreditkarte dabei?» fragte Anna. Sie stiess die Tür mit dem knalligen Schriftzug «Zipper» auf.

Wann hatte er zum letzten Mal selbst eingekauft? fragte sie sich unwillkürlich. Zum letzten Mal eine Rechnung nachgeprüft? In Gedanken den Stand seines Bankkontos abgerufen? Dann konzentrierte sie sich auf ihre Tochter. Das war nötig, denn Anna hatte sich mit der fast gleichaltrigen Verkäuferin verbündet.

«Dürfte etwas knapp sein», protestierte sie angesichts der eilig für sie bereitgelegten Hose.

«Anziehen!» befahl Anna.

Die Kabine hatte keinen Spiegel. Gut so, dachte Mitra, sonst hätte sie sich vielleicht gar nicht hinausgetraut. Ihre Unsicherheit amüsierte sie. Nicht mal ihre Wäsche war kompatibel mit der aktuellen Mode! Sie krempelte den Rand ihres Slips um, der Bund der Dreivierteljeans lag Zentimeter tiefer. Das Shirt endete knapp über dem Bauchnabel. Es ähnelte einem Fussballeibchen aus den sechziger Jahren. Das Dekolleté musste geschnürt werden, je weniger sie die Bändel anzog, um so mehr Haut war sichtbar.

Zum Teufel damit. Sie löste sie wieder ein Stück, schob den Vorhang beiseite, posierte ein bisschen verlegen vor den Mädchen.

«Was ist?» fragte sie, als die beiden sie nur anstarrten.

«*Perfetto!*» beeilte sich die Verkäuferin mit ihrem Lob. Flugs stellte sie ihr hochhackige, spitz zulaufende Slippers vor die Füsse.

«Sie finden meine Beine etwas kurz», folgerte Mitra.

«Mamma?!» Anna kaute an einem Fingernagel. «Ich ... ahnte gar nicht, was Kleider anrichten können.»

«So schlimm?»

«Noch schlimmer.» Sie tat empört. «Da zieht sich meine Mutter mal was Trendiges an, schon sticht sie mich aus!»

Mitra lächelte.

Die Verkäuferin überschlug sich mit Komplimenten, bis sie merkte, wie wenig Mitra darauf gab. Aufgeregt wieselte sie durch den Laden, brachte das eine oder andere Stück, das die *Signora colla sua eleganza naturale* unbedingt anprobieren sollte, bis in der Kabine eine ansehnliche Kollektion hing. Mitra fügte sich, widerwillig erst, doch bald machte ihr die Modeschau Spass. Auf das Urteil ihrer Tochter war Verlass, stellte sie fest. Sie warnte sie, wenn es lächerlich wurde. Bei einigen Stücken, die sie nicht mal in einem Dessous-Geschäft vermutet hätte, winkte Anna gleich ab. Übertreiben müsse sie ja nicht, sie habe wenig Lust, ihrer Mutter die Lüstlinge vom Leibe zu halten. Worauf sie die enganliegenden Hotpants selber anzog, mit Blick auf den durchsichtigen Stoff befand, das gehe nur mit einem String-Tanga, von denen müsse Mitra übrigens einige kaufen, bei den aktuellen Hosenschnitten gehörten die dazu! Von denen besässe sie einige, auch wenn Töchterchen das nicht wusste, konterte Mitra und legte zugleich ein mehr freundschaftliches als mütterliches Veto bezüglich der Hotpants ein. Sie solle fair sein gegenüber den Männern, so raube sie ihnen das letzte bisschen Phantasie!

Anna lachte, schob Mitra wieder in die Kabine: Diese ausgewaschene Jeans mit der Schnürung anstelle des Reissverschlusses sähe verheissungsvoll aus. Mitra erwiderte, die habe sie seit Woodstock gesucht, ob denn in der Mode nichts Neues erfunden würde?

Spöttische Kommentare und liebevolle Anzüglichkeiten wurden ausgetauscht, Kleidungsstücke wanderten von der Mutter zur Tochter und meist wieder zurück, vieles passte Mitra wie angegossen. Gemeinsam standen sie vor dem Spiegel, posierten, machten sich auf Übersehenes aufmerksam, stolzierten einige Schritte durch den Laden wie auf einem Catwalk, zogen sich erneut um, probierten gewagtere Kombinationen. Die Verkäuferin wurde zur Staffage in diesem Spiel, in dem sie beide erstmals mehr Freundinnen als Mutter und Tochter waren.

Keine schlechte Ausgangslage für die kommenden Tage: Einer Freundin verzieh man mehr als der Mutter.

Nach einem längeren Auswahlverfahren waren die Einkäufe auf fünf Taschen reduziert. Ohne Gewissensbisse reichte Mitra die Kreditkarte über den Tresen. Anna gab der Verkäuferin die alte Levis, die brauche niemand mehr, sie solle sie ruhig verbrennen.

Auf dem Weg zum Hotel suchten sie nach einem Früchtehändler. Wo nach Mitras Erinnerung einer sein musste, war heute ein Plattengeschäft. Sie trat kurzentschlossen ein, folgte den alphabetisch eingeordneten Gestellen bis zum Fach von Vasco Rossi. Vor zwanzig Jahren hatten sie und Salvo *Va bene* noch als Kassette gekauft.

Neben der Kasse lag ein Stapel mit der *Single Eravamo in tre.* Sie nahm eine. Ihre neue Garderobe zeitigte bereits Wirkung, der Verkäufer hatte sie nicht aus den Augen gelassen, seit sie eingetreten war. Weil er keine Anstalten machte, die beiden CDs abzubuchen, zog Mitra spielerisch am Bändel, der das Top über ihrer Brust zusammenhielt. «Vielleicht rechnest du schneller, wenn ich das alles ein bisschen zuschnüre!» sagte sie hilfsbereit.

Der Mann grinste unbeeindruckt, er fuhr mit dem Strichcodeleser über die CDs. «Eben hereingekommen», sagte er bei der zweiten. «Die gibt's erst bei uns. Wurde hier in Cortona produziert. Von meinem Onkel.»

Ihr Staunen war gespielt. Er merkte es nicht. «Der berühmte Donato», erklärte er stolz. «Hat seine Studios oben in der Via del Salvatore. Wussten Sie das nicht?»

Anna hatte draussen gewartet. «Was ist?»

Mitra winkte ab. «Nichts. Nur eine Idee, die mir durch den Kopf ging. Und ein Verehrer mehr.» Sie deutete durch die Scheibe auf den Verkäufer, der sie beobachtete. Anna winkte ihm zu.

Mitra zog sie mit sich. «Der ist mir schon ein bisschen zu sehr interessiert. Ich muss noch was erledigen. Treffen wir uns später im Hotel?»

«Erledigen? Ich dachte, wir machen Ferien?» brauste Anna auf.

Sie habe einer Freundin versprochen, sie bringe ihr ein Buch über etruskische Kunst mit, schwindelte sie. Es würde nicht lang dauern.

Die Fassade des Hauses in der Via del Salvatore war frisch verputzt. Eine moderne Glastür kontrastierte mit dem mittelalterlichen Mauerwerk. Daneben war ein Schild mit der Aufschrift «Donato – Produzioni musicali» angebracht. Mitra trat ein. Der Empfangsraum wurde von einem hohen Sideboard durchschnitten. Nur die Stukkaturen an der Decke erinnerten an das Alter des Gebäudes. Die junge Frau hinter dem Tresen war ähnlich gekleidet wie sie seit einer Stunde. Ihre filigrane Freisprechanlage war von ähnlich edlem Design wie der Rest der Ausstattung. Die Dame hiess Sylvie, verriet ein schmuckes Schildchen. Mit einer unmissverständlich freundlichen Handbewegung schickte sie Mitra in die Sitzecke.

Zehn Minuten lang beobachtete sie die Sekretärin. Ohne Unterbruch nahm diese Anrufe entgegen, in italienisch oder englisch, beide Sprachen klangen in ihrer Aussprache ähnlich. Mitra konnte auch nicht unterscheiden, welche Telefonate privat und welche beruflich waren. Vertrauliche Überschwenglichkeit war stets der Grundton ihres Geplauders. Gelegentlich verrieten Anzüglichkeiten das Geschlecht des Gesprächspartners.

Als Mitra vom ausdrucksvollen Mienenspiel der Dame genug hatte, baute sie sich vor ihr auf.

«*Just stay in line*, Mick. One second, please.»Sie schaute Mitra fragend an.

«Ich bin eine Jugendfreundin von Gatto Dileo. Wo kann ich ihn finden?»

Sylvie schaute resigniert.

«Ich muss mit ihm sprechen.»

«*Two more seconds, Mick!*» Von der Ablage nahm sie ein Blatt. In Fünferpäckchen hatte sie Striche gezeichnet, es waren ziemlich viele. «Jugendfreundinnen von Gatto», erklärte sie Mitra freundlich. «Neunundachtzig Anrufe heute morgen. Mit Ihnen neunzig. Alle sind sie die Frau von der Single *Eravamo in tre*. Gatto hat gelogen. Wir waren neunzig müsste der Titel heissen!»

Jedes weitere Wort erübrigte sich. Mitra verliess grusslos den Raum.

Nach dem Essen waren sie in Annas Worten «voll hinüber». Mitra hätte Rolf anrufen sollen. Statt dessen wählte sie die Nummer ihrer Eltern. Manuel schlafe bereits. Nein, nicht in seinem Bett, auf dem Sofa neben der Katze, aber er sei ein Goldschatz, versicherte Mitras Mutter. Er gehorche ihr aufs Wort, habe den ganzen Tag nur fünfmal nach der Mamma gefragt und geschlagene drei Stunden mit dem Nonno gespielt. Sie müsse sich keine Sorgen machen, solle mal richtig ausspannen, die Reise mit Anna geniessen. Mitra versprach es. Sie war beruhigt. Rolf würde sie morgen anrufen. Oder übermorgen. Beichten konnte sie noch früh genug. Oder alles verschweigen. Die neuen Kleider waren nur ein erstes Zeichen tiefgreifender Veränderungen, das war ihr im Laden bewusst geworden. Die Erinnerungen im Kloster hatten sie erschüttert, sie fühlte sich gleichzeitig verunsichert und zu allem bereit. Der Blick des Plattenverkäufers beispielsweise ... hatte sie nicht gestört. Im Gegenteil. Er konnte ihr vielleicht nützlich sein. Sie musste Donato treffen.

Anna war eingeschlafen, die Kopfhörer des Walkmans noch in den Ohren. Mitra nahm sie ihr behutsam ab, fingerte die Scheibe aus dem Gerät. Ein jüngerer Italiener, dessen Erotik sich auf den Namen beschränkte. Sie entschied sich wie in jedem Zweifelsfall für Vasco Rossi. Der Anfang von *Va bene, va bene così* verkeilte sich zwischen Erinnerung und Traum.

> *Ti sei accorta che facciamo l'amore … sì*
> *ti sei accorta sì*
> *e non mi dire che non lo volevi*
> *e che, che non lo sapevi che finiva così …*

Niemand hatte gewusst, dass es so enden würde.

5. DIE MAUER

Er gab das Passwort für jenen Teil des Postfachs ein, der ihm vorbehalten war. Sieben Nachrichten waren eingegangen, sechs von Donato. Die Buchstaben des letzten Namens verschwammen vor seinen Augen. Die Wände warfen das Echo seines Pulsschlages zurück, sein Hemd klebte am Rücken. Er stiess den Schreibtischstuhl zurück. Mit unsicheren Schritten brachte er die wenigen Meter zur Liege hinter sich.

Minutenlang starrte er an die Decke, die Hände an den Seitenkanten des Polsters wie ein Betrunkener, der Halt sucht. Er konzentrierte sich auf den Verlauf der Risse im Verputz. Vertrieb die Fliege auf seinem Handrücken. Das feine Kribbeln auf der Haut hielt an. Er schaute hin. Da war keine Fliege! Die Nerven, beruhigte er sich. Sogleich zog eine Spinne ihre klebrigen Fäden über sein Gesicht. Er wischte sie weg. Ihr Netz blieb haften. Bloss nicht der Verzweiflung Raum geben. Es gebe die verschiedensten Symptome, hatte der Arzt gesagt, hervorgerufen durch funktionelle Störungen des vegetativen Nervensystems. Seines war freigelegt. Ein kleiner Luftzug, eine Berührung mit dem Hemdsärmel, ein Gedanke gar, und seine Nervenenden gerieten in Schwingung, Impulse sausten durch seinen Körper, implodierten im Kopf als Wahrnehmung von Dingen, die es nicht gab. Ein Kitzeln im Fuss. Dann auf den Lippen. Wieder im Fuss, dann in den Fingerspitzen. Er lag still. Schwer. Verdrängte die Bilder von Psychiatriepatienten, die sich in ihrem aussichtslosen Kampf gegen einen imaginären Juckreiz blutig kratzten.

War er schon so weit?

Er raffte sich auf. In der Küche spülte er das schmutzige Geschirr, schaffte Ordnung, saugte das Wohnzimmer. Den Kristall des Strahlers legte er auf das Sideboard. Heute hatte er noch keine Arbeitsgeräusche aus der Felswand gehört, fiel ihm ein. Er verdrängte den Gedanken an den Unbekannten, arbeitete weiter. In Momenten absoluter Konzentration auf das, was er tat, nahm er das Kribbeln nicht wahr. Vielleicht hatte er manchmal nur zuviel Zeit, achtete auf Dinge, die keine Aufmerksamkeit verdienten! Der Schlüssel zur Genesung lag anderswo. Er musste sich durch die Ablagerungen verdrängter oder unterdrückter Gefühle arbeiten. Nach zwei Jahrzehnten eine Sedimenthalde. Vielleicht würde er herausfinden, weshalb sich sein Idealismus in Opportunismus gewandelt hatte, die Begeisterung in Ehrgeiz, seine Träume in Gier. Der Mann, der nebst ihm die Verantwortung dafür trug, war Donato. Deshalb hatte er mit ihm gebrochen. Ein erster Schritt. Seine Geschichte war Donatos Geschichte, dessen Fehler seine eigenen. Es ging nicht um Schuldfragen. Er wollte nur verstehen, was aus ihm, Salvo, geworden war. Er würde sofort beginnen, der Realität nicht länger entfliehen. Das Mail des Verrückten war der erste Test. Entschlossen stieg er die Treppe hoch.

von: amicidell@giustizia.it   an: gatto@gattodileo.com

Betreff: persönlich

Allora Dileo

Sie fragen sich, wer ich bin. Wo ich bin. Darum geht es nicht. Wichtig ist nur, was ich Ihnen erzähle. Wenn Sie an meiner Identität herumrätseln, begehen Sie einen Fehler. Sie müssen lernen zuzuhören. Ich habe es gelernt. Ich war so wie Sie noch vor kurzem. Unverletzlich. Überzeugt von dem, was ich tat. Es war eine andere Welt damals: Berlusconi ein Wirtschaftsverbrecher ohne Amt, Falcone am Leben.

Erinnern Sie sich noch an jene Zeit, Gatto Dileo?

Es war ein Dienstagmorgen im Mai, der Wagen sprang sofort an, Elena und Ella winkten mir zum Abschied zu. Wir sollten uns bei den Schwiegereltern wieder treffen, eine Woche später.

In einer Bar sah ich die Mittagsnachrichten. Den Kommentar verstand ich nicht, aber ich erkannte den Wagen. Muss ich Ihnen meine Gefühle beschreiben? Ich raste ins Krankenhaus. Ella war unverletzt. Sie stand unter Schock. Die Attentäter hatten die Bombe zu früh gezündet, das falsche Auto erwischt. Unser Auto. Es schoss frontal in eine Mauer. Der Arzt machte mir keine Hoffnungen. Elena läge im Koma, es sei nur eine Frage der Zeit.

Drei Tage blieben uns zum Abschiednehmen.

Kann man in drei Tagen einer Vierjährigen erklären, dass ihre Mutter sterben wird? Könnten Sie es?

Warum schreiben Sie nicht darüber einen Song, Gatto Dileo?

Das Sterben sei eine anstrengende Sache, habe ich Ella erklärt, deshalb ruhe sich die Mamma noch ein bisschen aus. Schlafe ganz tief. Eine lange Reise stehe ihr bevor, an einen Ort, wo Ella sie nicht besuchen könne. Sie sei dann bei den Engeln im Himmel, werde herabschauen, sie behüten. «Mamma muss ihren Zauberstein mitnehmen!» sagte Ella. Nur das. Dann schwieg sie. Schwieg oder weinte. Wir suchten in Elenas Sachen, bis wir den rundgeschliffenen, grünglitzernden Stein fanden. Ella hatte ihn ein Jahr zuvor aus der Seletta gefischt und der Mamma geschenkt. Wir brachten ihn ins Krankenhaus, am Morgen bevor sie starb.

Glauben Sie an Wunder, Gatto Dileo? Oder singen Sie nur darüber?

Das einzige Lebenszeichen von Elena während dieser drei Tage war die Bewegung ihrer Finger. Sie schlossen sich um den Stein, liessen ihn nicht mehr los.

Irgendwann sagte ich der Schwester, sie solle das Gerät abstellen, das ihren Herzschlag anzeigte. Ich wollte nicht sehen, wie sich die grüne Digitalzahl der Null näherte. Der Moment kam dennoch, ich hätte ihn nicht wahrgenommen, wäre ihr der Stein nicht aus der Hand gefallen.

Ich verlangte von der Schwester Klebeband. Ella schloss Mutters Finger wieder um den Zauberstein, ich klebte ihn fest. Was hätte ich sonst tun sollen?

Warum, Gatto Dileo, schreiben Sie nicht darüber einen Song?

Minutenlang blieb Gatto vor dem Computer sitzen, Tränen in den Augen. Er hätte nicht sagen können, ob sie der unbekannten Familie galten oder Folge eigener traumatischer Erinnerungen waren. Die nächste Fliege krabbelte über seinen Handrücken. Er klickte den Internetlink an, der dem Mail beigefügt war. Der Browser öffnete sich, einen Moment später sah er den Zeitungskopf der *Stampa* vor sich. Darunter die Überschrift der Titelgeschichte: «Die dunklen Geschäfte von Gatto Dileo!» Es war unmöglich eine Fälschung, die Adresse war die der offiziellen *Stampa*-Site. Gatto überprüfte das Datum. Das heutige. Er kontrollierte das ursprüngliche Sendedatum des Mails, es war am vergangenen Abend abgeschickt worden! Der Unbekannte hatte schon vor Erscheinen des Artikels davon gewusst. Er überflog ihn, gab den Druckbefehl und begann dann die Lektüre von vorn, diesmal langsam und konzentriert.

Die Morgensonne drückte fahl durch den Dunst. Er setzte sich in den Schatten, zog das Hemd aus. Die Nächte brachten keine Abkühlung mehr. Der Beginn einer längeren Hitzeperiode, wollte er Marco glauben.

Donato zahlungsunfähig! In dunkle Geschäfte verwickelt. Die Recherchen des Reporters wirkten glaubwürdig. Überzeugend. Gatto war nicht sehr überrascht. Von den neusten Entwicklungen vielleicht, nicht von den alten Verstrickungen. Donato hatte sich also mit dem Neubau des Mailänder Stadions noch tiefer hineingeritten. Hatte sich den Bauauftrag über einen Strohmann erschlichen und dafür Politiker und Beamte geschmiert. Das gehörte üblicherweise zum Tagesgeschäft der Mafia. Gatto fragte sich unwillkürlich, ob Donato sich auch mit denen angelegt hatte.

Wenn er stürzte, riss er Gatto mit. Geld war nicht das Problem, er hatte genügend für drei Leben, unabhängig davon, was mit Donato passierte. Doch sein Name stand im Titel, das machte die Schlagzeile würziger. Donato und Gatto Dileo wurden gleichgesetzt, darüber durfte er sich nicht wundern. So hatte alles begonnen: Sie waren ein unzertrennliches Duo. In Süditalien, 1987. Eine Symbiose – bis zur letzten Tournee, die ihn hierhergebracht hatte.

Kurz davor hatten die Plattenverkäufe zu Donatos Entsetzen erstmals stagniert. Zurück zu den Wurzeln! hatte er angeordnet, die *Tour del ringraziamento* organisiert. Ein ideales Label, Donatos Promotionstab schlachtete es pathetisch aus. Die Konzerte fanden dort statt, wo Gatto Dileo fünfzehn Jahre zuvor auf seiner ersten Tournee Station gemacht hatte. Wieder führte die Reise vom Süden bis nach Mailand. Lecce, Brindisi, Taranto, hoch nach Salerno, von Napoli über Caserta und Frosinone nach Roma. Dann Viterbo, Terni, Perugia, Cortona natürlich, Siena, Firenze, Bologna, Modena, Parma, Cremo und Brescia. Wie damals spielte er in Rockclubs, auf kleinen Freiluftbühnen, einmal gar auf einem Campingplatz. Für Donato ein Moment sagenhafter Symbolik: Der berühmte Gatto Dileo trifft die Fans der ersten Stunde, spielt im intimsten Rahmen, ohne Band, wie einst, alleine, nur mit seinen Gitarren. Wer würde sich das entgehen lassen!

Gatto hatte sich überreden lassen. War nicht erstaunt gewesen, als er bereits beim ersten Konzert tief im Süden vertraute Gesichter sah. Mitglieder der «*famiglia*», wie Donato es nannte: Journalisten, die seine Einflüsterungen seit Jahren adoptierten und als eigene Erkenntnisse hinausposaunten. Gefällige Mitarbeiter der Plattenfirma, die seine Anweisungen wörtlich befolgten. Der eine oder andere Politiker, Partner bei Donatos zwielichtigen Geschäften. Dann die Sponsorenvertreter – ungeachtet des Vermerks im Programmheft, Gatto finanziere die Tournee als privates Dankeschön aus eigener Schatulle. Gaetano, Pardo und Sylvie, Donatos persönliche Assistenten, für Drogen und andere Annehmlichkeiten verantwortlich. Dazu Lokaljournalisten, die sich fünfzehn Jahre zuvor in dieses oder jenes legendäre Gatto-Dileo-Konzert verirrt hatten. Drei, vier handverlesene Fans, glückliche Gewinner irgendwelcher Internet-Wettbewerbe, die wiederum in geheimnisvoller Verbindung mit den nicht existierenden Sponsoren standen. Und Künstler! Befreundet mit Donatos locker sitzendem Geldbeutel. Die wahren Meinungsmacher, fand der. Kein Lob so wertvoll wie das eines vermeintlichen Konkurrenten!

Das war sie, die Familie. *Soffiatori di vetro.* Die Glasbläser. Mit ihrer Hilfe hatte Donato eine hermetische Glocke über Gatto gestülpt, ihn schrittweise der Welt entfremdet. Gatto fragte sich, wann das angefangen hatte. Seine Naivität in den ersten Karrierejahren war grenzenlos gewesen. Im Laufe der ersten Tournee hatte er staunend beobachtet, wie sein Publikum anwuchs. Erst war es ausgeblieben. Im tiefsten Süden leere Säle. Nur wenige Freaks, die er nach dem Konzert zum Bier traf. Sie halfen ihm und Donato schon mal mit dem Abbau des Bühnenequipments. Andere waren zufällig da, verdrückten sich nach einigen Stücken. Das Interesse der breiten Masse war erst erwacht, als *La Luna,* seine erste Ballade, auf unerklärliche Weise in die Hitparade gerutscht war. Die Clubs füllten sich zur Hälfte, plötzlich wurden in den Konzerten einzelne Zeilen mitgesungen. Donato liess sofort Backstage-Pässe drucken. Die Analyse der Auftritte, die Anpassung der Songauswahl, Bühnenkritik – alles, was zuvor ihre Gespräche auf den endlosen Autofahrten im VW-Bus beherrscht hatte, trat in den Hintergrund. Oder Momente wie mit jenem Fünzehnjährigen in Brindisi, der ihn während des Konzertes nicht aus den Augen gelassen hatte. Den er danach an seinen Tisch geholt hatte. Nach anfänglicher Schüchternheit überhäufte der Junge ihn mit Fragen zur Gitarrentechnik, bis Gatto nicht weiterwusste und für eine spontane Übungsstunde zwei Instrumente holte. Ähnlich gebannte Zuhörer sah Gatto in der ersten Reihe weiterhin. Nach den Konzerten aber führte ihm Donato diese oder jenen zum Smalltalk zu. Das hatte ihn nicht sehr gestört, adrenalingeladen von den Auftritten konnte er sich über jeden Unsinn auslassen, zum vierzigsten Mal erzählen, wie ihn der Erfolg von *La Luna* überrascht habe, wie das Lied entstanden sei, Maurizios Anteil elegant übergehend – wer hielt sich schon mit Texten auf –, und wie er aus der Schweiz nach Italien gekommen sei. Dabei spreche er perfekt italienisch, doch, doch, sein Akzent sei kaum hörbar und charmant auf jeden Fall!

Vergeblich hielt er nach dem Falken über der Schlucht Ausschau. *La Luna.* Dein Vermächtnis, Maurizio! Der Wendepunkt. Der Beginn des musikalischen Aufstiegs und des moralischen Zerfalls. Ich weiss, für dich klingt das wie ein Hohn. Und ich gebe es zu, meine Einsicht kommt spät. Viel zu spät für dich, Maurizio.

Er trocknete mit dem Hemd den Schweiss auf seiner Brust. Just vor dem Mailänder Konzert war das Lied auf Platz eins der Charts gelandet. Er hatte sich von Donatos Hysterie anstecken lassen, bereitete mit ihm die Party vor, vernachlässigte den Soundcheck, die Konzentration auf das Konzert. Prompt lief alles schief. Er vergass ganze Zeilen des Textes, rettete sich in Oh-sha-la-las. Er hatte keine Präsenz, machte keinen Druck, fand den Groove nicht, die Sensibilität für die stillern Lieder. Ein miserabler Auftritt. Er hätte einen deiner wenigen Wutausbrüche provoziert, Maurizio! Oder wie hättest du reagiert? Beim anschliessenden Bankett beispielsweise? Kein Wort der Kritik, Gratulationen ohne Zahl. Ein wunderbares Konzert! So intim! Und die Songs erst, dieser oder jener würde der nächste Hit, garantiert! Natürlich meinten sie die beiden, während der er sich in belanglose Publikumsanimation geflüchtet hatte.

Gatto setzte sich tiefer in den Schatten der Pergola. Hatte Donato bereits damals dafür gesorgt, dass er nur hörte, was er sollte? Gut möglich. Er hatte ihm weisgemacht, wichtig sei nur die Meinung des Publikums. Einem Zwanzigjährigen kann man in Zeiten des Erfolgs jeden Unsinn verkaufen. Keine Mitmusiker, die korrigierend eingriffen, keine Mitra, kein Maurizio, die ihn auf den Boden zurückholten. Fünfzehn Jahre später, auf der letzten Tournee, hatte ihn dann jedes weitere Konzert, jede Aftershow-Party in seinem Entschluss bestärkt: Er würde aussteigen. Er war am Ende. In diesem Geschäft hatte er alles gesehen. Er war nicht länger fähig, seine Lebenslüge aufrechtzuerhalten.

Donato hatte einen Schlaganfall fingiert, als er es ihm mitteilte, und noch während seiner Bewusstlosigkeit eine neue Strategie entwickelt: ein Abschiedskonzert, wie es die Welt noch nicht erlebt hatte. Liveübertragung am Fernsehen, Videoauswertung, Live-CD, zwei, drei neue Stücke. Der Ausstieg – den würden sie erst mal als einjähriges Timeout deklarieren, man wisse ja nie. Abgesehen von seiner üblichen Theatralik, dachte Gatto, hatte Donato erstaunlich gelassen reagiert. Der Grund war jetzt offensichtlich: Er hatte erkannt, dass er mit Gattos Rückzug Geld verdienen konnte. Schlagartig, Summen in aussergewöhnlichen Höhen! Donato schien zu ahnen, welches Fiasko sein Bauprojekt ansteuerte. Gatto wunderte sich auch nicht mehr darüber, weshalb sein Abschiedskonzert auf einer Baustelle stattgefunden hatte. Im Anbau an das halbfertige Prachtstadion mit Einkaufszentrum und Vergnügungsviertel. Vom vieldiskutierten, kühnen Wurf eines Schweizer Architektenduos war an jenem Tag noch nichts vorhanden. Unüberhörbar dafür die Wut des Fernsehregisseurs: Beim fünften Stromausfall kurz vor dem Konzert wollte er die Liveübertragung abblasen. Donato blieb ungerührt. Natürlich, in diesem Moment wollte er nur retten, was noch zu retten war. Geholfen hatte es ihm nicht viel, wie der Reporter der *Stampa* genüsslich vorrechnete. Und fragte, wieviel Gatto Dileo, der vergötterte Rockstar, die Galionsfigur der italienischen Linken, von den Machenschaften seines Managers wusste. Hatte er nicht vor dem letzten Konzert mit den Unternehmern, den Geldgebern und den Architekten des Stadions posiert? Er müsste doch mitbekommen haben, wie Donato bei der Bauvergabe die Konkurrenz ausgehebelt und die absonderlichsten Projektbewilligungen erhalten hatte.

Gatto wischte sich neue Spinnfäden aus dem Gesicht. Hatte er nicht. Nur würde ihm das keiner glauben, jetzt, da er ausgestiegen, aus der Öffentlichkeit verschwunden, geflüchtet war, alle Spuren verwischt hatte. Das perfekte Schuldeingeständnis! Er schielte unwillkürlich zur Brücke hinauf. Wie lange würde es dauern, bis sie kamen? War der Auslieferungsantrag an die Schweiz schon gestellt?

Gatto atmete tief durch. Ruhiger wurde er nicht. Wie gross war die Gefahr? Marco wusste Bescheid. Aber ihm vertraute er. Vor Donato hatte er das Haus geheimgehalten. Gab der Computeranschluss einen Hinweis darauf, wo er sich befand? Wohl kaum. Das Handy würde er nicht mehr benutzen. GPS. Blieb noch der mysteriöse Mailschreiber. Wollte er den Tod seiner Frau rächen? Er hatte ihn auf den Artikel aufmerksam gemacht. Vor dessen Veröffentlichung! Arbeitete er noch immer für die Justiz? Oder war er selbst dieser *Stampa*-Reporter, dieser Ermanno Gigli, und wollte ihn mit obskuren Mails verunsichern?

Die Sonne stach senkrecht herab, die Luft war tropisch feucht. Er flüchtete ins Haus. Migräneblitze zuckten in seinen Schläfen. Er schluckte zwei Tabletten. Zwang sich zur Ruhe. Nahm sich noch einmal das Mail vor. Wieder war das Seletta-Tal erwähnt. Der Fundort von Ellas Zauberstein. Die Staumauer – zumindest das liesse sich überprüfen! Er kramte Baseballkappe und Sonnenbrille hervor. Am Geländer konnte er bei der Hitze ohnehin nicht arbeiten.

Die Serpentinen im Valle Seletta ähnelten jenen der Quarta entlang. Eine Strasse, geschaffen für den Z4. Die *Stampa* lag auf dem Nebensitz, der gedruckte Artikel stimmte mit der Version aus dem Internet überein. In der schwachen Hoffnung, alles sei nur ein übler Scherz, hatte Gatto sie an der Seepromenade gekauft. Mit gesenktem Blick, die Kappe tief ins Gesicht gezogen. Auf dem Rückweg zum Wagen, dessen auffälliger Luxus er nun verfluchte, hatte sich kein Passant umgedreht. Für einmal bedankte er sich bei Donato. Fünfzehn Jahre lang hatte er unautorisierte Bilder von ihm verhindert. Ohne die Mähne und Haarsträhnen im Gesicht erkannte ihn keiner.

Nach wenigen Kurven sah er in der Ferne sein Ziel. Bauchig wölbte sich die Mauer ins Tal, eine steinerne Barriere von unfassbarer Höhe. Gatto schaltete die Schweinwerfer ein. Die Strasse wurde schmaler, führte in engen Windungen durch unbeleuchtete Felstunnels, gelegentlich tropfte Rinnwasser auf die Lederbezüge.

Bald sah er Parkplätze, daneben ein kleiner Kiosk. Er blieb lange sitzen, das ausgeschaltete Handy am Ohr. Hinter den dunklen Brillengläsern suchte er die Umgebung ab. Nur Touristen, hochsommerlich leicht bekleidet. Keiner, der wirklich Notiz von ihm nahm – mit Ausnahme der üblichen neidischen Blicke auf seinen Wagen.

Er gab sich einen Ruck. Es wurde Abend, viele der Besucher verliessen den Parkplatz bereits. Bald würde er auffallen!

Gatto passierte ein Stahlgittertor. Sollte nachts wohl Selbstmörder abhalten! schoss es ihm durch den Kopf. Sein Blick suchte im Gehen jeden Zentimeter der Betonbrüstung zur Talseite hin ab. Wenn der Mann hier gewesen war, hier die Asche seiner Tochter dem Wind übergeben, seine Zeichnung hinterlassen hatte – würde er sie noch finden? Die Betreiber duldeten mit Sicherheit keine Graffitis auf ihrem Monument. Er ging weiter. Versetzte sich in die Lage des Mannes, hielt unwillkürlich die

Hand etwas abgespreizt für das Holzkistchen, zwanzig auf zwanzig auf dreissig Zentimeter. Der Inhalt des ersten Mails fiel ihm wieder ein: In der Mitte der Mauer hatte er die Urne ausgepackt, hier also, am vordersten Punkt der Wölbung. Gatto schaute hinunter, wie jener hinuntergeschaut hatte. Es beruhigte ihn, dass ihn die Leere nicht anzog. Vielleicht war er auf dem Weg zur Besserung, dachte er, während er einen Schritt zurücktrat, und nicht mehr suchen musste, weil er die Zeichnung sofort sah. Er kniete nieder. Handgross war sie, rostiges Braun, wenige Zentimeter über dem Boden, eine Biene mit rundem Leib und langen Beinen. Wie von Kinderhand gemalt.

Das, was bleibt, wenn nichts mehr bleibt.

Er war hiergewesen. Er existierte. Seine Geschichte war nicht erfunden.

«Was tun Sie da?»

Der barsche Ton liess Gatto zusammenfahren.

«Ihre Hände! Zeigen Sie mir Ihre Hände!»

Gatto stutzte. Er blickte hoch, sah ein gutmütiges Gesicht und die Uniformjacke. Er wollte kein Aufsehen erregen, streckte ihm bereitwillig die Hände entgegen. Der Mauerwart, oder wie immer seine Berufsbezeichnung sein mochte, musterte sie prüfend, bevor er eine nahm und Gatto hochhalf.

«Sie müssen entschuldigen, Signore. Ich sah Sie hier knien und dachte, Sie wären das!»

«Ich wäre was?»

«Der Vandale. Schauen Sie doch!»

«Waschen Sie es doch einfach weg!»

«Tun wir ja. Alle zwei Wochen.»

«Sie wollen sagen, der ...»

«...verarscht uns, genau! Malt die Ameise da immer wieder neu. Immer gleich. Entschuldigung, ist Ihnen nicht gut?»

«Geht schon, danke. Ich ... ich bin nicht ganz schwindelfrei, ich geh wohl besser. *Buona sera.*»

Gatto wandte sich abrupt ab. Krampfhaft hielt er seine Füsse im Zaum, am liebsten wäre er losgerast, zurück zum Wagen, weg von hier, nur weg.

Er kam regelmässig! Kletterte über dieses Tor, das oben mit Stacheldraht versehen war. Weshalb? Ein Spinner. Ein Wahnsinniger, der es auf ihn abgesehen hatte! Der Schweiss rann ihm über den Rücken. Jeder konnte es sein. Der drüben am Kiosk, betont unauffällig blätterte er in einem Reiseführer. Jener, der stumpfsinnig, in regelmässigen Abständen sein Eis zum Mund führte, ein dritter ...

Gatto zwang seinen Blick auf den Asphalt. Wenn er eine Sekunde lang nachdachte, käme er zu neuen Schlüssen, zu beruhigenderen! Vor wenigen Tagen hatte er selbst ein Kreuz in den Felsen gemauert. War das weniger verrückt? Doch nur ein Ort der Erinnerung, geschaffen, damit Bilder nicht verblassten.

Im Grunde verstand er den Unbekannten. Nur beruhigte ihn diese Erkenntnis nicht.

6. ECCETERA ECCETERA
(*Zucchero*)

Il turco, wie der Besitzer damals genannt wurde, wirtete nicht mehr hier. Unverändert war die Anordnung der langen Tische unter schattenspendenden Kastanienbäumen. Zwischen zwei Bissen Bruschetta berichtete Anna, was sie mit Petrella, der Verkäuferin des Kleidergeschäfts, erlebt hatte. Mitra war dankbar, sie heil wiederzusehen. Den Ausflug an den Lago Trasimeno hatte sie mit gemischten Gefühlen erlaubt. Ihre Ängste konnte sie Anna nicht erklären, solange sie ihr die eigene Geschichte nicht erzählte.

Nach einigen Minuten kam Mitra die überbordende Erzähllust ihrer Tochter verdächtig vor. «Ihr habt also den ganzen Tag am See verbracht?»

«Eigentlich schon.»

«Eigentlich?»

«Wir waren noch in Terontola.»

«Weshalb?»

«Was soll die plötzliche Fragerei? Du vertraust mir wohl gar nicht?»

«Doch. Aber ich kenne dich. Wozu?»

«Wir haben was getrunken. Danach gingen wir in diesen Tattoo-Shop.»

«Anna!»

«Was ist schon dabei? Das Dreieck auf deinem Schulterblatt – ist das vielleicht ein Abziehbildchen?»

«Ich war zwanzig, Anna. Zwanzig! Ich wusste, was ich … Du weichst mir aus!»

«Zwanzig, sechzehn, wo ist da der Unterschied!»

«Du hast dir ein Tattoo machen lassen?» Mitra pfefferte die Serviette auf den Tisch. «Ich fasse es einfach nicht! Was ist in dich gefahren? Ich erlaube dir einen Badeausflug mit dieser Clique, die du erst seit einigen Tagen kennst. Das war schon an der Grenze! Und du kommst zurück ...» Sie bemerkte die Blicke von den umliegenden Tischen und senkte ihre Stimme auf normale Lautstärke. «Ist dir noch zu helfen? Du missbrauchst meine Grosszügigkeit, lässt dir ein Tattoo stechen ...»

«Warum nicht?»

Wäre nicht der Kellner an den Tisch getreten, Mitra hätte ihre Tochter geohrfeigt. Zum ersten Mal in ihrem Leben. Und sie hatte gehofft, die schwierigste Phase in Annas Pubertät sei überstanden! Vor Wut bebend wartete sie, bis die Gläser nachgefüllt waren. «Hat er sauber gearbeitet?» fragte sie dann. «Trug er Handschuhe?»

«Ja.»

«Benützte er Einwegnadeln?»

«Ja.»

«Unbedenkliche Farben?»

«Ja, ja, ja!»

«Nicht in diesem Ton, Tochter! Ich könnte den Typen dafür anzeigen, vergiss das nicht. *Porca miseria*, das ist doch bloss ein böser Traum! Was hast du tätowieren lassen?»

«Es gibt da diesen Jungen, seinen Namen fand ich echt süss.»

Mitra verbarg das Gesicht in ihren Händen. Am liebsten wäre sie weggerannt. So dumm ... so dumm war keine! Ihre Tochter schon gar nicht. Sie schielte zu Anna, die sie ein bisschen sehr belustigt musterte, wie ihr plötzlich auffiel.

«Du verkohlst mich!»

«Ja.»

«Kein Name also. Wenigstens das. Zeig mir das Tattoo!»

Anna knöpfte langsam die Strickjacke auf. Deshalb hatte sie den Abendwind heute als kühl empfunden. Aber doch nicht auf den Bauch,

Mädchen! Was denkst du, wie das nach einer Schwangerschaft aussieht?!
Willst du mit einem Zerrbild herumlatschen, Anna, Herrgott noch mal!

Sie starrte fassungslos auf das Nabelpiercing.

«Wenn schon, denn schon», kommentierte Anna. «Für das Piercing habe ich Rabatt gekriegt.»

Mitra wartete, bis ihr Herz langsamer schlug. Was kümmerte sie das Piercing? Das würde fast spurlos vernarben. «Jetzt zeig mir das verdammte Tattoo!»

Anna lachte. «Das war nur Spass.»

«Was?»

«Ich bin doch nicht blöd!»

Ihre vorlaute, schlitzohrige Tochter ... Knallte ihr einen Hammer auf den Kopf, um sie vom Schmerz eines Mückenstiches abzulenken! Wie sollte sie auf ihre Provokation reagieren? Nicht, wie sie es erwartete. Zetern half bei ihr nicht, besser sie nahm ihr den Wind aus den Segeln.

«Zeig noch mal ... schön. Gefällt mir!»

«Das ist nicht dein Ernst.»

«Doch, doch. Mach ich auch. Mit diesen neuen Kleidern, bauchfrei alles – warum nicht.»

«Bist du nicht ein wenig ... ich meine, wir Girls machen so was!»

«Ich bin zu alt dafür?»

«Das wollte ich damit nicht ... doch, ja!»

«Vielleicht hast du recht. Ich überleg es mir. Und du ... du bist zu jung. Für ein Tattoo. Ende der Diskussion für die nächsten vier Jahre. Bis du zwanzig bist! Haben wir uns verstanden?»

«Aber Petrella hat ...»

«Verstanden?»

«Ja.» Anna zog eine Schnute.

«Gut.»

Ein Piercing! Sie konnte es noch immer nicht fassen. Aber Anna hatte ihr Geständnis taktisch klug vorbereitet, musste Mitra ihr zugestehen. Trotzdem ging es nicht an ... Sie würde darauf zurückkommen, nur nicht heute abend. Ein Themawechsel schien ihr angezeigt. «Hast du das gelesen?» Mitra deutete auf den Artikel in der *Stampa*, der in Cortona heute Stadtgespräch war. Anna nickte.

«Unfassbar», murmelte Mitra.

«Weshalb? Solche Dinge sind hier an der Tagesordnung. Die Regierung vergibt gegen Schmiergelder einen Bauauftrag an einen Strohmann, der wiederum ist Geldwäscher für die Mafia. Oder er betrügt wie Donato auf eigene Rechnung. Sagt Petrella.»

«Sagt Petrella.» Mitra lächelte. «Ich meinte die Verbindung zu Gatto Dileo!»

«Hast du gedacht, Rockstars wären bessere Menschen?» fragte Anna etwas altklug.

Mitra ging nicht darauf ein. «Wir haben uns beim Konzert über die riesige Baustelle gewundert und jetzt lesen wir ...»

«Hat Ihnen Gattos Song gefallen?» wurde sie unterbrochen. Am Tisch stand der Mann aus dem Plattengeschäft. In den letzten Tagen war er ihr dreimal über den Weg gelaufen. Nach seinen Blicken zu urteilen hätte ihr der selbst ein Lippenpiercing verziehen, dachte Mitra. Erst jetzt sah sie den zweiten, der eher verschüchtert wirkte. Er traute sich nicht, den Blick dort zu lassen, wo es ihn hinzog, was Anna irritierte und seine Verlegenheit noch verstärkte.

«Ein schönes Lied. Ein bisschen traurig.» Mitra machte eine einladende Geste.

Der Neffe von Donato, nach eigener Aussage. Vielleicht fand sie für den noch Verwendung. Ganz abgesehen davon ... sah er unverschämt gut aus.

«Setzt euch. Ich heisse Mitra. Meine Schwester Anna!»

Anna kannte das Spiel. «Sie ist die ältere!» sagte sie gewollt naiv.

Bald musste sich Mitra konzentrieren, wollte sie nicht in eine der Fallen tappen, die sie sich selbst mit ihren Lügen stellte. Donatos Neffe hiess Michele, sein Freund Settimo. Eine Erklärung dafür habe er nicht, er sei das zweite von vier Kindern, erfuhren sie während der Antipasti. Einzelkind Michele hingegen verkörperte in Personalunion die fünfte Generation und die letzte Hoffnung der Weindynastie Bedretti. «Ich, ein erfolgloser Musiker! Soviel zu meinen Familienverhältnissen.»

Seine Selbstironie gefiel Mitra. Sie hatte ihn falsch eingeschätzt, Michele wirkte sehr jugendlich, war aber nur dreizehn Jahre jünger als sie. Weshalb der Vergleich? Wollte sie den Unterschied gleich noch in Monate umrechnen? Mit der Zeit taute selbst der schüchterne Settimo auf. Bald teilte sich ihre Plauderei in zwei Gespräche übers Eck.

Erst bei den Dolci sprach Mitra Michele auf seinen berühmten Onkel an. Der hatte nur darauf gewartet. Den Zeitungsartikel tat er als blosse Verleumdung ab, bevor er in Geschichten und Anekdoten seiner Bewunderung für Donato Ausdruck verlieh. Geschickt deutete er immer wieder seine enge Freundschaft mit dem berühmten Gatto Dileo an.

Mitra schützte geschäftliches Interesse als Marketing-Spezialistin vor, steuerte jenen Punkt an, den sie interessierte: die Verbindung von Manager und Künstler. Was er erzählte, bestätigte, was sie sich selber zusammengereimt hatte: Donato sei nicht nur Gattos Produzent, sondern sein engster Freund und künstlerischer Direktor der Plattenaufnahmen, Videoclips und Konzertgestaltung. Die perfekte künstlerische und geschäftliche Symbiose, von den Anfängen bis heute. Gatto hätte Musik gemacht, Donato alles andere. Den letzten Satz begleitete ein anzügliches Lächeln. Es sollte Mitra wohl zu weiteren Fragen animieren. Sie hatte keine Lust auf die üblichen Tournee-Geschichten von Drogen- und Sex-exzessen. Wie die beiden sich überhaupt gefunden hätten? Sie wollte wissen, wie frei Donato die Gatto-Dileo-Legende gestrickt hatte.

«Die Geschichte hat er mir wieder und wieder erzählt», versicherte Michele eifrig. «Mein Onkel besuchte dieses Filmfestival im Tessin. Er hatte den Soundtrack zu einem der Wettbewerbsbeiträge produziert.»

«Locarno vielleicht?» schlug Mitra vor.

«*Ecco!* Im Umfeld des Festivals fanden Konzerte statt. Gatto sang in einer Bar. Alleine, kleines Bühnenequipment. Donato sollte eigentlich zum nächsten Termin hetzen.»

«Er blieb sitzen», sagte Mitra.

«Er hatte eine Vision!»

«Tatsächlich?»

Michele war Mitras Stimmungswechsel entgangen. «Stell dir die Szenerie vor: eine winzige Bühne, ein paar Tische, das Gewimmel der Leute, mittendrin Gatto. Er sang. Kaum einer hörte hin. Aber Donato horchte auf. Das Licht veränderte sich, plötzlich war ihm, als entferne er sich von Gatto, der jetzt von Schweinwerfern angestrahlt wurde. Donato sah eine riesige Bühne, das Publikum, Hunderte, Tausende hörten Gatto zu, wie in Trance, bis er den Schlussakkord spielte, einige Sekunden Stille, ekstatischer Applaus ...»

«Entschuldigt mich!» Mitra stand etwas abrupt auf und ging ins Restaurant. Im Toilettenspiegel betrachtete sie ihr Gesicht. Welch ein Rattenfänger! Sie konnte nachvollziehen, wie Salvo einst auf Donato hereingefallen war. Aber wie hatte er es siebzehn Jahre an seiner Seite ausgehalten? War er jemals aus seinem Traum erwacht? Wütend klatschte sie sich kaltes Wasser ins Gesicht. Das Konzert in Locarno war aussergewöhnlich gewesen, das ja. Sie waren gut gewesen! Nicht wegen des angereisten Produzenten, der Grund war die Spannung zwischen ihnen, die sich in der Musik entlud. Sie ahnten wohl, dass sie zum letzten Mal gemeinsam auf der Bühne standen.

Maurizio am Schlagzeug, sie am Bass, Salvo vorne im Licht.

Eravamo in tre.

Sie drehte ihr Schulterblatt gegen den Spiegel, das grünliche Neonlicht fiel auf das tätowierte Dreieck. An Micheles Geschichte stimmte fast nichts. Donato hatte Salvo erstmals hier in Cortona gehört. Wie überall hatte dieser sofort Kontakt zur lokalen Szene gefunden. Sprach einen auf der Strasse an, der prompt in einer Band spielte oder an einem Demotape herumwerkelte, und Salvo in den Übungsraum einlud. Devil's sigh hatte das Quartett geheissen, das am vorletzten Abend ihres Aufenthaltes unweit von hier gespielt hatte. Als Überraschungsgast baten sie Salvo auf die Bühne, worauf der dem erstaunten Publikum eine seiner fixen Ideen verkündet hatte. Mitra sah, wie ihr Mund ein Lächeln formte, verzerrt von einem blinden Fleck auf dem schmutzigen Glas. Gatto vorne auf der Bühne, sie mit den Klassenkameraden im Publikum. Im Brustton der Überzeugung erklärt Gatto, der gegenwärtige Sommerhit *Born in the U.S.A* von Springsteen sei ein fataler Irrtum. Ein Anti-Vietnam-Song werde zur Hymne auf den amerikanischen Traum umgepolt, von Musikmanagern, von Politikern, neuestens gar vom Hobby-Schauspieler Ronald Reagan! Er spuckt angewidert auf die Bühne. Serviert ein *Born in the U.S.A*, das so keiner erwartet hat. Nicht mal sie. Salvo ist nicht er selbst, verliert sich, zersägt auf der elektrischen Gitarre die Originalmelodie in Bruchstücke, fügt sie neu zusammen, gibt den Worten ihre eigentliche Bedeutung zurück. Seinem dreiminütigen Gefühlsausbruch folgt verstörte Stille im Publikum, dann Applaus von Kennern wie Donato, Pfiffe von andern, deren Idol eben geschändet worden ist.

Jahre später hörte Mitra denselben Song wieder, von Springsteen selbst, der seinen Irrtum korrigierte, ähnlich wie einst Salvo. Bis heute fragte sie sich, ob nicht Maurizio in einer ihrer nächtelangen Diskussionen Salvo auf die Idee gebracht hatte. Er besass Unmengen von Springsteen-Bootlegs, vielleicht waren die beiden dort auf eine Alternativversion des Welthits gestossen. Maurizio war der besessene Musiker, der Weltverbesserer. Seine Leidenschaft hatte Salvo zum Ausdruck gebracht.

Sorgfältig zog sie ihren Lidstrich nach. Am Tisch hielt Anna bereits Ausschau nach ihr. Michele sprang auf.

«Ich habe eine Idee: Weshalb besuchen wir Donato nicht? Er kann dir alles viel besser erklären. Vielleicht ist er im Studio!»

Mitra willigte ein. Ging leichter, als sie sich vorgestellt hatte! Annas Begeisterung hielt sich in Grenzen. Sie hatte sich mit Petrella verabredet. «Geht doch alle zusammen tanzen!» schlug Mitra vor. Ihre Tochter würde sich nicht so schnell mit diesem Settimo einlassen, dafür hatte sie ihm zuwenig Interesse entgegengebracht. Und dank Petrella wäre Anna nicht alleine unterwegs. «Spätestens um ein Uhr bist du im Hotel. Und bleib brav! Dein Mass für heute ist voll!» flüsterte sie Anna zum Abschied ins Ohr. Diese küsste sie auf die Wange, gleichzeitig drückte sie ihr etwas in die Hand. Mitra fühlte den Plastik und die charakteristische, kreisrunde Wölbung.

«Woher hast du den?» fragte sie überrumpelt.

«Von dir! Und immer dabei – hast du unsere Aufklärungsdiskussion schon vergessen?»

Die Retourkutsche hatte kommen müssen. «Den brauch ich doch nicht!» protestierte sie etwas verlegen.

«Bist du sicher, Schwesterherz?»

Sie wehrte sich nicht gegen den Arm, der ihre Schulter umfasste, kaum bogen sie in die dunkle Via San Salvatore ein. Im Grunde fand sie ihn sympathisch, attraktiv, verführerisch jung. So wie sie sich heute abend fühlte, weiss der Teufel, ob das mit den drei Gläsern Wein, mit Annas Verhalten, mit ihren neuen Kleidern oder mit den Erinnerungen zusammenhing, denen sie seit Tagen nachhing. Sie erwiderte die Berührung nicht, entzog sich aber auch nicht.

Ihr Ausbruch aus dem Alltag musste sich nicht auf Phantasien beschränken.

Vor dem Studio blieben sie stehen. Michele schaute skeptisch zu den dunklen Fenstern hoch. Probehalber drückte er auf die Klingel, die versteckt in die Türzarge eingelassen war.

«Er ist nicht da», sagte er mit schlecht gespieltem Bedauern. «Weißt du was?»Er klimperte mit einem Schlüssel vor Mitras Gesicht.

«Was?»

«Gatto Dileos Wohnung! Willst du sie sehen? Ich schaue nach seinen Pflanzen.»

Er zog sie zu einer unscheinbaren Tür neben dem protzigen Haupteingang. Sie traten in ein kleines Entrée. Michele machte Licht, ging ihr auf der knarrenden Holztreppe voran. Wahrscheinlich wollte er ihr die Makellosigkeit seines Hinterns vor Augen führen. Mitra schaute nur kurz hin. Ihre plötzliche Nervosität hatte andere Gründe.

«Hier wohnt er während der Aufnahmen!» Michele klang ähnlich ehrfurchtsvoll wie Tage zuvor ihr Führer in den Florentiner Uffizien.

«Sieht auch so aus», erwiderte Mitra. Er hatte die indirekte Beleuchtung des Wohnzimmers eingeschaltet. Nicht ein persönlicher Gegenstand. Der Raum glich dem Demonstrationszimmer eines teuren Möbelhauses: Wie richte ich ein altes Haus möglichst modern und teuer ein.

«Die gehört ihm!» Michele wies auf das Instrument in der Ecke. Blödsinn! Salvo spielt nur auf Fender-Gitarren. Sie verkniff sich die Bemerkung. Viel mehr hätte sie interessiert, wo er Maurizios Akustikgitarre aufbewahrte.

«Da geht es weiter!» Michele deutete zur Treppe. Widerwillig ging sie mit, fand ihr Eindringen plötzlich unverschämt. Abgesehen davon würde sie hier nichts von dem finden, was sie suchte.

Der Hausteil war keine vier Meter breit, jedes Stockwerk beschränkte sich auf ein einziges, langgezogenes Zimmer.

«Hier schläft Gatto ...»

«... während der Aufnahmen.»

Ein ausladendes Bett, ein Sideboard, ein Läufer auf dem alten Riemenboden, sonst stilvolle Leere. Welch ein Unterschied zum Amateur-Studio, wo ihr erstes Demoband entstanden war! Sie hatten in einem behelfsmässigen Matratzenlager gehaust und sich dennoch im Paradies gewähnt. Bis zum Sündenfall. Sie hatte geduscht, frottierte sich, von unten hörte sie Maurizios Schlagzeug. Und das Knarren der Treppe. Es verriet Salvo. Die Tür stand einen Spalt offen.

Sie hätte sie schliessen oder ins Bad zurückgehen können. Tut sie nicht. Sie legt das grosse Tuch beiseite. Für die Haare nimmt sie das kleinere. Ihr Herzschlag muss bis nach draussen zu hören sein. Er kommt nicht herein.

Sie holt die Körpermilch. Im Schutz der Tür geht sie ein paarmal auf und ab. Der grosse Spiegel hängt in seinem Blickfeld. Ein Vorwand. Er ist der Aktive. Sie kann nachher sagen, sie habe nicht ...

Die Verschlusskappe klickt, die Emulsion tropft heraus, sie verteilt sie zwischen den Handflächen, stellt die Flasche auf das Spiegelbord, beginnt mit den Beinen. Das linke zuerst, vom Fussknöchel hoch über das Knie bis zur Hüfte ... Sie lässt sich Zeit. Sie bestimmt das Spiel, findet Gefallen daran, es ist gar nicht mehr wichtig, ob er ihr wirklich zuschaut, draussen, die Vorstellung allein ist erregend genug! Sie kostet jede Berührung ihrer Hände aus, das zweite Bein, der Bauch, die Brüste, behutsamer, sanft ...

Für den Rücken könnte sie Hilfe gebrauchen!

«Kommst du?» Michele war bereits im obersten Stockwerk. Das hier müsse sie sich unbedingt ansehen!

«Gleich!»

Mitra ging zum Sideboard. Drei gerahmte Fotos standen darauf, die einzigen persönlichen Gegenstände. Auf den ersten beiden erkannte sie Salvos Eltern. Durch einen Freund hatte sie von ihrem Tod erfahren. Zu spät, um Salvo zu trösten.

Nur eine der verpassten Gelegenheiten.

Das dritte Bild überraschte sie. Ein Bild von ihr! Sie erinnerte sich genau, wie es entstanden war. Damals am Lago Trasimeno. Sie drapierte sich im Sand, Salvo drückte ab, blockierte darauf den Transporthebel. Er wollte eine Doppelbelichtung herstellen. Für das zweite Bild eilte er an den Strand, knipste etwas sinnlos, wie es ihr geschienen hatte, ins Wasser. Das war dabei also herausgekommen: Die beiden Bilder verwoben sich, ihr Körper zerfloss im Wasser, verlor sich gleichsam im Ungefähren. Ein wunderschönes Sinnbild, keine Wasserleiche, wie sie damals gescherzt hatte.

«Mitra!»

Sie ging hinauf. Für einen Moment blieb ihr tatsächlich die Luft weg. Der Raum war rundum verspiegelt, leer bis auf eine Badewanne, wie Mitra sie noch nie gesehen hatte: gläsern, rund, geformt wie einer dieser ausladenden Kakteentöpfe auf ihrem Balkon, allerdings hatte dieser einen Durchmesser von zwei Metern.

«Möchtest du baden?» fragte Michele schelmisch. Sie sah, dass er sein Hemd etwas weiter aufgeknöpft hatte.

«Ein Spielzeug für Buben! Für einen weiteren Eintrag in deiner Trophäenliste bin ich mir zu schade.»

Sein Gesicht verdüsterte sich, sie bereute ihre Schroffheit. «Nicht hier, will ich damit sagen, Dummkopf.»

Das alte Amphitheater war ihr bei einem der Streifzüge in den letzten Tagen aufgefallen. Es lag ausserhalb der alten Ringmauern, das nächste Haus, eine Musikbar, war ein gutes Stück entfernt. Der Wind trug Melodienfetzen herauf, raschelte in den Blättern der Zypressen. Zumindest hielt Mitra die Bäume für Zypressen. War nicht ihr Fachgebiet. Alles hier war nicht ihr Fachgebiet. Seitensprünge gehörten nicht in ihr Standardrepertoire. Sie hätte nicht mal erklären können, weshalb sie diese Freilichtarena dem Spiegelkabinett vorzog.

Weil nach allen Seiten Fluchtwege offen waren?

Die Bäume krönten die steinernen Zuschauerränge rund um das Wiesenoval. Ein Ort in Cortona, der keine Erinnerungen weckte. Sie würde die Nacht unbelastet geniessen, redetete sie sich ein, ihre Nervosität klänge bald ab, sie hätte ein Recht darauf. Irgendwie. Seit Ewigkeiten war sie nicht mehr so ausschliesslich als Frau wahrgenommen worden. Rolf machte sie dafür nicht verantwortlich, keine Beziehung konnte sich über die Jahre der Selbstverständlichkeit entziehen. Sie war es ja, die stets schon ans morgendliche Vollprogramm mit Manuel dachte, während sie noch miteinander schliefen. Oder ängstlich auf das Klicken der Haustür horchte, weil Anna wieder verspätet war!

Für Gewissensbisse war morgen Zeit. Oder auf der Rückfahrt. Jetzt nicht. Heute nacht konnte sie sich fallen lassen. Hoffte sie.

Sie breitete Micheles Wolldecke in der Mitte der Wiese aus. Auf ihren Wunsch hatte er sie aus dem Auto geholt, zusammen mit einer Flasche Wein.

Er legte sie ins Gras, küsste ihre Stirn.

«Krieg ich einen Schluck?» fragte sie.

«Später.»

Er schloss ihren Mund mit seinen Lippen. Sie überlegte noch, ob sie insistieren sollte. Etwas Alkohol könnte bei dem, was folgen würde, nicht schaden. Seine Zunge tastete sich vor. Sie entspannte sich ein wenig, ihre Hand wanderte versuchshalber über seinen Rücken. Fühlte sich gut an. Sie mochte auch das für italienische Verhältnisse unaufdringliche Parfüm.

Sie kannte es nicht, das half.

«Darf ich die Bändel jetzt lösen?» spielte er auf ihre erste Begegnung im Plattenladen an. Sie lachte nervös. Für ihn ein Zeichen von Einverständnis, er schnürte ihr Dekolleté auf, sein Kopf senkte sich auf ihren Bauch, das Shirt rutschte höher. Seine Zunge wanderte von der einen Hüfte zum Nabel, weiter zur anderen. Die sanftfeuchten Berührungen ließen sie erschauern. Er wich erschrocken zurück. Sie fuhr über seine stoppligen Nackenhaare, besänftigend, sich selber beruhigend, ihr Blick auf den Spitzen der Zypressen, schwach zeichneten sie sich im Mondlicht ab, darüber die Sterne. Zwischen den Bäumen erkannte sie die Umrisse eines Mannes. Ihr Körper versteifte sich. Beim nächsten Hinschauen sah sie ihn nicht mehr.

«Komm!» Sie richtete sich auf. Konnte so unauffälliger hinüberschielen. Mit den Knöpfen hielt sie sich gar nicht erst auf, zog ihm das Hemd über den Kopf. Er revanchierte sich, öffnete ihren Büstenhalter. Einhändig. Geschickt war er ja. Sie versuchte das gleiche Kunststückchen mit seinem Gurt, ein bisschen mehr Initiative erwartete er mit Sicherheit. Ihre freie Hand zeichnete die Konturen seiner Brust nach, ihre Zunge versuchte sich in seinem Mund.

Sie fühlte sich euphorisch und verunsichert zugleich. *Sto bene eccetera eccetera, male senza te.* Automatisch ordnete sie den Satz Zucchero zu. Sie liebte dieses Lied, das die nächtliche Brise zu ihnen hochtrug: *Nel vento caldo e purissimo, io ti spero in me.* Jahre her, seit sie ihn in sich gehofft hatte. Sie verdrängte die Gedanken an Salvo. An Rolf. An Anna und den Typen, mit dem sie unten in der Disco tanzen mochte.

Bei aller Unberechenbarkeit kannte ihre Tochter die Grenzen. Ein zweites Mal würde sie sie nicht überschreiten.

Heute noch nicht.

Sie spürte den Windhauch wie ein kühles Seidentuch über ihren nackten Körper streichen. Die Erkenntnis, was sie hier tat, im Freien, in aller Öffentlichkeit erregte sie mehr als der Körper neben ihr. Wenn wirklich einer zuschaute, da oben? Nichts mehr zu erkennen, stellte sie fast enttäuscht fest. Micheles Hand übernahm exakt die Bewegungen des Seidentuchs. Sie wartete, bis sie seinem Einfühlungsvermögen trauen konnte, erst dann steuerte sie ihn mit leisen Lauten der Zustimmung. Wärme breitete sich in ihrem Körper aus. Ihr Atem wurde schneller, ihre Wahrnehmung verlangsamte und verschärfte sich gleichzeitig. Der Lavendelduft, das Zirpen der Grillen im Gras, das Rascheln der Blätter, seine Stimme, die ihr ins Ohr flüsterte, wie sehr er sie begehre, ob sie spüre, wie hart sie ihn mache, welche Prüfung in Beherrschung, zugemutet durch ihren göttlichen Körper, er wolle sie, er wolle in sie, ihr Innerstes nach aussen kehren – was sie ein bisschen sehr leidenschaftlich fand. Seine Worte wirkten dennoch. Oder war es die Vorstellung des unsichtbaren Zuschauers, oben auf den Rängen? Wer war er? War er da?

Sie entzog sich ihm. Drückte ihn auf den Rücken, liess ihre Zunge wandern. Seine Reaktionen waren eindeutig, sie merkte schnell, welches seine empfindlichen Stellen waren. Jene gleich unterhalb seines Hüftknochens tat es ihr besonders an, konkurrenziert nur von der seidenzarten Haut, die sich über seine Hoden spannte.

Ihre Finger umschlossen endlich seinen Schwanz. Geschafft! Sie würde ihn ein bisschen leiden lassen, beschloss sie in einem Anfall von Wagemut. Oder war es der Versuch, die Oberhand zu behalten? Egal. Eine kleine Lektion in Demut konnte ihrem selbstsicheren Amor nicht schaden – und nahm ihren Körper für eine Weile aus dem Spiel. Ihre Zunge umschmeichelte den Ansatz seiner Eichel. Zu intim. Ihre Hand ersetzte die Zunge, die andere spielte mit seinen Hoden, bis sie das Beben seiner Beckenmuskeln spürte und den beginnenden Orgasmus mit der ganzen Kraft ihrer Finger einfach abklemmte.

Sie war selbst überrascht, dass sie den richtigen Moment erwischt hatte.

Als er seine Heiligen nicht mehr anflehte, wiederholte sie all das, was sie nicht tun durfte, wollte sie seinem Betteln glauben. Dem schenkte sie wenig Beachtung, plötzlich genoss sie es, ihn mit kleinsten Manipulationen an den Rand der Selbstbeherrschung zu bringen ... und darüber hinaus. Eine winzige Bewegung ihres Fingers liess seinen Körper erzittern, er war ihr ausgeliefert, sein Stöhnen näherte sich einem Schluchzen, er vertraute ihr, stellte sie erstaunt fest, seine Beine spreizten sich, die Muskeln an der Innenseite seiner Schenkel traten hervor.

Viermal stoppte sie seinen Ausbruch im letzten Moment. Dann gab sie seinem Schwanz einen kleinen Klaps. Der habe wohl etwas Ruhe nötig, vielleicht brauche sie ihn später noch. Worauf sie sich auf den Bauch drehte. Zum zweiten Mal um einen Schluck Wein bat.

Hoffentlich imponierte ihm ihre demonstrative Selbstsicherheit! Erregt war sie, zugleich unsicher. Die Furcht, er werde zu ungestüm, würde etwas Falsches tun oder sagen, der wiederkehrende Gedanke, ihr gebrauchter Körper gefalle ihm nicht ...

Darüber sprechen konnte sie nicht. Nicht mit ihm.

Er griff über sie hinweg. Das Ploppen des Flaschenkorkens hallte vielfach von den Steintreppen zurück.

Ein Tropfen fiel auf ihren Rücken.

«Ich möchte ihn lieber trinken.»

«Kaum, *tesoro!*»

Sie spürte einen zweiten Tropfen, gleich darauf seinen Finger, der ihn verteilte, es fühlte sich ölig an.

«Extra vergine!» flüsterte er.

Bin ich ein Salatblatt? Sie verkniff sich die Bemerkung im letzten Moment. Sie sollte loslassen, war es doch selbst leid, ständig die Kontrolle zu behalten. Tu dies, nein, das nicht, lass die Finger davon, Manuel, das geht nicht, Anna, so und nicht anders bitte ...

Michele liess sich nicht beirren. Glücklicherweise, fand sie bald. Er verteilte weitere Tropfen über ihren Rücken. Da sie nicht protestierte, auch auf ihrem Hintern. Den spannte sie nicht länger an, selber schuld, wenn er sich keine Jüngere suchte!

Bevor ihre Überforderung in Trotz umschlug, überliess sie sich seinen Händen. Seine Berührungen verrieten: Er wusste, was er tat. Er mochte, was er fühlte. Die Bemühungen waren nicht vergebens. Ihr Atem, ihre Seufzer, als er sich vermehrt nach unten orientierte, verrieten sie. Er war ein Geniesser. Die Erkundung ihres Hinterns von der höchsten Erhebung bis zur hochempfindlichen, zartrunden Vertiefung geriet ihm zur Mission. Sie dachte allmählich an die entsprechende Stellung und Vereinigung.

Nur ging es ihr gegen den Strich, den Gummi ihrer weisen sechzehnjährigen Tochter auszupacken. Den die ihr fünfmal zurückgegeben hatte, bevor sie ihn endlich einpackte. Für alle Fälle.

Er drehte sie auf den Rücken. Das Öl tropfte auf ihre Brüste. «Gut für die Haut!» war seine kurze Begründung. Sie widersprach nicht, es war noch für andere Dinge gut, wie ihr die geschmeidige Nässe zwischen ihren Beinen bestätigte. Sie schloss die Augen, ihre Nervenenden empfingen genügend Bilder. Sie sah die Tropfen in Zeitlupe auf ihrer Haut aufschlagen, trichterförmige Wellen liefen über ihre Haut, stürmischer, je näher das Öl ihren Schamhaaren kam.

Seine Hände waren überall. Zwischen den Brüsten, auf ihren Schenkeln, dazwischen, ihren Nabel umkreisend, als hätte er Dutzende. Seine Massage wurde spitzfingrig, verlagerte sich vollends zwischen ihre Beine. Sie fiel, unterschied nicht mehr zwischen dem, was er sagte, und dem, was die Musik in ihren Erinnerungen wachrief. Die Bilder von einst verwoben sich mit ihren Wahrnehmungen. Das Echo ihres Stöhnens, von den Steintreppen, von ihm zurückgetragen, war wie ein Nachhall der Laute von damals, die sie nicht unterdrückt hatte, weil er das liebte. Ihm war ihre Erregung höchster Lohn, in der Liebe hatte Salvo immer zuerst an sie gedacht, schon in der ersten Nacht auf ihrem eisernen Bett. Er war ohne eine Berührung ihrerseits gekommen, weil sie selbst in einem Orgasmus zersprungen war, wie jetzt, da Salvo die Bewegung seines Fingers ein letztes Mal intensivierte. Sie krallte sich an ihn, bekam seinen Schwanz zu fassen, der so anders war und so gleich. Bevor sie die Augen endgültig schloss, vergewisserte sie sich, ob der Mann noch zuschaute, genau zuschaute. Tatsächlich, er war sogar näher gekommen, aus den Baumschatten herausgetreten. Sie sah ihn deutlich, er hatte Salvos Gesicht oder das von Maurizio oder keines, egal, seine Anwesenheit erregte sie ins Unerträgliche. Ihre und Micheles Bewegungen eskalierten synchron, er spritzte in ihre Hand, ihre Gedanken zerfielen in kleine glühende Funken, die davonstieben, weggetragen vom Wind, hin zu ihm.

Credo eccetera di amarti ... da quando non ci sei, non ho reti o yesterdays. Keine Ziele mehr und kein Gestern, seit du nicht mehr da bist. *E rimpiango certe cose* – gewisse Dinge, die ich schmerzlichst vermisse. Ihre Gedanken hingen noch immer dem verklungenen Lied nach. Das Phantom zwischen den Bäumen war verschwunden. Sie hatte den Mann wegschleichen sehen. Ihre leise Enttäuschung darüber überraschte sie.

«Tut mir leid, Michele. Meine Hand ... ich hab gar nicht gemerkt, dass ich dich mitreisse.»

«Keine Sorge.»

Wie immer nach einem Orgasmus fröstelte Mitra. Er zog sie an sich. Sie schielte ein letztes Mal über seine Schulter.

«Mitra?»

«Ja.»

«Warum hast du mich Salvo genannt?»

«Salvo? Weil ... na weil wir dich so getauft haben, im Laden! Wir wussten ja nicht, Anna und ich, wie du wirklich heisst.»

«Ich mag deine Tochter!»

Mitra stützte sich auf die Ellbogen. «Tochter? Das war dir klar?»

«Petrella vom ‹Zipper› ist meine Lieblingscousine.»

«Scheisse!»

Sie liess sich mit einem verlegenen Lachen auf seine Brust fallen. «Jetzt steh ich wohl in deiner Schuld!»

«Du bist perfekt, egal, wie alt du ...»

«Danke. Ich hätte da eine kleine Vorstellung von Wiedergutmachung ... ist etwas übriggeblieben von deinem ... Wein?»

7. DAS GESICHT

Gatto legte das schweissgetränkte T-Shirt auf die Steine des Felsvorsprungs. Die Moleküle in der Luft rieben sich aneinander, schlugen unsichtbare Funken. Das Wasser der Quarta hatte seine kühlende Wirkung verloren. Der Himmel verfärbte sich durch den Dunst grau. Am Nachmittag würde die Schlucht zum tropischen Dampfkessel. Jeden Abend wartete er vergeblich auf jenes Gewitter, das üblicherweise nach einigen Hitzetagen Linderung brachte.

Er beugte sich über das Kreuz. Erst durch die Mails des Unbekannten war ihm aufgegangen, was er hier eigentlich tat. Siebzehn Jahre zu spät hatte er sich einen Ort geschaffen, wo er mit Maurizio sprechen konnte.

Doch heute drängten sich neue Bilder in die Erinnerungen. Ein Mädchen, das im Regen sein Bäumchen goss, ins Gespräch mit der verstorbenen Mutter vertieft. Der gesichtslose Mann mit blutendem Finger, nachts auf der Staumauer ...

War es Mitleid? Entwickelte er freundschaftliche Gefühle? Unmöglich. Er fühlte sich bedrängt, spürte fast körperlich die Nähe des Unbekannten, er fürchtete seine Rache. Wofür?

Die Attentäter hätten den falschen Wagen erwischt. Der Tod der Frau war ein Unfall. Tragisch, aber ein Unfall.

Mit dem späteren Tod der Tochter hatte er ebensowenig zu tun.

War der Absender durch Donatos Machenschaften zu Schaden gekommen? Machte er auch ihn, Gatto, dafür verantwortlich?

Er konnte nicht anders, sein Blick glitt prüfend über die Bäume oberhalb der Steinbrücke. Der einzige Zugang zum Grundstück. Keine Menschenseele weit und breit. Hirngespinste! Wer den Torre degli Uccelli nicht kannte, fand ihn nicht.

Ihre Freundschaft hatte mit einer wilden Keilerei begonnen. Höhepunkt und zugleich Ende ihrer kindlichen Bandenkämpfe im Quartier. Maurizio hatte den Cobras angehört. Gatto war der Anführer der Schwarzen Hand gewesen. «Rein ideologisch gesehen, Maurizio, solange nicht gekämpft wurde. Bei den handgreiflichen Auseinandersetzungen blieb ich im Hintergrund.» Er betrachtete versonnen das Kreuz. «Darin waren wir uns wohl ähnlich. Aber was ich dir schon lange gestehen wollte: Das mit dem Leim war leider meine Idee!»

Die Schwarze Hand missgönnte den Cobras ihre feudale Bandenhöhle. Der gemütlich eingerichtete Dachstock im ausrangierten Waschhaus des Krankenhauses. Später wurde es der Treffpunkt der lokalen Musiker. Die Schwarze Hand hatte sich minutiös auf jenen grossen Angriff vorbereitet und noch am Morgen davor zwei neue Bandenmitglieder rekrutiert. Zwei schlagkräftige Kollegen vom anderen Ende der Stadt. Kostproben ihrer schieren Muskelkraft hatten die Beitrittsprozeduren verkürzt. Kein Totenkopf diesmal, keine Flammenprobe, nicht mal Blutsbrüderschaft – der Plan stand, die Zeit drängte, ein kurzer Handschlag ersetzte alle üblichen Rituale. Ausgerüstet mit einigen Leimkübeln waren sie ausgerückt, hatten sich unbemerkt auf das Krankenhausgelände geschlichen, drangen ins Waschhaus ein, überrumpelten die Nielen paffenden Cobras auf ihren hübschen Sofas und Brockenhaus-Stühlen. Nach kurzem Gerangel sassen die Feinde gefesselt in einer Ecke. Die Schwarze Hand nahm unter Gejohle die Bude auseinander. Gatto hatte sich die Bewachung der Gefangenen zugeteilt. Aus nächster Nähe sah er die plötzliche Panik in Maurizios Gesicht, er starrte an ihm vorbei auf Andy, einen ihrer Neuen. Andy musste bereits damals Pete Townsend gekannt haben, er liess eine Gitarre hoch über seinem Kopf kreisen, bereit, sie gegen die Wand zu schmettern, sobald alle zuschauten.

«Ich wusste, das würde Ärger geben, Maurizio. Und es ging zu weit. Nicht die Gitarre, die nicht!»Mit einem Satz war er bei Andy und nahm ihm die Gitarre ab. Als Entschädigung dafür durfte Andy den ersten Leimkübel über das grosse Sofa leeren. «Nie habe ich deinen erstaunten Blick vergessen, Maurizio, als ich die Gitarre hinter einem Vorhang in Sicherheit brachte.»

Kinderspiele.

Noch Jahre später waren sie im Übungsraum auf Leimreste gestossen. Die Überreste der letzten Schlacht. Danach hatte es nichts mehr zu zerstören gegeben, der Krieg war implodiert, die Banden lösten sich auf.

«Bald haben wir zusammen die Nielen geraucht, Maurizio. Bei den Sandsteinhöhlen neben dem Waldfriedhof. Dort, wo ich nach meiner Rückkehr aus Cortona gewartet habe, weil ich mich nicht in die Kirche traute. Von dort aus habe ich den Trauerzug das Eingangstor passieren sehen. Deine Eltern, gleich dahinter Mitra, beschützt von unseren Freunden. Ich versteckte mich hinter einer Tanne – wie der Mörder in einem schlechten Krimi! Wie hätte ich ihnen gegenübertreten können? Ihre Gesichter, ihre fragenden Blicke aushalten? Ich war zwanzig, Maurizio. Zwanzig!»

Nachdem alle gegangen waren, traute er sich aus seinem Versteck. In den Zeitungsartikel ihres ersten Auftrittes hatte er Maurizios Plektrum gewickelt, die handschriftliche Originalfassung von *La Luna*, die er zuvor sorgfältig abgeschrieben hatte, und drei Nielen. All das legte er neben den Trauerkranz seiner Schulklasse, rannte los, zurück zur Höhle, später zum Bahnhof, nur fort! Es gab keinen Weg zurück. Die einzige Zuflucht war, wie einige Tage zuvor, Donatos Haus. «Ich bin kein Held, Maurizio! War nie einer. Ich habe mich nicht mal bei deinen Eltern bedankt, als sie mir deine Gitarre und dein Songbook zukommen liessen. Es wäre in deinem Sinn gewesen, haben sie geschrieben! In deinem Sinn!

Ich, der schuld war, der sich versteckte, der ihnen nicht half, nicht helfen konnte ...»

Er fragte sich einmal mehr, wie Mitra Maurizios Tod verarbeitet hatte. Ihre Mitschuld, seinen Verrat. Letzte Nacht hatte er sie geliebt, wie oft in seinen Träumen. Diesmal nicht im Kloster. Keine Glühwürmchen, keine Musik. Sie lagen im Freien, im Gras, umschlossen von einem Ring aus Steinen ... Bald wandte sie sich ab. Sie friere, er wärme sie nicht! Erschrocken hatte er seinen Körper betrachtet, die Haut verhärtete sich vor seinen Augen, bis sie sich in Farbe und Struktur nicht mehr von den Felsbrocken in der Quarta unterschied.

Durch einen Tränenschleier sah er den Falken. Diesmal kreiste er nicht, überflog die Schlucht, verschwand in der Ferne.

Die zugeschnittenen Baumstämme lagen bereit. Er zählte sie. Es waren drei mehr, als im Geländer fehlten. Mit dem schärfsten Gartenmesser säbelte er erfolglos am ersten herum, bis ihn ein Geräusch aufschreckte. Marco. Kein Kribbeln, keine imaginären Spinnen, er freute sich nur.

«Damit geht's leichter!»

Marco zeigte ihm das massive, sichelförmige Messer, das er mitgebracht hatte. Die Tüte mit den Lebensmitteln stellte er in den Schatten. Wie selbstverständlich nahmen sie sich den ersten Stamm gemeinsam vor. Gatto hielt ihn, Marco löste an einem Ende die Borke, mit bedachten Bewegungen schlug er sie weg.

«Halten sie so länger?»

«Weiss ich nicht mal!»gab Marco zu. «Sieht aber besser aus. Die Borke würde sich mit der Zeit von selbst lösen.»

«Also völlig überflüssig, was wir tun!»

Marco grinste. «Im Prinzip ja.»

Sie arbeiteten weiter. Nach dem zweiten Stamm übernahm Gatto das Werkzeug, nach dem fünften handhabe er es richtig. Zeit für eine Pause, befand er etwas später, Marco war einverstanden, er müsse ohnehin bald gehen.

«Du sorgst wieder für Schlagzeilen», sagte Marco, als sie beide mit blossem Oberkörper im Schatten sassen.

Gatto schaute ihn misstrauisch an. Marcos erste Bemerkung, die auf seinen Ruhm anspielte. «Du meinst diese Stadiongeschichte?»

«Ja. Nicht, dass ich etwas davon glaube!»

Gatto wollte nicht darüber sprechen und musste sich trotzdem rechtfertigen. Gerade vor Marco. «Wenn überhaupt etwas dran ist – mit mir persönlich hat das sicher nichts zu tun.»

«Hab ich auch geschrieben.»

«Du hast ... was?» Gatto beugte sich vor.

«Easy! Im Internet, in einem dieser Chatrooms. Schau mal rein! Die Diskussionen über dich laufen heiss.»

«Was schreiben sie?»

«Die meisten deiner Fans sind empört über die Anschuldigungen, einige verunsichert, weil Donatos kriminelle Geschäfte gerade jetzt aufgeflogen sind, kurz nach deinem vorgetäuschten Ausstieg.»

«Der ist nicht vorgetäuscht, der ist unwiderruflich.»

«Warum?»

Gatto antwortete nicht.

«Hängt das doch mit dieser Stadiongeschichte zusammen?»

Marco war heute neugierig, fiel ihm auf. Verständlich, nach allem, was er in den letzten Tagen gelesen haben mochte. «Ich habe aus persönlichen Gründen aufgehört.»

«Bist du ... krank?»

«Schreiben sie das auch – im Internet?»

«Wenn du wüsstest! Da bist du bereits tot.»

Gatto lächelte. In Marcos Stimme schwang echte Besorgnis mit. «Nein, nicht krank, ich bin nur müde. Erschöpft. Ausgebrannt.»

«Weshalb sagst du das denen nicht?»

«Wem?»

«Weiss nicht, den Zeitungsfritzen!»

«Was ändert das? Ich kann nicht mit allen sprechen, die Übergangenen wären betupft, würden weiterspekulieren. Abgesehen davon: Ich bin hier, weil ich aus der Öffentlichkeit verschwinden will.»

«Deswegen?»Marco deutete auf das Kreuz.

«Vor allem deswegen.»

Vielleicht war es sein Blick, der Marco das Thema wechseln liess. «Übrigens, hat sich der Mörder nochmals blicken lassen?»

«Der Mörder? Ach so. Er war nochmals hier, ja. Das lag heute morgen vor der Terrassentür.»Gatto holte die kleine Gruppe milchweisser Kristalle vom Fensterbrett und gab sie Marco.

«Eine ganz andere Struktur als der erste! Als stamme er von einem anderen Fundort!»

«Schon möglich. Der Mann kann herbringen, was immer er will, solange er mein Haus nicht mehr betritt.»

«Du hast ihn wieder nicht gesehen?»

«Nein. Aber sobald ich mich etwas erholt habe, werde ich hinaufsteigen.»

Marco leerte seine Flasche. «Es gibt einen zweiten Weg zur Wand. Von oben her. Nur ist er schwer zu finden. Ich führ dich hin, wenn ich zurück bin.»

«Zurück?»

«Von der Alp. Sie setzen erste Profile für die Staumauer!»

«Was wollt ihr dagegen tun?»

Marco machte eine eindeutige Handbewegung.

«Lasst euch nicht erwischen!»

«Ein bisschen Sabotage werden wir wohl hinkriegen. Eine Familientradition. Mein Grossvater war im Krieg Partisane, drüben auf der italienischen Seite.»

«Ihr werdet sie trotzdem nicht los.»

«Wir können sie aufhalten. Zeit gewinnen.»

«Wofür?»

«Es gibt ein zweites Projekt. Wir wollen unsere Täler zum Nationalpark erklären lassen.»

Gattos Skepsis war unübersehbar.

«Das geht!»beteuerte Marco. «Schützenswerte Landschaft. Sanfter Tourismus, Subventionen aus Bern – wenn wir es geschickt anstellen, überzeugen wir selbst die Gierigsten unter uns.»

«Immerhin eine Hoffnung. Soll ich dich fahren?»

Marco nickte begeistert. «Ans Ende der Teerstrasse ... entschuldige: Nur wenn du Zeit hast.»

«Daran fehlt es nicht. Ich hol den Schlüssel.»

Oben beim Auto schickte er Marco auf die Fahrerseite. «Ich nehme an, hier im Tal kann jeder fahren.»

«Mit dem Traktor vielleicht», murmelte Marco nervös.

«Kein grosser Unterschied. Im Zweifelsfall stehst du einfach auf die Bremse.»Er zeigte ihm, wie sich das Verdeck auf Knopfdruck öffnen liess. Marco bewunderte das durchgestylte Interieur. Das bis ins kleinste Detail perfekte Design sei der einzige Grund für den Kauf gewesen, erklärte Gatto und schaute nach hinten, ob Platz genug zum Manövrieren war. Marco startete den Motor, beim ersten Schalten würgte er ihn ab.

«Ich ruinier dir den Wagen!»

«Ein Z4 verträgt einiges mehr. Du musst dich nur an die harte Kupplung gewöhnen.»

Beim zweiten Mal klappte es besser. Vorsichtig wendete Marco, kroch den Schotterweg hinauf, bog in die Strasse ein. Es gab kaum Verkehr. Die Touristen, die bis hierher kamen, waren Wanderer und Bergsteiger, viele reisten mit dem Postauto an, weil ihre Touren sie in andere Täler führten. Nach den ersten Serpentinen wurde Marco mutiger, Gatto unruhiger. Die Strasse war schmal. Ein Handzeichen genügte, Marco fuhr langsamer. Nach zehn Minuten passierten sie Marcos Dorf, schon bald darauf erreichten sie den Wendeplatz. Die Strasse ging hier in einen Schotterweg über. Marco bedankte sich überschwenglich. Er zeigte hinauf zu den beiden Bergschultern, die das Tal über ihnen verengten: Da beginne ihr Land, etwas unterhalb sei der Damm geplant. Er reichte ihm die Hand und schulterte den Rucksack. Mit ausholenden Schritten begann er den Aufstieg.

Während der Rückfahrt ertappte sich Gatto beim Gedanken, ob alles anders gekommen wäre, hätte er Luisas Kinderwunsch nachgegeben. Und Mitra? Hatte sie Kinder? Wahrscheinlich. Die wenigen Male, die er in den ersten Jahren nach dem Unglück zu Hause gewesen war, hatte er unauffällig nach ihr gefragt. Seine Eltern hatten nicht mal gewusst, wohin die Gagliardos gezogen waren.

Tags zuvor war er fast enttäuscht gewesen, weil er kein neues Mail des Unbekannten vorgefunden hatte. Erwartete der Mann eine Antwort? Den Gefallen würde Gatto ihm nicht tun. Sollte er ruhig darüber rätseln, ob seine Briefe überhaupt ankamen!

Gatto zögerte. Er hätte Marco fragen sollen, ob man über den Computer zurückverfolgen konnte, woher er auf sein Konto zugriff. Mit Sicherheit, deshalb fassten sie ja auch einige dieser Hacker, die Computerviren verbreiteten. Wenn die Untersuchungsbehörden schon aktiv geworden waren und es wirklich darauf anlegten, würden sie ihn finden, egal wie oft er den Computer benutzte. Selbst dieser unbekannte Mailschreiber wusste, wo er war! Er öffnete das Postfach. Nichts Neues. Donatos Mails löschte er ungelesen. Nicht sehr klug, das war ihm klar. In seiner Situation sollte er alle erdenklichen Informationen sammeln, aber er mochte nichts mehr von Donato hören, nie mehr aus dessen verquasten Sätzen ein allfälliges Korn Wahrheit herauslesen müssen. Das war die Aufgabe seines Anwaltes. Nur noch den Rohschnitt des Videos würde er abliefern. Nicht weil er es Donato versprochen hatte, sondern um sicherzustellen, dass der Clip seinen Vorstellungen entsprach. Er würde ihn direkt der Plattenfirma schicken. Es eilte, *Eravamo in tre* kam in zwei Wochen offiziell in die Läden.

Maurizios Songbook lag in der Schublade des Schreibtisches. Ein altmodisches Skizzenheft, die Ecken mit Leinen verstärkt. Die Grundlage all seiner Erfolge. Er blätterte zum Ende. Mit Bleistift hatte er ein kleines Storyboard für den Clip gezeichnet: zu jeder Halbzeile des Songs zusammenfassende Bilder der entsprechenden Filmszenen. Jene, die inszeniert hatten werden müssen, waren bereits abgedreht. Die Castingagentur hatte nach einem alten Foto von Mitra eine entsprechende Schauspielerin ausgewählt.

Als er das gedrehte Material sah, verfluchte Gatto seine Idee. Die Ähnlichkeit schmerzte.

Wenigstens hatten sie sich genau an seine Vorgaben gehalten, tatsächlich mit alten Super-8-Kameras gedreht. Die zwei besten Takes jeder Szene waren auf DV-Kassetten überspielt. So konnte er sie problemlos digitalisieren und auf dem Mac nach Belieben verfremden.

Der Regisseur hatte ihm eine Loggin-Liste geschickt, die Tapes waren systematisch angeschrieben. Via Kamera liess er den Computer die ausgesuchten Szenen ansteuern und einlesen. Auf den ersten Blick wirkten die Bilder wie alte Ferienfilme. Gatto wühlten sie auf, obwohl er wusste, was er zu sehen bekommen würde: Die Schauspielerin, in die Kamera flirtend auf der Rathaus-Treppe von Cortona. Im knallgelben Schnürchenbikini – wie sie jetzt wieder Mode waren – am Ufer des Lago Trasimeno, dunkel zeichneten sich ihre Schamhaare ab, das Wasser machte den Stoff transparent. Der gekreuzigte Jesus an der Zimmerwand im Kloster der Sorelle dei Poveri di Santa Caterina. Schwenk auf die Schauspielerin, vor dem Spiegel, sich die Haare kämmend, nackt bis auf einen hautfarbenen Tanga. Nicht mal den hatte Mitra getragen, damals. Sie brauche eine Pause ... und endlich eine Dusche, hatte sie gesagt. Worauf er Maurizio triezte, bei dem einfachen Schlagzeugpart hätte selbst Ringo Starr das Timing gehalten. Maurizio biss prompt an. Er wolle den Take nochmals aufnehmen. Gatto murmelte etwas von einer Zigarette, rauchte sie draussen zur Hälfte, dann schlich er nach oben. Er dankte der Vorsehung: Die Tür stand einen Spalt offen. Mitra legt eben das Tuch beiseite, nimmt ein kleineres, bindet es sich vor dem Spiegel zum Turban. Sein Atem geht schneller. Als posiere sie für ihn, steht sie da, schutzlos, ihre Arme erhoben! Sie verschwindet. Hat sie ihn bemerkt? Unmöglich, ihr Gesicht war abgewandt. Er wartet. Nach einer Weile kommt sie zurück, in der Hand ein Flakon. Der Verschluss klickt. Selbstvergessen lässt sie die cremige Flüssigkeit in die Handflächen tropfen. Sie bückt sich. Er traut seinem Glück kaum, seine Erregung steigt sprunghaft an, während ihre Hände langsam über das Knie zum Oberschenkel gleiten, auf dessen Innenseite, seitlich an ihrer Scham vorbei über die Hüfte hoch. Sie wiederholt den Vorgang am zweiten Bein, dreht ihm den Rücken zu, nimmt von der Körpermilch, beugt sich vor, ihre Spalte blinzelt ihm einladend

zu, ihre Finger kümmern sich um die Rückseite der Waden, der Ober-
schenkel, darauf, fast genüsslich, ausführlich, wie er findet, um ihre Hin-
terbacken. Die Hitze steigt ihm in den Kopf. Er hört sein Blut hämmern,
die Jeans wollen ihm zerspringen. Sie wendet sich ihm zu. Sofort zieht er
den Kopf zurück, traut sich wieder vor. Wenn sie wüsste, dass er hier
draussen steht, würde sie vor Scham in den Boden versinken! Sie schaut
wieder in den Spiegel. Nun bewundert er ihre Vorderseite, ihre Hände,
sanft verteilen sie die Emulsion auf ihrem Bauch, beim Einreiben gleiten
sie mehrmals unachtsam, spielerisch in ihre Schamhaare hinein, die eine
zumindest, sie bleibt zufällig dort, die andere streicht die überschüssige
Creme hoch, zur einen Brust, zur anderen. Die untere Hand trennt sich
von ihrem Schambein, fast widerwillig, scheint ihm, kommt der oberen
zu Hilfe. Ihre Brustwarzen werden spitzer, er sieht es deutlich. Wenn er
nun hineinginge, erst ein bisschen erschrocken täte, ihr dann anbieten
würde, den Rücken ... da komme sie doch nicht hin!

Sie kommt hin, auch wenn sie sich ordentlich strecken muss, was ihm
das Zuschauen vollends zur schmerzlichen Entsagung macht, weil sie das
Becken bei dieser Übung weit vorstreckt, den ihm näheren Arm über die
Schulter hinweg auf dem Rücken bewegend, eine bessere Position kann
sie nicht finden, stolz präsentiert sie ihre festen Brüste, das getrimmte,
schmale Dreieck zwischen ihren Beinen ...

Der Verschluss der Flasche klickt laut. Er überlegt, ob er sich verdrü-
cken soll, seine Erregung verlangt sofortige Erleichterung. Aber die Gele-
genheit kommt nicht wieder. Er schleicht einige Schritte rückwärts, rennt
dann fast die Tür ein, als ob er eben die Treppe hochgesprungen sei,
bleibt wie angewurzelt stehen, scheinbar erstarrt vom Anblick, der sich
ihm bietet. Gut gespielt, Salvo! Er ist sicher, dass sie ihn hinauswerfen
wird. Oder zumindest das Tuch um sich schlingt. Doch nicht die Andeu-
tung einer Bewegung, kein Wort! Nur ängstliche Erwartung, was er nicht

richtig wahrnimmt, weil er nicht mehr weiss, wo hinschauen. Sie steht einfach da, nackt, wie sie ist. Herausfordernd. Hält seinem Blick stand.

Es wird ihm zuviel. Er geht hinaus. Ohne Berührung. Im Wissen, sein Übermut würde Folgen haben.

Der Computer schloss den Digitalisierungsprozess der inszenierten Szenen ab. Die zweite Ebene des Clips war die Live-Aufnahme des Songs in Mailand. Die Kassetten, die mit «Backstage»beschrieben waren, schob er beiseite, suchte nach dem Band des Live-Mitschnitts. Achtzehn europäische Länder hatten ihn ausgestrahlt. Trotz seiner Probleme verwertete Donato Gattos Rücktritt wohl weiterhin wie eine raffinierte Marketing-Idee, die ein Abschiedsalbum, ein Abschiedsvideo, eine Best-of-CD generieren und bald in einem Comebackkonzert mit Comebackalbum und begleitendem Comebackvideo gipfeln würde. Die Fernsehstationen hatten prompt mitgezogen. Geschah nicht oft, dass sich ein Star auf dem Höhepunkt seines Ruhmes freiwillig zurückzog.

Als Grundlage digitalisierte er die Aufnahme jener Kamera, die nahe auf seinem Gesicht geblieben war. Während der Computer arbeitete, ging er mit einem Bier hinunter, trat auf die Terrasse hinaus. Die Temperatur war nur unwesentlich gefallen. Selbst die Quarta zollte der Hitze Tribut. Ihr Tosen klang matt. Das Licht aus der Küche erhellte schwach die Granitplatten unter seinen Füssen. Morgen würde er die Fugen in Angriff nehmen. Eine aufwendige Arbeit stand ihm bevor. Es schreckte ihn nicht mehr. Die Aussicht auf das bald reparierte Geländer befriedigte ihn mehr als das Resultat mancher Studiowoche mit Tag- und Nachtschichten. Für einige Sekunden waren die Zweifel von ihm abgefallen, hatte ihm die Trauer ein kurzes Durchatmen gestattet. Mehr nicht. Vielleicht war er auf dem richtigen Weg. Einer hätte ihm bestimmt beigepflichtet. Sterne konnte er keine ausmachen, er hob die Flasche trotzdem. «*Salute, papa!*»

Für die Zwischenschnitte würde er nicht um Publikumsaufnahmen herumkommen. Er legte die entsprechende Kassette ein, spulte im Schnelllauf bis zum letzten Song. Die Kranaufnahmen im ersten Teil des Konzertes waren besser, stellte er fest, passten aber nicht zur Lichtstimmung des Schlusssongs. Während *Eravamo in tre* hatte der Kameramann augenscheinlich vom Regisseur die Aufgabe gefasst, Nahaufnahmen von Gesichtern und Blicken einzufangen. Fragende, gebannte, skeptisch abwartende. Plötzlich das eine, ins bläuliche Halbdunkel gemeisselte Profil, das von der Kamera umrundet wurde. Die Tränen auf den Wangen hatten den Kameramann in der Bewegung stocken lassen. Gattos Hand krampfte sich um die Computermaus.

Sie war es.

Die Kamera schwenkte weiter.

Mit zitternden Fingern spulte Gatto zurück. Vergewisserte sich. Startete den Bildsuchlauf, fand das Gesicht in anderen Einstellungen, ihr Blick meist nachdenklich, ungeachtet der tanzenden, singenden Menge. Er sah sie in Nahaufnahmen, wie einst im bläulichen Halbdunkel der Kirche, im warmen Licht der Kerze auf dem Nachttischchen, sah ihr Gesicht in schnellen Fahrten verschwimmen, fror das Bild ein: Sie war unverändert schön. Die Haare nicht viel kürzer, die Augen …

Mitra war dagewesen.

Interessierte sich für ihn. Hatte Gefühle für ihn. Siebzehn Jahre danach. War aus der Schweiz nach Mailand gereist. Für ihn!

Weshalb rief er sie nicht einfach an? Die Nummer hatte er schon lange herausgefunden. Verheiratet war sie. Das hatte er im elektronischen Telefonbuch gesehen. Doch was zählte das. Sie war in Mailand gewesen!

Er und sie – seit der Beerdigung erstmals wieder zur selben Zeit am selben Ort …

Maurizio nicht. Sein Tod hatte sie getrennt. Trennte sie noch immer.

Seine Euphorie zerfiel, wie sie entstanden war. Nichts hatte sich geändert. Weshalb sollte sie nicht ein Konzert von ihm besuchen? Sie war vielleicht zufällig in der Nähe gewesen. Hatte ihrem Mann gesagt: Den Typen kenne ich von früher, komm, wir gehen mal wieder in ein Rockkonzert!

Unmöglich. Die Tickets waren innerhalb von vierunddreissig Minuten ausverkauft gewesen. Schneller als bei U2 in deren grossen Zeiten! hatte sich Donato überschlagen. Italienischer Rekord!

Mitra hatte sich bemühen müssen, viel Geld auf dem Schwarzmarkt bezahlt ... Es war ihr wirklich wichtig gewesen.

8. L'ODORE DEL SESSO
(*Luciano Ligabue*)

Anna schmollte seit Stunden. Mitra fand, es genüge. «Darf ich dich daran erinnern, dass du deinen Bauchnabel gelocht hast?»

Annas Antwort blieb aus. Mitra liess nicht locker. «Habt ihr euch vergnügt in der Disco.»

«Geht so.»Anna tunkte ihre Brioche in den Capuccino.

«*Anna come sono tante, Anna permalosa!*»

«Ich bin nicht missmutig!»

«Natürlich nicht. Ich fand Settimo nett.»

«Eben.»Anna zog ihre bevorzugte Schnute.

«Zu nett also. Schüchtern?»

«Schüchtern? Nicht sehr lange. Aber er ist nicht mein Typ. Und du, hast du den Gummi gebraucht?»

Mitra errötete. Die Frage war nicht ganz so harmlos, wenn sie vorwurfsvoll von der eigenen Tochter gestellt wurde. «Ich habe ihn nicht gebraucht.»

«Du hältst dich nicht an das, was du mir immer predigst?»

«Moment mal, könnte ja auch sein, dass wir gar nicht ...»

«Schau mal in den Spiegel!»unterbrach Anna ihre Ausflüchte.

«Sagen wir, es war nicht zwingend erforderlich! Stell dir vor, Michele hatte tatsächlich eine Flasche Olivenöl mit ...»

«Stopp. Schluss! Keine Details, bitte.»

Die Taktik des Gegenangriffs war das einzige Mittel gegen Annas Launen. Mitra fand selbst, es gäbe passendere Frühstücksthemen zwischen Mutter und Tochter.

«Gut. Vergessen wir die letzte Nacht einfach, in Ordnung? Was möchtest du heute unternehmen?»

«Settimos Freund hat eine Yacht auf dem Lago Trasimeno.»

«Ich dachte, der sei ... Schon gut, ich sage ja nichts! Trotzdem, ich kenne diese Burschen zuwenig.»

«Und wenn Petrella mit ihren Freundinnen mitkäme?»

«Darüber liesse sich reden. Kein weiteres Piercing, kein Tattoo!»

«Mamma, du nervst.»

«Ich weiss. Ich habe dich zum letzten Mal gewarnt. Übrigens: Gilt ein Piercing nicht als offene Wunde?»

«Ich werde nicht schwimmen gehen, falls du das meinst.»

«Wenigstens darüber hat er dich aufgeklärt. Wie lange darfst du nicht ins Wasser?»

«Vergiss es.»

«So lange?»

Mitra hatte Petrella ins Gewissen geredet und Anna verabschiedet. Sie eilte in ihr Zimmer. Mitten im Sommer balancierte sie auf Glatteis. Wenn sie nicht sofort die Stimme ihres Sohnes hören würde, verlor sie das Gleichgewicht. Ihr schlechtes Gewissen, die unbegründete Angst, Manuel sei etwas zugestossen, während sie sich vergnügt hatte, legte sich erst, als er ihr aufgeregt eine Kurzfassung der vergangenen Tage ins Ohr plapperte. Dann wollte er wissen, was sie gerade tat. Sie erklärte, sie sei noch müde und werde sich ausruhen, worauf er fragte, warum sie denn nicht in der Nacht schlafe. Mitra wechselte das Thema.

Kurz darauf wählte sie die nächste Nummer. Sie landete auf Rolfs Combox. Glücklicherweise. Es gehe ihnen bestens, sie machten richtige Weiberferien, hätten die Pläne ein bisschen geändert, zugunsten der Toscana. Der Empfang hier sei meist schlecht, sie rufe ihn wieder an, mit Manuel habe sie bereits gesprochen, er sei goldig gewesen!

Micheles Parfüm klebte an ihren Kleidern. *Non va più via l'odore del sesso che hai addosso,* sang sie eher ratlos denn belustigt. Mit demselben zwiespältigen Gefühl betrachtete sie den violettroten Fleck auf ihrem Hüftknochen. Trotzdem zog sie den Stringtanga mit den transparenten Bändchen an. Das erotische Flackern würde früh genug erlöschen. *Ci siamo mischiati la pelle, le anime, le ossa, ed appena finito ognuno ha ripreso le sue,* sang Luciano Ligabue. Nach einer kurzen Verschmelzung sortierte jeder seine Haut, seine Knochen, seine Seele flugs wieder aus. Was immer er investiert hatte. Ein schönes Bild. Auf die Affäre mit Michele traf es zu, auf die Beziehung mit Salvo nicht. Keiner hatte etwas zurücknehmen können, die Umstände hatten es nicht zugelassen.

Sie zwängte sich in die enge Hose, die Verschnürung meisterte sie erst, als sie sich flach auf das Bett legte. Sie konnte sich ein Lächeln nicht verkneifen. Vor Konzerten hatte sie einst ähnliche Prozeduren durchgestanden, hatte sich gar in die gefüllte Badewanne gelegt, damit die Röhrchen-Levis noch enger wurde. Die Zeit, die der Jeansstoff an ihrem Körper zum Trocknen brauchte, hatte knapp für die erste Make-up-Grundierung gereicht. Sie betrachtete ihr Spiegelbild. Schloss die oberen Häkchen ihrer Bluse. Attraktiv! taxierte sie sich selbst nach einer kurzen Drehung. Eine Frau, die wusste, was sie wollte.

Zumindest sah sie so aus.

Einige der Häkchen öffnete sie wieder. Er würde sie Donato vorstellen, hatte ihr Michele im Morgengrauen zwischen zwei Liebesschwüren versprochen.

Nach einem ausgedehnten Stadtbummel passierte sie die Chiesa di San Francesco, bog in die Via Berretini ein. Im ersten grossen Schaufenster musterte sie sich, schmunzelte über ihre wiedererwachte Eitelkeit. Micheles Komplimente waren nicht ohne Wirkung geblieben. Hinter der Scheibe entdeckte sie Wärmehauben und gestylte Stühle, kurzentschlossen trat sie ein. Sie wollte ihre Haare kürzer, frecher. Aber nicht zu frech für ihr Alter. Das sei gar nicht möglich, schmeichelte der Figaro. Sie blätterte im Buch mit den Ansichtsfrisuren, entschied sich für einen asymmetrischen Kurzhaarschnitt mit violetten Strähnen. Während der Maestro elegant losschnipselte, fragte sie sich, ob sie nicht etwas zu mutig gewesen war. Zwei Stunden später stellte sie die Frage laut. Die versammelte Belegschaft protestierte routiniert und im Chor.

Sie suchte einen neutralen Ort zum Nachdenken, unbelastet von Jugenderinnerungen, unbefleckt von neueren Taten. Es fiel ihr keiner ein.

Doch ins Theater? Seit gestern war es der Schnittpunkt von Vergangenheit und Gegenwart.

Sie setzte sich auf den obersten Zuschauerrang in den Schatten der Zypressen. Eidechsen flitzten über die groben Steine der Tribüne. Sie klatschte in die Hände. Das Geräusch vervielfachte sich, kam zurück wie ihre nächtlichen Liebesseufzer. Weshalb hatte Salvo dazwischengefunkt, so sehr, dass sie den armen Michele umgetauft hatte? Mit Rolf war ihr Ähnliches nie passiert. Der Ort, ihr Aufenthalt hier mochten Grund genug sein. Es bestätigte, was sie bereits beim Planen der Reise registriert, sich nur nie eingestanden hatte: Sie musste Salvo wiedersehen.

Sie liebte ihn. Noch immer. Siebzehn Jahre danach.

Lächerlich!

Ihren Mann liebte sie auch. Selbstverständlicher, unbelastet von Schuldgefühlen. Sie hatte ihm nie von Salvo erzählt, über Maurizio nur die halbe Wahrheit. Bisher war das richtig gewesen. Nun näherte sie sich unaufhaltsam dem Punkt, an dem vage Erklärungen nicht mehr ausreichten. Für sie nicht. Für Anna nicht. Was sie verdrängt hatte, holte sie ein. Sie wunderte sich nicht wirklich darüber. Die Geburt von Manuel hatte ihr lediglich Aufschub gewährt, die ersten fünf Jahre mit einem Kind lassen keine Sentimentalitäten zu.

Ganz zu schweigen von weiterreichenden erotischen Bedürfnissen.

Die hatte sie gestillt. Hier, auf dieser Wiese. Mit Michele. Vor den Augen eines Dritten. Gab es ihn nur in ihrer Phantasie? Sie ging hinüber, suchte Fussspuren, niedergetrampeltes Gras. Nichts. War Donato ihnen gefolgt? Undenkbar. Und letztendlich unwichtig. Das Abenteuer mit Michele verlieh ihr die Selbstsicherheit, die sie für die Begegnung mit Salvo brauchen würde. Die Gewissheit, dass sie begehrenswert war. Noch immer.

Michele war eine naheliegende Wahl. Sein jugendlicher Körper erinnerte sie an Salvo damals. Sonst bedeutete er ihr nicht viel. War Mittel zum Zweck, in jeder Hinsicht. Er würde sie zu Salvo führen. Hoffte sie. Über Donato. Der wiederum hatte wohl ganz andere Sorgen, angesichts der heutigen Schlagzeilen! Alle Zeitungen waren auf die Geschichte eingestiegen, führten sie weiter, durchleuchteten Donatos kleines Imperium, brachten neue Anschuldigungen auf. Nur wenige Kommentare riefen zur Mässigung auf: Nichts sei bewiesen, und mit Gatto Dileo müsse das alles gar nicht zusammenhängen.

Hatte er von den Geschäften seines Partners gewusst? Sie bezweifelte es. Früher hatte er sich ausschliesslich um die Musik gekümmert, alle damit verbundenen Pflichten an sie und Maurizio abgeschoben. In dieser Beziehung hatte er sich wohl kaum geändert.

Michele wartete vor dem Eingang zum Studio. Sie wandte ihr Gesicht im letzten Moment ab, lenkte seine Küsse auf ihre Wangen. Mit blumigen Worten würdigte er die neue Frisur, kam zum gewagten Schluss, sie sehe jünger aus als er.

«Ist er da?» fragte sie.

Michele öffnete einladend die Tür. Sylvie hinter dem Tresen blickte auf. Er warf ihr eine Kusshand zu. Sie solle sich nicht bemühen, Donato erwarte sie. Mitra zwinkerte ihr freundlich zu, eine giftige Bemerkung verkniff sie sich. Michele brauchte nicht zu wissen, dass sie schon mal hiergewesen war.

Sie gingen durch eine Tür, der dahinterliegende Flur mündete in einen für Studios typischen Aufenthaltsraum: Sofas, Sessel, Tischchen, zwei Zeitschriften, neun Aschenbecher. Eine riesige Glasscheibe trennte sie vom Technikraum. Drüben sass ein Mann im Halbdunkel am Mischpult.

«Ich schau mal, ob wir nicht stören.»

Michele tauchte hinter der Glasscheibe wieder auf, Mitra sah, wie sich die beiden umarmten. Ihr Verehrer deutete auf sie, die beiden unterhielten sich kurz. Dann kam Michele zurück.

«Donato macht gleich Pause. Der Wein ist ausgegangen, ich gehe schnell was holen. Kommst du mit?»

Sie setzte sich in den einen Ledersessel. «Ich warte hier. Meine Schuhe bringen mich um.»

«Gut. Bin gleich wieder da!»

Er verschwand. Mitra liess eine kurze Anstandsfrist verstreichen, bevor sie hinüberging.

«Ciao.»

Donato nickte ihr zu. «Sekunde noch», murmelte er, einige Knöpfe am Pult drückend, Asche fiel von der Zigarette in seinem Mundwinkel, sie landete unbemerkt auf einem Schieberegler. Seine Haare wurden grau, sein Gesicht war etwas zerknittert, aber er hatte sich erstaunlich gut gehalten. Tatsächlich sprang er betont dynamisch auf.

«Willkommen in meiner bescheidenen Klause!» Mit jener Mischung von Galanterie und Aufdringlichkeit, die sie bereits damals abgestossen hatte, küsste er ihre Hand, komplimentierte sie in den Aufenthaltsraum.

Anscheinend störte ihn ihr Blick auf die grossformatigen Fotoabzüge neben dem Mischpult. Fürsorglich bot er ihr einen Ledersessel an.

«Wie gesagt, der Wein ist alle.»

Mitra beobachtete sein Mienenspiel aufmerksam. «Ich fühle mich geehrt, dass Sie Zeit für mich finden.»

«Ist doch selbstverständlich. Micheles Freundinnen sind auch ...»

«... ich meine, bei all den Geschichten, die Sie am Hals haben.»

Er fing sich sofort wieder. «Ach das! Was meinen Sie, wie viele Neider und Feinde ich mir im Lauf der Jahre gemacht habe!»

«Kann ich mir vorstellen», bestätigte Mitra eilfertig.

«Eine Verleumdungskampagne, nicht mehr, in einigen Tagen wird sie in sich zusammenfallen. Haltlose Vorwürfe. Ausnahmslos. Das gehört bei einem solchen Projekt dazu. Umweltschützer, unterlegene Konkurrenten, linke Politiker – wer auch immer davon profitieren mag. Aber erzählen Sie, was führt Sie hierher?»

«*Eravamo in tre.*» Zeit, ihm auf die Zehen zu treten. Michele würde nicht mehr lange auf sich warten lassen.

Donato blieb unbeirrt. «Ein Fallbeispiel für Marketing-Expertinnen wie Sie. Die Lancierung wird ohne Beispiel sein!»

Mitra horchte auf. Weshalb hatte Michele ihm von ihrem Beruf erzählt?

«Als ich den Song hörte und etwas über seinen Hintergrund erfuhr, habe ich in Gedanken sofort einen Promotionplan aufgestellt.»

«Tatsächlich?» fragte er höflich.

«Die zentrale Idee ist die Suche nach der Frau. Aufrufe über MTV, Tele 5. Internet, Inserate. Ein entsprechender Videoclip, ähnlich wie Soul Asylum mit *Runaway Train*. Wenn sich die Dame meldet, wird sie mit Gatto zusammengeführt ...»

« ... und verbringt ein Wochenende mit ihm!» nahm Donato amüsiert den Faden auf. «Solche Ideen generieren wir ständig. Nur spielt Gatto nicht mit. Wenn es nach meinen Wünschen ginge, würden wir die Wiedervereinigung der beiden, besser: aller drei, in einer Live-Show inszenieren.»

«Wird schlecht möglich sein», sagte Mitra. Genug des Geplänkels, das sie Maurizio gegenüber geschmacklos fand.

«Weshalb?»

«Gib dir keine Mühe, Donato. Erkennst du mich nicht?»

Er wurde vorsichtig. «Du kommst mir allerdings bekannt vor!» Sein Gesicht drückte etwas sehr bemüht das Gegenteil aus.

«Eravamo in tre. Salvo, Maurizio und ich. Du weißt genau, weshalb diese Wiedervereinigung unmöglich ist.»

Sie erwartete einen Anflug von Schreck in seinen Zügen. Nichts. Nur schlechtgespieltes Erstaunen. «Mitra? Mitra! Ist es die Möglichkeit! Nach all den Jahren! Lass dich küssen!»

Diesmal landeten seine Lippen auf ihren Wangen. Einmal auf jeder Seite.

«Erzähl! Wie lange ist es her? Zwanzig Jahre wohl! Schön wie damals! Was ist aus dir geworden? Wo warst du die ganze Zeit? Weshalb bist du hier?»

Ihr Erscheinen war ihm unangenehm. Die einzige Antwort, die ihn wirklich interessierte, war die auf seine letzte Frage.

«Ich möchte Salvo sehen!» sagte sie undiplomatisch.

«Das möchte ich auch, *cara,* das möchte ich auch. Nichts lieber als das! Aber du ... nach all den Jahren?»

«Du weißt nicht, wo er ist?»

«Ich habe keine Ahnung!» sagte er, jedes Wort betonend.

«Glaub ich dir nicht.»

«Das ist die Abmachung. Gatto ist nicht mehr derselbe, Mitra! Er hat es so gewollt. Nach dem Konzert ist er abgereist. Keiner weiss wohin. Er hat Häuser in Guatemala, in Austin, Texas, in der Schweiz, auf Mallorca.» Sein Gesicht verdüsterte sich. «Ich wäre der erste, der bei ihm sein müsste. Unter uns gesagt: Es geht ihm nicht gut, Mitra!»

«Ist er krank?»

«Er ist müde, du verstehst? Müde im Kopf. Ausgebrannt. Er braucht die Pause.»

«Depressiv?»

«Ein hässliches Wort, Mitra. Sagen wir: traurig!»

«Er will mich sehen, sonst hätte er das Lied nicht geschrieben.»

«Wer weiss, wer weiss! Vielleicht wollte er nur den Song komponieren und dann ...»

«Du willst mir tatsächlich weismachen, du wüsstest nicht, wo er ist, nachdem ihr siebzehn Jahre lang jeden Schritt zusammen getan habt!»

«So ist es.»Er schien selbst am meisten darüber betrübt.

«Keine Telefonnummer, kein Handy?»

«Nichts. Ein Jahr lang absolute Funkstille, so ist es ausgemacht.»

«Und wenn etwas passiert?»

«Er hat das Kennwort zum Postfach unserer Homepage.»

«Na also. Schreib mir die Adresse auf!»

«Er antwortet nicht. Gerade jetzt müsste ich ihn ...»

«Ich will die Adresse. Und du hast Skandale genug, nicht?»

Donato schluckte die unverhohlene Drohung. Widerstrebend kramte er Papier und Stift hervor. «Eine Web-Adresse, unmöglich herauszufinden ...» Ein Klingelton unterbrach ihn. «Michele!» sagte er erleichtert. «Ich helfe ihm mit den Flaschen, nur einen Moment!»

Mit drei Sätzen war Mitra in der Tonregie. Sie nahm die obersten zwei Fotoabzüge. Offensichtlich Entwürfe für ein CD-Cover. Die Bilder zeigten Salvo vor einer Hausmauer, verfremdet, mehr ein Schattenbild. Beim ersten hiess der Titel *Arcord* – wohl in Anlehnung an Fellini. Der zweite

Titel erinnerte an einen Grabstein, er erschreckte sie zutiefst: *In memoria di – Gatto Dileo.*

Sie nahm die Bilder mit in den Aufenthaltsraum. Kurz darauf kamen die beiden herein. Täuschte sie sich, oder war Micheles Blick weniger glutvoll als auch schon? Donato musste ihn darüber aufgeklärt haben, wer sie war. Sie liess sich nicht beeindrucken.

«Was ist das?» Sie hielt Donato die Fotoabzüge unter die Nase.

Wieder sortierte er seine Gesichtszüge neu. Er wählte ein arrogantes Lächeln.

«Lass sehen.» Er betrachtete das erste. «Da hast du ja ganz zufällig den Entwurf für das Greatest-Hits-Album gefunden! Habe ich den hier herumliegen lassen?»

«Ich meine das andere. Die Beerdigungsanzeige!»

«Immer mit der Ruhe, Mitra! Ein kleiner Scherz zwischen Gatto und mir. Als er seinen Rücktritt ankündigte, sagte ich, bei seinem Ruhm sei der einzige sichere Rückzugsort der Friedhof. Ich wollte ihn mit diesem Entwurf etwas aufheitern, aber er schaut ja seine Mails nicht an!»

Mitra hatte jede Regung in seinem Gesicht beobachtet. Er log, davon war sie überzeugt. Doch die Wahrheit gefiel ihr noch weniger: Donato bereitete sich auf die Möglichkeit vor, Salvos nächstes Album posthum zu veröffentlichen.

«Zum letzten Mal, Donato: Wo ist er?»

Er verdrehte die Augen, hob beide Arme, liess sie theatralisch wieder fallen.

«Vergiss es. Die Mail-Adresse!»

«Ach ja, hier.» Donato gab ihr den Zettel, den er noch immer in der Hand hielt.

«Ich werde Gatto finden, verlass dich drauf! Begleitest du mich, Michele?»

Der zögerte, bis Donato ihm etwas zuflüsterte. Erst dann folgte er ihr. «Wenn du Gatto findest, Mitra, gibst du mir Bescheid?»rief er ihr hinterher.

«Aber natürlich, dir zuerst!»murmelte sie ironisch.

Sie führte Michele zum Theater. Eine kleine Entschädigung für ihre Lügen. Sie setzte sich auf die Steintribüne, er ging missmutig im Gras auf und ab, eine Zigarette im Mundwinkel. Er war eingeschnappt. Sie konnte es ihm nicht verdenken.

«Ich gebe es zu, Michele: Ich habe dich ein bisschen benutzt.»

«Ein bisschen?»fragte er eisig zurück.

«Schau es mal so an: Ich hätte dich hinhalten können, bis du mich zu Donato geführt hättest. Dafür war unsere Nacht hier wohl nicht wirklich notwendig, was meinst du?»

Er schnippte den Zigarettenstummel weg. Er brauchte einen Moment, bis ihm die Logik ihrer Argumentation einleuchtete. Schliesslich legte er seine Hände auf die Innenseiten ihrer Oberschenkel. Ihre Schmeichelei hatte ihn gleichermassen versöhnt und erotisiert.

«Findest du diese Cover nicht etwas seltsam, Michele?»

«Das Foto? Wie Donato sagte: ein Scherz!»

«Ihr wisst tatsächlich nicht, wo er ist?»

«Keine Ahnung.»

«Das will mir nicht in den Kopf!»

«Wenn einer wirklich verschwinden will, schafft er das auch.» Seine Hände rutschten ein Stück höher, mit den beiden Daumen prüfte er die Innennaht ihrer Jeans. Sie hätte nicht behaupten können, die Berührung liesse sie kalt. Mit einer Kopfbewegung deutete sie zu der Touristengruppe, die eben das Theater betrat.

«Ein bisschen viel los hier. Gehen wir zu dir?»

«Unmöglich.»

Sie musterte ihn amüsiert und erleichtert zugleich. «Hast du mir auch etwas verschwiegen?»

«Nein. Ich wohne noch zu Hause.»

«Du ... du wohnst bei Mamma?»

«Weshalb sollte ich nicht?»

«Tja, weshalb eigentlich nicht? Gibt es hier ein Internet-Café?»

Unterwegs folgte sie Micheles Monolog eher unkonzentriert. Die Cover-Fotografie liess ihr keine Ruhe. Wenn es kein Scherz war, gab es nur zwei mögliche Erklärungen: Salvo ging es schlechter, als Donato angedeutet hatte ... oder dieser rechnete aus anderen Gründen mit seinem Tod! Auf die zweite Möglichkeit wäre sie drei Tage zuvor nicht in ihren schlimmsten Alpträumen gekommen. Nun las sie Zeitungsartikel, die über Donatos Geschäfte spekulierten. Unversehens traute sie dem Mann noch ganz andere Dinge zu. Gewisse Schlüsse lagen nahe, sie verstand vom Musikgeschäft genug: Gatto Dileos plötzlicher, vielleicht mysteriöser Tod wäre für Donato Gold wert.

Wozu war er im Ernstfall fähig? Und Michele? Er war Donatos Handlanger, das hatte nur schon die Körpersprache der beiden im Studio verdeutlicht. Was hatte Donato ihm ins Ohr geflüstert? Lass sie nicht aus den Augen! Etwas in der Art, da war sie sich sicher. Ab sofort würde sie auf der Hut sein.

«Hörst du mir überhaupt zu?»

«Ja, Michele, ich versteh deine Familie auch nicht. Erzähl weiter.»

Sie überquerten den Platz vor dem Palazzo Communale Richtung Via Guelfa. Mitra schaute zur Rathaustreppe hoch. Auf diesen Stufen hatten sie für das Klassenfoto posiert. Sie eine Reihe vor ihm, alle rücken auf Wunsch des Fotografen zusammen, sie spürt seine Knie, nimmt das Angebot an, lehnt sich dagegen. Sieben Herzschläge später streichen seine Fingerkuppen über ihren Rücken. Er spielt mit dem Verschluss ihres Büstenhalters, den er durch das dünne T-Shirt ertastet hat.

Alles Folgende wurde unabänderlich.

«Mitra!» Michele riss sie auf den Gehsteig zurück. Der Alfa-Fahrer kommentierte ihre Geistesabwesenheit mit ausdauerndem Hupen. Zumindest hatte Michele keinen Mordauftrag, sonst hätte er sie gestossen, nicht gerettet.

«Verwirre ich dich so sehr?» fragte er, das Gesicht dicht über ihrem.

«Ich bin heute etwas müde!»

Sollte er ihre Antwort ruhig zu seinen Gunsten auslegen.

Michele holte an der Bar zwei Espressi. Mitra öffnete die Homepage ihres Providers, überflog die Freemail-Angebote. Rolf und sie hatten ein gemeinsames Konto, sie musste für Salvo ein neues eröffnen, wollte sie keine unnötigen Risiken eingehen. Erneut hinterging sie ihren Ehemann! Sie tippte die notwendigsten Angaben ein. Das hier, da machte sie sich nichts vor, war weit schlimmer als die eine Nacht mit dem Mann, der wahrscheinlich eben ihre Vorzüge mit dem Barkeeper besprach. Was sie hier begann, würde weitreichende Folgen haben – falls Salvo antwortete.

Sie gab seinen Namen als Passwort für das Konto ein, schloss den Anmeldevorgang ab, öffnete das Postfach zum ersten Mal neu. Die Begrüssungsnachricht des Betreibers löschte sie ungelesen, klaubte den Zettel mit Salvos Adresse aus der Hosentasche.

Was schrieb man nach siebzehn Jahren Trennung? Nach allem, was war?

Sie verlor sich in Formulierungsversuchen. Bruchstücke pathetischer, leidenschaftlicher Anreden tauchten auf dem Bildschirm auf, sie probierte Alternativen, löschte alles bisherige, als Michele den Espresso brachte.

«Was überlegst du?»

«Unwichtig. Würdest du mich einen Moment alleine lassen?»

«Kein Problem.» Michele trug seine Tasse an die Bar zurück, gesellte sich zum Barkeeper, der vor seinem eigenen Bildschirm sass.

Mitra entschied sich. Schrieb drei Sätze, schickte sie ab, holte sie wieder auf den Bildschirm, weil sie immer noch unsicher war.

Salvo, ich suche dich. Ich muss dich treffen. Schreib mir, wo du bist. Mitra.

Reichte das?

Der Anblick der beiden Männer hinter der Theke liess sie stutzen. Hochkonzentriert starrten sie in den Computer. War es möglich, dass Michele sie selbst auf diese Weise überwachte? Kurzentschlossen tippte sie ein SMS an Rolf in ihr Handy:

Bin in einem seltsamen Internet-Café, kann der Betreiber mitverfolgen, was ich schreibe?

Rolfs Antwort kam prompt und unmissverständlich:

Wenn er will, kein Problem!

Sollte sie hinüberrasen, die beiden überraschen? Und wenn sie sich täuschte? Mitra entschied sich für eine elegantere Variante, öffnete ein neues Mail, gab nach kurzem Überlegen eine imaginäre Marlena als Empfängerin ein, schrieb auf Italienisch:

Hab endlich getan, was du mir immer geraten hast! Schön war er ja, mein Italie-
ner, aber leider stimmte auch meine Theorie: Die Grösse spielt eben doch eine
Rolle! Na ja, er wohnt ja auch noch bei Mamma ...

Wie in Gedanken versunken liess sie ihren Blick hinüberschweifen. Die
Reaktion der beiden Männer hinter dem Tresen war verräterisch: Der
eine starrte entgeistert auf den Bildschirm, der andere lachte laut her-
aus.

9.   DIE NACHRICHT

Er kippte die Maurerkelle mit ruhiger Hand. Die Zementmischung hatte endlich die richtige Dichte, zäh, aber stetig floss sie in die fingerbreiten Fugen zwischen den Granitplatten. Er hatte sie zuvor mit dem Hochdruckreiniger von Kiesresten und angesammeltem Dreck gereinigt. Der leichteste Teil seines Vorhabens, eine Tätigkeit, die der Hitze angepasst war. Das aufspritzende Wasser hatte ihn von oben bis unten durchnässt, die einzige Abkühlung an diesem bleiernen Morgen.

Er lud frischen Mörtel auf die Kelle und rutschte auf den Knien ein Stück weiter, sorgfältig verband er die nächsten beiden Teile seines steinernen Puzzles. Den überschüssigen Zement strich er mit Schwung weg. Überrascht von seiner Energie nach der schlaflosen Nacht hielt er inne. Die Entdeckung auf dem Videoband erklärte wohl sein derzeitiges Hochgefühl. Auch wenn sie ihn im Grunde nicht weiterbrachte.

Nachts hatte er beschlossen, seine Tage fortan nach den tropischen Temperaturen zu richten. In den frühen Morgenstunden würde er an der Terrasse arbeiten, den Nachmittag in der Kühle des Turmes verbringen. Bis auf einige Lücken sah er den Videoclip vor sich. Er würde nur die Nahaufnahmen verwenden. Sein Gesicht und ihres. Sie, die einzige Zuhörerin eines Privatkonzertes ... Wenn er von Mitras Gesicht in die Szenen mit der Schauspielerin überblendete, würde es wirken, als sehe sie sich selbst in ihren Jugenderinnerungen. Nur – durfte er das? Ohne ihr Wissen, ohne ihre Einwilligung? Er dehnte seine schmerzenden Beine, betrachtete prüfend die ersten drei Quadratmeter. Kein Meisterwerk. Mit dem punktgenauen Strahl des Hockdruckreinigers entfernte er den überschüssigen Mörtel. Er zwang sich zur Konzentration, damit er die frisch geschlossenen Fugen nicht gleich wieder sprengte. Winzige Wassertropfen schwebten in der Luft, produzierten

einen Regenbogen, bevor sie in Form eines feinen Films seine Haut
kühlten.

Die symbolischen Bilder für Maurizio fehlten weiterhin. Unwillkür-
lich suchte er den Himmel nach dem Falken ab. Heute hatte er ihn nicht
gesehen. Oder konnte er mit Bildern von der Schlucht ausdrücken, was
hier einst geschehen war?

Er arbeitete weiter. Solange er etwas Körperliches tat, ruhig, bedacht-
sam, fühlte er sich gut.

Das Erbe seiner Vorfahren? Kaum. Seinen Vater da oben trieb er mit
seiner Ungeschicklichkeit wohl eher in ohnmächtige Verzweiflung.

Mittags zwang er sich zu einer Pause. Keinesfalls durfte er in alte Ge-
wohnheiten zurückfallen. Zu lange hatte er seine Gedanken und Gefüh-
le, alles Unbewältigte in der Arbeit erstickt. Raubbau an seiner kreativen
Energie betrieben. Ihr Bild auf dem Computerschirm wäre Vorwand ge-
nug für seine übliche, fiebrige Hetze.

Er schnitt Mozzarella und drei Tomaten, würzte beides nach seinem
Geschmack, gab Basilikumblätter dazu. Das Olivenöl erinnerte ihn an
die Grosseltern, die Mutter, den Vater. Im Keller stapelten sich etliche Ki-
sten mit Flaschen, die sie abgefüllt hatten. Auch diesen Teil der Famili-
entradition hatte er auf seinem Irrlauf durch die Jahre vernachlässigt. Teil
der Quittung dafür war das Kribbeln auf seiner Haut, knapp oberhalb des
Handgelenkes. Er brauchte nicht hinzusehen, da war keine Fliege. Den
ganzen Morgen über hatte er keine Symptome wahrgenommen, kaum
gestattete er sich einige Minuten Ruhe, kehrten sie zurück. Er tropfte ein
wenig Aceto balsamico auf seinen Salat, klaubte eine Gabel aus der
Schublade, setzte sich auf die Stufe bei der Terrassentür. Sein Gesicht
hellte sich auf, als er den Falken entdeckte. War es wirklich nur die Ther-
mik, die ihn stets über diesem Teil der Schlucht kreisen liess? Im Gegen-

satz zu ihm war Maurizio den Dingen immer auf den Grund gegangen. So hatte er sich eingehend mit der Religion der Hopi-Indianer beschäftigt, seine Interpretation des wiederkehrenden Falken wäre weit phantasievoller gewesen als alles, was Gatto dazu einfallen konnte.

Er liess die Kassette der Publikumskamera laufen, gedämpft hörte er im Hintergrund seine Ansage für *Eravamo in tre*. Kurz blieb die Kamera auf Mitras Gesicht. Es war unfassbar: Er sah einen Teil ihrer unmittelbaren Reaktion auf das, was er gesagt hatte ... nach all den Liedern, die ja nicht er geschrieben habe, die ihm zugeflogen seien wie ein Geschenk Gottes. Doch Gott könne grausam sein, und Geschenke würden manchmal zur Strafe. Konzentriert wirkte sie. Mitleid suchte er vergeblich, eher Unverständnis las er aus ihren Zügen, während er von den gestohlenen Liedern sprach. Hatte sie Maurizios Namen hören wollen? Ein unumwundenes Geständnis? Die Kamera schwenkte weiter, kehrte kurz darauf zu Mitra zurück, wie wenn der Mann erkannt hätte, wem die Ansage galt. Er sei jung gewesen damals, er habe Dinge verschuldet, die er nicht wiedergutmachen könne, Dinge, von denen nur sie wisse. *Lei*. Mitras Augenbrauen hoben sich leicht. Er hielt das Bild an. Ihre Augen glänzten. Die Finger der einen Hand lagen über ihren Lippen, verbargen ... ihre Rührung?

Vielleicht würde sie dieses Lied irgendwann hören, zu Hause, wo immer das sei, oder unterwegs, im Auto, in einem Hotelzimmer, und sich daran erinnern, was einst geschehen war, und verstehen, dass er nicht gewollt hatte, was geschehen war.

Sie quittierte die Anspielung auf Springsteens *Bobby Jean*, eines ihrer alten Lieder, mit einem Kopfschütteln. Dann suchte der Kameramann ein neues Opfer. Oder war ihre Geste die Reaktion auf seine Entschuldigung? Er betrachtete den Ausschnitt ein zweites, ein drittes Mal. Unmöglich, ihre Gefühle von den Bildern abzulesen! Ein Mausklick beendete das Programm, nicht seine Zweifel. Er schob den Stuhl zurück. Sein altes Verhaltensmuster: Bei allem, was er tat, wartete er vergeblich auf ihre Reaktion. Auf ihre Zustimmung. In einem der ersten Interviews war er gefragt worden, ob er sich einen imäginären Zuhörer erfinde, wenn er im Studio einen Song einspiele. Ja, Mitra, war ihm spontan herausgerutscht. Er hatte es sofort bereut, die Antwort ins Ungefähre gedreht. Mitra stünde für ein geschlechtsneutrales, gesichtsloses, überkritisches Zielpublikum, verkörpert letztendlich durch den Produzenten, durch Donato. Geschwätz. Mitras Anerkennung war tatsächlich seit siebzehn Jahren sein künstlerischer Antrieb. Der einzige. Für die Erinnerung an ein bestätigendes Lächeln hatte er elf Alben aus sich herausgepresst – vereinfacht gesagt. Mehr Kreativität war da nicht, war nie gewesen. Mit dieser Erkenntnis hatte sein Scheitern begonnen. Für den einen Song hatte die Kraft noch gereicht.

Er hatte nichts mehr zu sagen. Und er war so erschöpft, dass ihm selbst das egal war.

Gatto stellte die Internetverbindung her. Zu seinem Erstaunen wies ihn der Computer auf ein falsches Passwort hin, sein Postfach liess sich nicht öffnen. Er versuchte es ein zweites Mal. Dasselbe Resultat. Verwirrt schloss er alle Programme, startete den Computer neu. Diesmal gelangte er nur in die offizielle Mailbox der Homepage. Dutzende, ja Hunderte von Absenderadressen waren aufgelistet. Er widerstand der Versuchung. Unwichtig, was die Leute von ihm dachten, wo sie ihn vermuteten, was sie wissen wollten! Er scrollte in der Liste abwärts, nach dem Stichwort «giustizia»suchend. Auf der dritten Seite wurde er tatsächlich fündig. Er kontrollierte das Sendedatum. Ein neues Mail des Unbekannten! Er gab den Printbefehl und trennte schnellstmöglich die Verbindung. War der Zugang zum persönlichen Teil des Postfaches manipuliert? Donato bereits im Visier der Untersuchungsbehörden? Oder hatte er den direkten Kontakt aus Sicherheitsgründen abgebrochen?

Er richtete sich neben Maurizios Kreuz ein. Die Videokamera stellte er neben sich. Wenn der Falke zurückkehrte, war er bereit.

Die Lektüre des Mails konnte er nicht länger hinauszögern.

von: amicidell@giustizia.it   an: gatto@gattodileo.com

Betreff: persönlich

Povero Dileo

Meine Geschichte lässt Ihnen keine Ruhe. Was haben Sie gesehen, oben, auf der Mauer? Die verführerische Unwiderruflichkeit des Abgrundes? Haben Sie sich gefragt, weshalb die Biene frisch gemalt ist? Sie können es nicht verstehen. Noch nicht. Ich tue das nur für mich. Um Ella und Elena brauche ich mir keine Sorgen zu machen, sie sind wieder zusammen.

An guten Tagen glaube ich sogar daran.

Die Erneuerung der Zeichnung bestätigt mir bloss, dass ich noch lebe.

Ihr Donato kommt in Bedrängnis. Die Geschichte wird nicht wie üblich im Sande verlaufen. Ich habe mit Freunden dafür gesorgt. Das Beweismaterial ist erdrückend und der verbliebenen freien Presse Italiens zugänglich. Der musikalische Ableger von Donatos Produktionsgesellschaft ist lediglich ein Mittel zur Geldwäscherei, das wissen wir seit Jahren.

Was haben Sie sich vorgemacht, Gatto Dileo?

Für wen, haben Sie gedacht, singen Sie?

Vergessen wir Donato. Er wird seiner Strafe zugeführt. Ihnen wird man nichts nachweisen können – ausser der fahrlässigen Naivität, die man einem Künstler zugesteht. Freuen Sie sich nicht zu früh. Jeder bezahlt seine Schulden. Irgendwann.

Ich bin es, der Sie zur Rechenschaft zieht! Erst Donato, dann Sie.

Ich greife vor. Eigentlich wollte ich von Ella erzählen. Von jenem Abend, es muss ein halbes Jahr nach dem Tod von Elena gewesen sein: Ella war fast eingeschlafen, setzte sich plötzlich verstört im Bett auf. Sie wisse gar nicht mehr, wie Mamma ausgesehen habe!

Ich holte ein Fotoalbum, schaute es mit ihr an, erklärte ihr, was wann wo gewesen war. Sie musste mehr Bilder sehen. Ich brachte alle an ihr Bett. Wir verbrachten die halbe Nacht damit. Irgendwann ergab sie sich der Erschöpfung.

Man sagt, es gäbe nichts Friedlicheres als ein schlafendes Kind. Haben Sie schon mal neben einer Fünfjährigen gewacht, die im Schlaf weint?

Warum schreiben Sie nicht darüber einen Song, Gatto Dileo?

Über das Mädchen, das seine Lieblingsspeise isst, die ihre Mutter zubereitet und tiefgefroren hat. Wie lange reicht der Vorrat? fragt sie plötzlich. Was tun wir, Papa, wenn wir nichts mehr von Mamma haben? Sie können die Gerichte nachkochen. Sie können das handgeschriebene Rezept Wort für Wort befolgen. Sie können Glück haben, und Ihr Kind mag das, was Sie zustande gebracht haben. Oder es beschliesst von einem Tag auf den andern, nicht mehr zu essen. Mamma isst ja auch nicht.

Ein Mädchen im Krankenhausbett, künstlich ernährt ... weshalb schreiben Sie nicht darüber, Gatto Dileo?

Ich weiss vieles über Sie. Nicht alles, ich gebe es zu. Sie trauern. Um Ihre Eltern? Alte Menschen sterben, das ist der Lauf der Dinge. Wenn Mütter von kleinen Mädchen sterben, stehen alle Dinge kopf. Mütter von kleinen Mädchen dürfen nicht sterben. Ich trage die Schuld an Elenas Tod. Ich büsse dafür. Täglich.

Am Schmerz ändert das nichts.

Wie tragen Sie Ihre Schuld, Gatto Dileo?

Stellen Sie Kerzen auf für Ihre Toten? Ich habe es getan, vom ersten Abend an. Damit sich die Mamma in den Wolken des Tages und in der Dunkelheit des Nachthimmels nicht verirrt. Kinder vergessen schnell, auch das sagt man. Kinder vergessen nie. Sie verlangen Erklärungen, wollen für das Unerklärliche Geschichten, aus den Geschichten wachsen Rituale. Ich habe jeden Tag eine Kerze entzündet, bis Ella alt genug war. Dann hat sie acht Jahre lang dasselbe getan.

Bis der Tag kam.

Seither sind es zwei Kerzen. Ich habe Angst, dass mir die beiden abhanden kommen zwischen Sonne und Mond.

Warum, Gatto Dileo, schreiben Sie nicht darüber einen Song?

Bereits die ersten Sätze taten ihre Wirkung. Hatte der Mann ihn auf der Mauer beobachtet? Oder beruhte das, was er schrieb, auf Vermutungen, die er zum Teil seines Spieles machte? Gatto las die betreffenden Zeilen nochmals durch. Beides war möglich, beides unerträglich. Die Schrift verschwamm vor seinen Augen. Er legte sich auf den Rücken, rief sich zur Beruhigung Mitras Gesicht auf dem Computerbild in Erinnerung. Atmete kontrolliert. Das Flimmern durchlief seinen ganzen Körper, liess nur allmählich nach. Endlich öffnete er die Augen. Sah den Falken, blinzelte, seine Hand tastete nach der Videokamera. Er zog das Okular heraus, presste es an sein Auge. Die Record-Anzeige blinkte, der automatische Fokus erfasste den Vogel. Seine Umrisse stachen klar aus dem milchigen Himmel. Er zoomte ihn heran. Im Telebereich wurde jedes Zittern seiner Hand sichtbar. Er stützte die Kamera auf das Kinn. Das Ergebnis blieb unbefriedigend. Er wählte für den Slow Shutter eine mittlere Einstellung. Die Überbelichtung nahm er in Kauf, der entstehende Verfremdungseffekt war es ihm wert. Nun konnte er die Kamera je nach Empfindung bewegen, mit der Bewegungsunschärfe arbeiten. Er behielt den Vogel stets einige Sekunden im Objektiv, bevor er einen Reissschwenk über die

Wände der Schlucht versuchte, endend auf einer scheinbar weissen Fläche. Sie entpuppte sich durch die Verzögerung des Shutters als Gischt des Wasserfalls.

«Komm schon, Maurizio!»Er setzte die Kamera ab. «Schenk mir ein Zeichen! Beweg dich!»

Er hatte Glück. Die Thermik half dem Falken nicht mehr, er musste sich aus eigener Kraft höher schwingen. Nun hielt Gatto die Kamera still, erfasste jeden Flügelschlag, bekam jene Wischeffekte, die Bilder zu Symbolen machen.

Er spulte die eben bespielte Kassette zurück. Die Stichproben fielen befriedigend aus. Etwas gefasster setzte er sich anschliessend mit dem Mail auseinander. Erstmals äusserte der Mann unverhohlen Rachegedanken. Er selber, nicht die Justiz, würde ihn zur Rechenschaft ziehen. Wofür?

Der Absender musste verrückt sein. Einer dieser Typen, die es in regelmässigen Abständen in die Schlagzeilen schafften, weil sie Prominente wie ihn verfolgten. Bisher war Gatto davon verschont geblieben. Dieser Mann war ihm auf den Fersen. Wusste von seiner Trauer. Zum wiederholten Mal durchforstete Gatto seinen Bekanntenkreis. Er konnte sich an keinen erinnern, der Frau und Tochter verloren hatte. Fast manisch erzählte er immer wieder von der Kleinen. Nein, er hatte noch nie ein Kind gesehen, das im Schlaf weint! Er hatte noch nicht mal bewusst ein schlafendes Kind betrachtet.

Er war der erste, der das bereute.

War der Mann doch kein Spinner? Er erriet seine Gefühle, deckte seine Geheimnisse auf. Wie tragen Sie Ihre Schuld, Gatto Dileo? Der Vergleich mit seiner eigenen war nicht abwegig. Auch Gatto hatte nichts weniger gewollt als Maurizios Tod. Was half ihm das? Die Schuld nahm ihm trotzdem keiner ab. Vielleicht würde es den Mann von seinem Rachefeldzug abbringen, wenn er ihm schrieb. Seine Geschichte erzählte ...

Er hatte nicht die Kraft dazu. Gatto blickte zur Brücke hoch, erschrak angesichts der dunklen Silhouette und lächelte gleich darauf verlegen. Es war Marco. Gatto hatte ihn erwartet und ihm zu seiner eigenen Überraschung sogar einen Zettel mit einer Nachricht hinterlassen. Er filme unten in der Schlucht.

Zur Begrüssung reichte Marco ihm einen Kristall.

«Der lag vor der Tür, neben deinem Zettel.»

Gatto betrachtete das Geschenk irritiert. «Das wird allmählich zur Gewohnheit. Weshalb kam der Mann nicht herunter? Die Nachricht für dich hat er sicher gesehen. Was bezweckt er mit den Kristallen?»

«Keine Ahnung. Das musst du ihn schon selber fragen.»

Gatto betrachtete nachdenklich die Felswand hinter dem Torre. «Du hast recht. Es bleibt mir wohl nichts anderes übrig. Komm, wir trinken etwas.»

«Hat da oben ja mächtig gedonnert, kürzlich.»Er reichte Marco die Gazosa-Flasche. «Ich hatte schon auf ein Gewitter gehofft.»

«Regen wäre nicht schlecht», erwiderte Marco listig. «Der würde vielleicht die Löcher im Boden füllen, die sich im Val Bivina seit neustem auftun.»

«Es gibt sie eben, diese unerklärlichen Naturereignisse!»Gatto prostete ihm zu. «Im Ernst, Marco: Ich weiss von nichts. Du erzählst mir nichts mehr von euren nächtlichen Aktivitäten ... Aber wenn ihr Hilfe braucht, steht meine Tür offen. Verstehen wir uns?»

Marco nickte.

«Was hältst du davon?» Das Ergebnis seiner morgendlichen Plackerei bot sich für einen Themawechsel an.

«Wird ordentlich aussehen – falls du die ganze Fläche schaffst!»

«Verlass dich drauf. Und wenn ich den Rest des Sommers hier herumkrieche. Da fällt mir ein: Kennst du dich mit Computern aus?»

«Ein bisschen.» Marcos Gesicht verriet Understatement.

Gatto erklärte ihm das Problem mit der gesplitteten Mailbox, auf deren gesicherten Teil er nicht mehr zugreifen konnte.

«Hast du etwas an den Einstellungen des Computers verändert?» fragte Marco.

«Nein.»

«Neue Programme geladen?»

«Nein. Wart mal, ich habe Mails abgerufen, sie gelöscht, im Final Cut Pro mit dem Schnitt des Videoclips begonnen ...»

«Das machst du?»

«Diesmal ja.»

«Darf ich helfen?» Marco erschrak über den eigenen Mut.

«Das muss ich selber tun.»

«Verstehe.»

«Kannst du nicht. Aber danke für dein Angebot. Vielleicht überleg ich es mir noch.»

«Okay. Und das Problem mit der Mailbox?»

«Komm mit.»

Gatto führte ihn hinauf. Er startete den Computer auf, stellte die Verbindung her, gab das Passwort ein. Diesmal öffnete sich die Mailbox anstandslos. Vier oder fünf Nachrichten waren aufgelistet.

«Jetzt geht es!» sagte Gatto verdutzt.

«Die Umkehrung des Vorführeffekts! Aber im Ernst: Vielleicht hast du die Box angewählt, als der Administrator gerade die brauchbaren Mails weitergeleitet hat.»

«Der was?»

«Der Verwalter der Homepage. Ist ja nicht der Computer, der die Nachrichten filtert. Dein Management, nehm ich an. Wenn die eure Seite selber betreuen.»

Gatto setzte sich auf das Sofa. «Könnte man die Sicherheitsvorrichtung irgendwie knacken? Die Kontrolle umgehen?»

«Wer weiss davon? Und wer sollte Interesse daran haben?»

«Weiss nicht. Könnte man?»

«Schwer vorstellbar.»

«Wenn ich dich richtig verstanden habe, ist alles, was bei mir ankommt, von Donatos Leuten vorgängig geprüft worden?»

«Ja. Das ist der Sinn des Ganzen, nehm ich an. Oder von ihnen selbst geschrieben.» Marco schaute auf die Liste. «Wie die ersten vier hier. Du brauchst bloss den Absender anzuschauen!»

Weshalb zum Teufel hatten sie die ersten beiden Mails des Unbekannten an ihn weitergeleitet? Versagte die Kontrolle beim ersten durchgeknallten Fan? Oder hatte der einen anderen Weg gefunden?

«Das letzte hier wurde weitergeleitet. Ursprünglicher Absender: M. Gagliardo.»

Mit einem Satz stand Gatto neben ihm. Stiess ihn fast ruppig zur Seite, zugleich glitt ihm der Boden unter den Füssen weg. Seine Hände krallten sich in die Tischplatte.

«Alles in Ordnung?» fragte Marco besorgt.

Gatto nahm all seine Kräfte zusammen. «Alles bestens. Nur, etwas überrascht, weil ... Vergessen wir's. Gehen wir hinunter.»

Er wusste nur, dass er diese Nachricht nicht in Anwesenheit eines andern lesen konnte. Wenn er überhaupt den Mut dazu finden würde.

In der Küche zählte er Marco automatisch das Geld für die Lebensmittel in die Hand. Spätestens in drei Tagen würde er Nachschub liefern, versprach dieser. Gatto hiess ihn warten. Im Wohnzimmer brach er die un-geöffnete Schachtel mit den Demo-CDs von *Eravamo in tre* auf. Er nahm die oberste, in der Küche fand er einen wasserfesten Stift. *Für meinen Freund Marco,* schrieb er. Und: *Bis hierher vielen Dank. Gatto.* Seltsame Formulierung, dachte er.

Marco nahm die CD etwas verblüfft entgegen. Als er die Widmung las, errötete er.

«Wir sehen uns!» Gatto reichte ihm die Hand, in Gedanken bereits wieder am Computer.

Nachdem er rund zwanzigmal das Zimmer durchquert hatte, setzte er sich an den Computer. Schlimmer konnte es nicht werden. Egal, was sie schrieb. Er hatte nichts zu verlieren. Und doch – eine Mitteilung von ihr!

Er zog das Shirt aus der Hose, trocknete damit sein schweissüber-strömtes Gesicht, seine Hände. Er klickte das Mail an. War enttäuscht von der Kürze des Textes, las, fiel in den Stuhl zurück.

Ich suche dich ... ich muss dich treffen!

Mitras erste Worte nach siebzehn Jahren des Schweigens. Er bedankte sich bei Gott, bei den Heiligen seiner Mutter, bei Maurizio ... Aufgeregt sprang er auf. Sie durften keinen weiteren Tag verlieren, sie hatten zu vie-le verschwendet! Er setzte zum Schreiben an. Die Zweifel kehrten zurück. Vielleicht waren ihre Gründe ganz andere. Sie verfluchte das Lied, das ihre Geschichte in die Öffentlichkeit gezerrt hatte. Oder sie wollte mit ihm abrechnen. Der Welt erklären, woher Gatto Dileos Lieder stammten. Ihm ein für allemal klarmachen, er solle sie in Ruhe lassen!

Er nahm seine zitternden Hände von der Tastatur. Nur keine Hast! Er durfte nicht vergessen, weshalb er hier war. Was ihn sein Verschwinden gekostet hatte. Jedes Mail an ihn wurde von Sylvie oder Pardo weiter-gereicht. Von jenem aus Donatos *famiglia,* der die Homepage betrieb. Wenn er Mitra schrieb, wo er war, erfuhr es Donato und damit der Rest der Welt noch vor ihr. Falls es überhaupt an sie weitergeleitet wurde. Hatten sie auf die ausgehenden Mails auch Zugriff?

Er hätte Marco nicht wegschicken sollen.

Es half nichts, er musste den *Torre degli Uccelli* auf eine Weise beschrei-ben, die nur Mitra verstand! Nach einigen Minuten hatte er die entspre-chende Formulierung gefunden, sie war so einfach wie kryptisch. Er gab den Verbindungsbefehl. Der Balken der Statusanzeige füllte sich blau, das akustische Signal bestätigte den erfolgreichen Versand. Gatto ver-drängte das Gefühl, er habe gerade einen grossen Fehler begangen.

10. LA NOSTRA STORIA
(*Luca Carboni*)

Sie war nicht mehr sicher, ob sie von Salvo wirklich eine Reaktion auf ihr Mail wollte. Die Zweifel hatten sie auf der Piazza della Repubblica überfallen, sinnigerweise kurz bevor sie den Portone dei Peccatori, das Tor der Sünder, passierte. Das Ziel ihres Spazierganges war eigentlich jener Brunnen, den sie nie vergessen hatte.

In ihrer gegenwärtigen Stimmung wäre der Weg zur Kathedrale angebrachter gewesen!

Die Sehenswürdigkeiten auf Schritt und Tritt betrachtete sie bereits wie jemand, der Abschied nahm. Als warte sie mit der Abreise nur auf Salvos Stichwort. Angenommen er meldete sich – nicht gerade vom anderen Ende der Welt –, und sie würden sich treffen? Vielleicht waren ihre Gefühle nur Projektionen. Seifenblasen, die bei der ersten Berührung platzten! Wahrscheinlicher war das Gegenteil. Genau das machte ihr angst. Die Beziehung zu Salvo konnte verhängnisvoll werden, wie einst. Jetzt gab es Manuel. Rolf. Ein Leben, Lichtjahre entfernt von den einstigen Rock-'n'-Roll-Träumen, die Salvo, Maurizio und sie zusammengeschweisst hatten. Ihr grösster Erfolg als Schülerband Triade war eine Coverversion von Springsteens *Bobby Jean* gewesen. Wahrscheinlich, weil das Stück exakt das ausdrückte, was sie damals empfanden. Sie waren die Aussenseiter, über die alle andern die Nase rümpften. Halbschweizer. Halbmenschen. Rebellen, die die gleiche Musik hörten, dieselben Kleider trugen, und sich ständig versicherten, es gäbe keine Wilderen als sie selbst.

Und das ausgerechnet in jenem Jahr, als Springsteens Lieder von der breiten Masse vereinnahmt wurden.

Sie lächelte. Heute beschränkte sich ihre Rebellion ohnehin auf etwas gewagtere Schuhe, und Vernunft war kein Schimpfwort mehr.

Sie wusste nichts über Salvo, gestand sie sich ein. Kannte nur das, was er in der Öffentlichkeit darstellte. Dieses Bild gefiel ihr nicht, unabhängig davon, was die Untersuchungen gegen Donato ans Licht fördern würden. Wieviel war hinter dieser Fassade von Salvo übriggeblieben? Vom Menschen, den sie geliebt hatte? Würde sie für ihn ihre Familie gefährden? Wenn sie sich doch so sicher war, dass sie für Manuel alles opferte, wie es jede Mutter für ihr Kind tut, weshalb war sie hier? Suchte in den mittelalterlichen Gassen die Piazza. Sah denselben Ort im nächtlichen Dunkel. Sie und Salvo auf dem Brunnenrand, verliebt, trunken. Sie küsst ihn, bis ihr der Atem wegbleibt. Er, er lässt sich einfach nach hinten fallen! Im Wasser zieht er sein Shirt aus, wirft es ihr zu. Seine Jeans folgt, dann seine Boxershorts. Er winkt. Sie überlegt nicht lange, legt seine Kleider unter den bauchigen Trog, zieht sich selbst aus, nicht mal sehr schnell, und lässt sich ins Wasser gleiten. Die Sommersonne hat es aufgeheizt. Sie schmiegt sich an ihn, fühlt seine Erregung, bevor ihre Beine seine Hüfte umklammern und sie ihn vorsichtig einlässt. «Schau, dass du rechtzeitig rauskommst!» Sie hofft, er sei nüchterner, gibt die Verantwortung, den letzten Rest Verstand ab.

Sie haben eben die Stellung gewechselt, als sie die Stimmen hören. Ihre Arme liegen auf dem Brunnenrand, seine Brust klebt an ihrem Rücken, das Wasser liebkost jene Stellen, für die er keine freie Hand hat. «Keine Angst, die Säule verdeckt uns!» Salvo macht weiter, nur sanfter, jedes Plätschern vermeidend. Sie, sie zerspringt, weil sie ihre Lust nicht hinausschreien kann.

Mitra betrachtete den schmalen Sockel der Statue. Er hatte wohl nicht viel verdeckt. Aber die beiden Männer waren zu sehr ins Gespräch vertieft gewesen.

Zu ihrem Glück. Der eine war ihr Klassenlehrer.

Wo lag die Wahrheit, wo begann die Verklärung? Sie liess das Wasser über ihre Handgelenke fliessen. Vielleicht waren sie gar nicht so leichtsinnig gewesen, hatten sich rechtzeitig voneinander gelöst, ihre Kleider gepackt, sich nackt in einen dunkleren Winkel der Piazza verdrückt. Womöglich hatte er nur die Hälfte dessen getan, woran sie sich zu erinnern glaubte ... Genug zumindest für Bilder, die sie nie mehr vergass. Weil sie nicht zusammengeblieben waren. Das war der entscheidende Punkt, hatte sie eines Tages erkannt. Sonst wäre alles anders gekommen. Sie hätten sich Monate oder Jahre später verkracht. Getrennt. Die Beziehung hätte nicht mit ihrer Entwicklung Schritt gehalten. Wie bei den meisten Jugendlieben. In den drei Wochen mit Salvo erlebte sie alles in verdichteter Form – von der erregendsten Erfüllung bis zum unwiderruflichen Abschiedsschmerz. Nur nicht das Verhängnis jeder Beziehung: die zerstörerische Banalität des Alltags.

Bevor sie ihn wiedergesehen hatte, war nichts zu Ende. Das Glück mit Rolf Teil einer Lebenslüge. Ihn würde sie für Salvo vielleicht verlassen. Manuel nicht.

Gab es einen Mittelweg? Sie spürte das erste Pochen einer Migräne in ihren Schläfen. Worthülsen wie geteiltes Sorgerecht, Patchwork-Familie oder gütliche Einigung klangen ihr in den Ohren, das Echo unzähliger Gespräche mit betroffenen Freundinnen. Sie sah sich mit Salvo, Manuel und Anna auf der Terrasse einer Luxusvilla einträchtig am Tisch sitzen, eine Werbung für Frühstücksflocken, nur war der Mann, der sie servierte ... Rolf.

Sie verfluchte ihr Geschlecht. Weshalb konnte sie nicht wie ein Mann handeln! Nichts überlegen, bis es zu spät war. Bis die Ereignisse ihr jede Entscheidung abnahmen.

Bevor sich ihre Gedanken im Ringelreihen zuwinkten, fasste sie einen Entschluss. Die Notbremse konnte sie später noch ziehen.

Für den Weg zum Internet-Café legte sie erstmals Salvos neue CD in den Discman.

Sie spülte die beiden Schmerztabletten mit einem Schluck Cappuccino hinunter. Der Cafébesitzer sass hinter seiner Zeitung an einem Tischchen, ein klebriges Lächeln im Gesicht. Wenigstens war heute der Hauptcomputer hinter dem Tresen ausgeschaltet.

Die Startseite des Providers sprang auf, sie loggte sich in ihr Konto ein. Der Hinweis auf eine neue Nachricht vervielfachte das Hämmern in ihrem Kopf. Sie öffnete das Konto, klickte ohne Zögern Salvos Nachricht an.

von: gatto@gattodileo.com   an: m.gagliardo@bluemail.ch

Betreff: –

Mitra. Ich warte auf dich. Noch immer. Wo, muss ich dir nicht sagen!

Sie suchte nach einer Fortsetzung des Textes. Es gab keine. Wunderbar! Salvo, der Romantiker. Unpraktisch bis in die Haarspitzen, wo immer das reale Leben lauerte! Kopfschüttelnd betrachtete sie die Nachricht. Hatte er Angst, jemand lese mit? Weshalb eröffnete er nicht einfach eine eigene Mail-Adresse? Dann hätte er ihr gefahrlos geographische Länge und Breite seines Aufenthaltsortes angeben können. Es blieb ihr nichts anderes übrig, sie musste mitspielen, zumal Michele sie eben durchs Fenster entdeckt hatte. Sie öffnete rasch ein Antwortmail, schrieb, sie werde den Ort finden, er solle nächstes Mal bitte von einem eigenen Konto aus schreiben, etwas präziser vielleicht. Kaum war ihre Nachricht weg, prägte sie sich seine wenigen Worte ein und löschte sein Mail.

Salvo wartete. Wie sie. So einfach war das. Sie warteten, seit siebzehn Jahren. Wir sind noch immer Kinder, allerdings schon bald mit weissen Haaren, sang Luca Carboni auf seinem letzten Album – als hätte Salvo ihm von ihrer Geschichte erzählt. Waren die beiden nicht vor Jahren zusammen auf Tour gewesen? *Penso alla nostra storia ... e sotto questo cielo che passano gli anni/ noi siamo ancora bimbi, ma con i capelli bianchi.* Wie ging das Lied weiter? Genau: Vielleicht ist es nur ein Spiel, *chissà?* Vergeblich die Hoffnung, der Kampf, die Gebete, die Liebe gar, weil alles schon in den Sternen steht. *Se è inutile sperare, se è inutile lottare/ se non serve pregare, se è inutile anche amare/ ma abbiamo camminato e andremo avanti ancora ...* Was half es, sie mussten weitergehen, nach vorne schauen.

Sie lächelte über sich selbst: Keine Gemütslage, zu der sie nicht das passende Lied abrief, sich in der Melodie ausruhte, in den Worten Bestätigung und Trost fand. Das Glück ihrer Generation. Das, was sie mit vielen Gleichaltrigen verband, von Jüngeren wie Michele trennte. Eine universelle Masseinheit für Gefühle. Das Thema der Dissertation am Ende ihres nie begonnenen Musikstudiums. Sie wäre durch die Welt gegondelt, hätte auf allen fünf Kontinenten geforscht, welche Gefühle, Erinnerungen und Assoziationen ein Welthit, etwa *Hotel California* der *Eagles,* durch blosses Anhören bei den Probanden wachrief. Die Ergebnisse hätte sie dann mit den Absichten der Komponisten verglichen.

Salvo hatte die Idee gefallen.

Sie wisse, wo er sei ... Ungeschickt war seine Formulierung gar nicht. Vermeintlich nichtssagend, logischerweise ein Ort ihrer gemeinsamen Erinnerungen. Wäre er hier in Cortona, hätte sie es gespürt. Oder Michele sich verplaudert. Blieb die Schweiz. Kein Sandkasten, aber wenigstens überschaubar.

«Hat er zurückgeschrieben?»Michele beugte sich über sie, seine Lippen berührten ihre Halsbeuge.

«Wer?»Sie stellte sich dumm.

«Gatto, wer sonst?»

«Ach ja, nein, nichts Neues. Ich habe ein paar persönliche Dinge erledigt.»

«Du willst dich doch nicht scheiden lassen ... wegen mir?»

Er ahnte nicht, wie nahe sein Scherz ihn einer Ohrfeige brachte. Mitra zwang sich zur Nachsicht. Sie brauchte sich nicht zu wundern, so wie sie Michele gestern vorgeführt hatte. Nur verständlich, dass er heute den starken Mann markierte.

«Vergiss es, Michele. Herrgott, mein Kopf zerspringt!»

«Hast du was genommen? Soll ich dich massieren.»

«Danke. Tabletten tun's auch.»Sie lehnte sich erschöpft im Stuhl zurück. «Sag mal, hat Gatto nie von einer Rückkehr in die Schweiz gesprochen?»

«Nein.»

«Du hast tatsächlich keine Ahnung, wo er steckt?»

«Im Moment kümmert das wohl nur die Presse. Wir haben andere Probleme.»

Mitra horchte auf. «Ist etwas dran an den Vorwürfen gegen Donato?»

«In Italien ist an allen Vorwürfen etwas dran.»

«Was dich nicht stört.»

«Die Geschichte wird im Sand verlaufen, wie immer.»

«Und wenn nicht?»

«Stehen wir vor einem Gerichtsverfahren über ... sagen wir: zehn Jahre.»

Sinnlos, ethische und moralische Grundsätze zu diskutieren. Die waren in Italien derzeit wenig gefragt. Bei Michele, Donatos Handlanger, schon gar nicht. «Hat Gatto jemals erwähnt, welches sein bevorzugtes Haus ist?» wechselte sie das Thema.

«Nein. Na ja, letztes Jahr hat er irgendwo neu gebaut.»

«Erzähl!»

«Oder umgebaut. Wir assen zusammen, das war ... im letzten Herbst. Er erhielt einen Anruf, der ihn ziemlich aufbrachte.»

«Weshalb?»

«Nach dem, was ich aufschnappte, ging es um irgendwelche Baubewilligungen. Wahrscheinlich telefonierte er mit einem Architekten. Er sprach von einer Brücke, die für das Haus unumgänglich sei.»

«Eine Brücke? Hat der Mann ein Wasserschloss gebaut?»

«Frag mich nicht.»

Mitra massierte ihre Schläfen. Weshalb erzählte ihr Michele das alles so bereitwillig? Oder führte er sie in Donatos Auftrag an der Nase herum? Eine Verbindung mit Wasser ... Ein See, nein, ein Fluss, ein Bach, den sie kannte. Sie wisse, wo er sei, hatte er geschrieben. Himmel, natürlich: Die Schlucht. Er war zurückgekehrt!

«Du bist wirklich sehr blass, Mitra!»Michele legte besorgt seinen Handrücken an ihre Wange.

«Migräne, ich kenne das. Ich muss mich nur eine Weile hinlegen.»

«Sehen wir uns am Abend?»

«Nach dem Essen vielleicht, ich brauche mal etwas Zeit mit Anna. Vielleicht danach, auf einen Abschiedsbecher.»

«Abschied?!»

«Wir reisen morgen ab, habe ich dir das nicht gesagt?» Falls ich Anna zur nächsten Programmänderung überreden kann, fügte sie im stillen hinzu.

«Nein, hast du nicht.»Nun wurde Michele einsilbig.

«Es ist unumgänglich, Michele. Das war dir klar, hoffe ich!»

Mitra erhob sich. Nur nichts von Verliebtheit, Urlaubsverlängerung, Gegenbesuch in der Schweiz ... Genug der Spielchen! Sie legte ein weiteres Quentchen Entschlossenheit in ihre Stimme: «Wir hatten unsere Nacht, es war schön, du bist schön. Lassen wir es dabei bewenden!»

Zu ihrem Erstaunen lächelte er plötzlich. «Das sage normalerweise ich.»

«Normalerweise sind deine Freundinnen jünger.»Sie drückte ihre Lippen auf seine Wange. «Wir sehen uns später.»

Kaum war sie im Hotelzimmer, liessen die Schmerzen nach. Sie breitete die Schweizer Strassenkarte auf dem Hotelbett aus. Zwei Tage bis ins Tessin. Ihr Finger folgte dem Flusslauf der Quarta, die Schwemmebene hinauf bis zur unteren Schlucht, die Salvo einst mit einer Vagina verglichen hatte. Vor dem Unglück. Im Garten des Rustico von Maurizios Eltern, direkt an der Quarta, ganz in der Nähe des schönsten Badeplatzes. Feiner Flusssand, bizarre Felsformationen, rundgeschliffene Steine, natürliche Badewannen. Für alle, die das kalte Wasser ertrugen.

Ein Paradies für wenige Stunden.

Sollten ihre Folgerungen stimmen, liess Salvo nichts aus. An den Ort zurückzukehren, wo ihr Leben zerbrochen war! Ein mutiger Entscheid. Andererseits überfällig. So wie sie ihn aus der Ferne beobachtet hatte, war er immer nur weitergerannt. Seit dem Morgen nach dem Unglück. Er hatte sich nicht mal an der Beerdigung blicken lassen. Die Erinnerung machte sie heute noch wütend. Hatte er an jenem Tag einmal, nur einmal an sie gedacht? Was sie empfand, mit Maurizios Eltern am offenen Grab, ohne ihn?

Anna platzte herein. Erstaunt betrachtete sie die Karte auf dem Bett. «Das falsche Land.»

«Lass uns beim Essen darüber reden», sagte Mitra.

«Ich dachte, du triffst Michele.»

«Nein. Ich will mich mit dir in aller Ruhe unterhalten.»

«Weshalb? Schau, kein Tattoo, kein zweites Piercing – ich habe nichts angestellt.»

«Du nicht, aber vielleicht ich. Was ziehen wir bloss an für unser Diner?»

«Sekunde!»Anna öffnete den Kleiderschrank. «Heute riskieren wir alles ... mit .... mit diesem Kleid!»

Sie hielt eines in den Händen, das Mitra ihr im Einkaufsrausch hatte durchgehen lassen.

«Nur Mut, Mamma. Passt stilmässig perfekt zu deiner neuen Frisur.»

«Aber nicht zu meinem Alter.»

«Dasselbe könnte ich von Michele sagen.»

Mitras Kissen traf sie mitten ins Gesicht.

Sie wartete, bis Anna mit der Vorspeise fertig war.

«Was würdest du sagen, wenn wir morgen abreisen?»

«Kein Problem.»

Mitra schaute ihre Tochter verdutzt an.

«Nein?»

«Nein. Hoffentlich nicht nach Hause?»

«Noch nicht. Aber Moment mal! Scheint fast, als käme dir meine Entscheidung gelegen!»

«So viel ist hier ja auch nicht los!»

«Anna?»

«Was?»

«Was ist passiert?»

«Nichts, das ist es ja gerade. Deshalb verstehe ich Petrellas Eifersucht nicht.»

«Anna!»

«Es ist wirklich nicht der Rede wert. Die beiden sind nicht mal wirklich zusammen! Und Romano wollte mir nur den Rücken eincremen. Hätte ich nein sagen sollen?»

«Heute war es den ganzen Tag über bewölkt.»

«Jetzt kommst du auch noch damit! Ich habe Petrella schon erklärt, dass es bei diesigem Wetter die schlimmsten Sonnenbrände gibt.»

Mitra schüttelte resigniert den Kopf. «Und jetzt seid ihr verkracht.»

«Verkracht ist übertrieben. Wohin geht die Reise diesmal, wenn ich fragen darf?»

Mitra überhörte die Spitze. Sie war froh, dass Anna überhaupt mit sich reden liess. Hatte nicht erwartet, sie ein zweites Mal ohne weiterreichende Erklärungen überzeugen zu können. Die Wahrheit wurde unumgänglich.

«Ich muss ins Tessin.»

«Du musst?»

«Wenn ich richtig liege, treffen wir dort einen Menschen, der mir sehr wichtig ist.»

«Und das muss jetzt sein? In unserem Urlaub?»

«Ja.»

«Weshalb?»

«Weil ich siebzehn Jahre darauf gewartet habe.»

Der Kellner trat an den Tisch, um die leeren Teller abzuräumen. Anna wartete, bis er gegangen war. «Komm mir bloss nicht mit so einem Scheiss wie: Ich habe es dir nie gesagt, aber dein Vater lebt!»

«Dein Vater ist tot, daran lässt sich leider nichts ändern. Der Mann, den ich treffen will, hätte dein Vater sein können.»

Anna warf die Serviette auf den Tisch. «Ich gebe es auf. Warum erzählst du mir nicht endlich, was das alles soll? Weshalb wir heute hier sind und morgen da, was die Geschichte mit Michele soll, deine Frisur, deine Kleider ...»

«Die gehen auf dein Konto.»

«Im Ernst, Mamma!»

«Gut.» Mitra verdrängte den überwältigenden Drang nach einer Zigarette. «Der Mann, den ich treffen will, ist Gatto Dileo.»

Anna wollte protestieren, Mitras Gesichtsausdruck hielt sie zurück.

«Er war meine grosse Liebe, Anna! Mit ihm habe ich die schönste Zeit meines Lebens verbracht. Hier. Vor siebzehn Jahren. Deshalb waren wir an seinem Konzert. Deshalb sind wir hier.»

«Gatto Dileo. Meine Mutter und Gatto Dileo. Du spinnst!»

«Damals hiess er Salvo. Salvo Dileo. Sohn eines italienischen Maurers und einer Schweizer Näherin.»

«Wie seid ihr, ich meine, weshalb habt ihr euch ... Verdammt, lass dir nicht alles aus der Nase ziehen!»

«Wir haben auf der Rückreise genügend Zeit. Ich werde dir alles erzählen.» Mitra verstummte, bis der Kellner ihre Bistecche alla Fiorentina auf den Tisch gestellt hatte. «Im Moment ist nur eines wichtig: Ich mache mir Sorgen um Salvo.»

«Na ja, ganz rund läuft es bei ihm wohl nicht.»

«Du meinst sein Abschiedskonzert?»

«Die Geschichten um diesen Donato.»

«Ich habe dir von meiner Begegnung mit Donato erzählt. Etwas habe ich verschwiegen!» Sie erzählte Anna vom mysteriösen Plattencover. Was es in ihren Augen bedeuten konnte.

«Du übertreibst, Mamma. Dafür gibt es sicher eine harmlosere Erklärung.»

«Vielleicht. Weniger für das Mail, das ich heute von Salvo bekommen habe.»

«Du hast ...? Ich denke, die ganze Welt sucht ihn!»

«Deshalb hat er das Mail verschlüsselt. Ungeschickterweise benutzte er die Mailbox der Homepage. Dabei will er Donato seinen Aufenthaltsort nicht verraten.»

«Ich versteh zwar kein Wort von all dem, aber du denkst also, Gatto Dileo stecke im Tessin.»

«Ich nenne ihn Salvo, ich kenne ihn nur so. Wenn ich sein Mail richtig verstanden habe, ist er irgendwo im Quarta-Tal.»

«Da willst du ihn suchen.»

«Da werde ich ihn finden. Bist du dabei?»

«Was bleibt mir anderes übrig. Wer sonst soll dich von weiteren Dummheiten abhalten!»

«Sagst gerade du, meine Sonnenanbeterin?» Mitra lächelte. «War das eine Anspielung auf Michele?»

«Vielleicht.»

«Es hat dich gestört», stellte Mitra fest.

«Du bist alt genug.» Der Scherz misslang Anna, ihr Unbehagen war zu offensichtlich.

Mitra konnte sich nicht länger drücken. Zeit für einige klärende Worte, so schwer sie ihr fielen. Sie erzählte von ihrem schlechten Gewissen gegenüber Rolf. Aber auch von den Abnützungserscheinungen, die ihre Ehe zeitigte. Anna habe ja aus nächster Nähe mitbekommen, wie das war: das Vierundzwanzigstunden-Programm mit Manuel, daneben sie, Anna, mit ihren Sorgen, Rolf ... Die Zeit der Selbstaufgabe nehme jede Mutter hin. Ein Jahr lang, zwei, drei gar, doch jede Vernachlässigung habe irgendwann Konsequenzen. Verdrängtes käme an die Oberfläche, die Gefühle für Salvo zum Beispiel. Vielleicht verstünde Anna das jetzt nicht, spätestens aber wenn sie die ganze Geschichte erfahre. Sie schilderte, was geschehen war, hier in Cortona, erzählte vom Kloster, wie sie die Nonne belogen hatte, um die Gerüche wiederzufinden, das Zimmer zu sehen. Das Polaroid zeigte sie Anna natürlich nicht, beschrieb nur das Versteck im Bettgestell, erzählte vom Brunnen, den sie am Nachmittag gesucht hatte, vom ahnungslosen Klassenlehrer, der damals vorbeispaziert war. Anna wurde aufmerksamer. Das waren Dinge, die sie besser nachvollziehen konnte als die Sorgen einer Mutter und Ehefrau. Die Verrücktheiten der ersten grossen Liebe – nein, soweit sei sie noch nicht, es gäbe da zwar einen in ihrer Klasse! Mitra fragte nach, Anna erzählte vom ersten Rendezvous. Anders war er, nur mit ihr zusammen, zärtlicher, scheu fast, nicht grobschlächtig wie sonst, wenn sie mit der Clique um die Häuser zogen.

Sie hatten oft Gespräche dieser Art geführt. Doch zum ersten Mal fiel Mitra nicht in die Rolle der fürsorglichen Mutter. Sie hörte einfach zu oder erzählte von eigenen Erfahrungen, nervte nicht mit gutgemeinten Ratschlägen.

Als die Nachspeise aufgetragen wurde, bat sie selbst um Hilfe.

«Ich habe mich auf einen Abschiedsbecher mit Michele verabredet. Kommst du mit? Ich brauche dich.»

«Wozu?»

«Ich muss ihn auf elegante Weise schnell loswerden.»

«Willst du das wirklich? Es ist die letzte Nacht ...»

«Danke. Ich traue ihm nicht mehr. Er hat seinen Zweck erfüllt.»

«Dann komme ich mit. Du weisst, ich habe zuviel gegessen, vielleicht wird mir bald ein wenig übel.»

«In etwa einer halben Stunde?»

«Genau so fühlt es sich an.»

11. DIE KLUFT

Enttäuscht beendete Gatto die Internetverbindung. Mitra hatte nicht geantwortet. Oder ihr Mail war nicht weitergeleitet worden. Auch diese Möglichkeit musste er in Betracht ziehen. Wenn sie seinen Hinweis erhalten und richtig interpretiert hatte, war sie von Zürich aus in drei Stunden hier. Konnte sie einfach alles liegenlassen? Kaum. Sie lebten in verschiedenen Welten.

Ein Wiedersehen war nicht mehr ausgeschlossen, trotzdem wuchsen seine Zweifel. Zu unterschiedlich waren ihre Ansprüche. Für ihn verkörperte Mitra die letzte Hoffnung, so pathetisch es klang. Er hingegen war in ihrem Leben wohl eher eine Störung. Eine willkommene Abwechslung im besten Fall.

Der Kristall des Mörders stand noch immer neben dem Computer. Er drehte ihn langsam in der Hand. Seine Fingerspitzen erkundeten die Unterschiede in der Oberflächenstruktur. Eisig glatt dort, wo der Quarz gläsern, durchsichtig war, unangenehm rauh die matteren Flächen. Bruchstellen. Wo Vollkommenes getrennt wurde, blieben Narben.

Während seiner Mörtelarbeit auf der Terrasse hatte ihn oft ein hämmerndes Geräusch an seinen kauzigen Nachbarn in der Felswand erinnert. Lange hatte er keinen Gedanken daran verschwendet. Jetzt war der richtige Zeitpunkt für den geplanten Besuch! entschied er spontan. Wenn er hier im Haus auf ein Zeichen von Mitra wartete, kam er nicht zur Ruhe. Vielleicht gelangen ihm oben ein paar überraschende Aufnahmen der Schlucht oder des Falken, die letzte Lücken im Musikclip schliessen würden.

Er öffnete das Final-Cut-Programm, startete den Rohschnitt. Die Grundidee der verschiedenen Ebenen funktionierte. Dank der inszenierten Teile mit der Schauspielerin konnte er Mitras Perspektive zeigen. Es bewegte ihn jedesmal neu, wenn er sie gedankenversunken zuhören sah. Wie sie sich verlor in ihren grobkörnigen Erinnerungen – seinen Erinnerungen, die er seit siebzehn Jahren wachhielt.

Waren ihr ähnliche Bilder geblieben?

Den Falken über der Schlucht hatte er als wiederkehrenden Trenner zwischen die Konzertaufnahmen und Mitras innere Bilder gesetzt. Er verwendete ausschliesslich das überbelichtete Material. Unwirklich und gespenstisch wirkte der Vogel. So, wie er es beabsichtigt hatte. Doch einige ergänzende Aufnahmen wären durchaus hilfreich!

Er stellte den Computer nicht ab, versetzte ihn nur in den Ruhezustand. Nach seiner Rückkehr würde er die Mails abrufen.

Bevor er sich anders besann, schlüpfte er in die Trekking-Schuhe, packte Proviant und zwei Flaschen Gazosa in den Rucksack. Unter der abgeschnittenen, mittlerweile vertrockneten Baumkrone nahm er den Aufstieg in Angriff. Wollte Marco nicht heute vorbeischauen? Gatto kehrte nochmals um, legte einen Zettel mit einer kurzen Nachricht über sein Vorhaben auf den Terrassentisch, liess die Haustür unverschlossen.

Er zwang sich in einen langsamen, regelmässigen Schrittrhythmus. Achtete ängstlich auf erste Zeichen von Erschöpfung. Sein Atem wurde zum Keuchen, im Zickzack kämpfte er sich zwischen den Bäumen den steilen Hang Richtung Felswand hoch. Nach einer halben Stunde erreichte er einen grossen Felsblock, eine kleine Lichtung im Wald. Zu seinen Füssen breitete sich das Valle Quarta aus. Er nahm die Kamera aus dem Rucksack, filmte mit denselben Verfremdungen wie letztes Mal. Unterhalb seiner Schlucht verbreiterte sich das Tal zur Ebene, bevor weitere Bergzüge es ein letztes Mal zusammenschnürten. Hinter der Schulter des gewaltigen Monte Valsano mäanderte dann die Quarta durch die Schwemmebene dem See entgegen.

Die Hitzeperiode dauerte selbst für diese Gegend schon ungewöhnlich lange, die Folgen wurden sichtbar. Die Grasflächen waren gelbbraun, die Blätter der Bäume hatten sich eingerollt, hingen matt herab, viele waren verdorrt. Weil das Gras nicht nachwachse, hatte Marco erzählt, müssten die verbliebenen Bauern des Tales schon jetzt die Heuvorräte für den Winter verfüttern! Der Himmel färbte sich am Horizont schwefelgelb. Gelegentlich kam etwas Wind auf. Ein Schwall heisser Luft aus dem Nichts. Auch das ein vermeintlich sicheres Anzeichen für ein Gewitter. Gatto machte sich nichts vor. Es würde ausbleiben – oder sich in einem anderen Tal entladen.

Eine Eidechse hatte sich zwischen seine Füsse verirrt. Beim Torre hausten sie zu Dutzenden in der Natursteinmauer der Terrasse. In der Hitze der letzten Tage schienen selbst sie zu ermatten. Auch ihm setzte die Schwüle zu, obwohl er einiges gewohnt war. Auf seinen Konzertreisen hatte er nur wenige Länder ausgelassen. Nach den grossen Erfolgen glich sich die Tourneeplanung Donatos persönlichen Reisewünschen an. Neue Märkte erschliessen, das Nützliche mit dem Angenehmen verbinden, sich neuen künstlerischen Impulsen aussetzen – unerschöpflich war sein Vorrat an Begründungen. Im Rückblick schämte sich Gatto ihrer mangelnden Sensibilität. Diese hatte Donato so lange beschworen, bis alle daran glaubten, und keiner mehr erkannte, dass sie die einzigen Profiteure ihrer Stippvisiten in der dritten Welt waren. Musikalisch wie menschlich. Selbst der eigene luxuriöse Lebenswandel liess sich nach einer kurzen Phase des schlechten Gewissens wieder geniessen.

Donato hatten solche Skrupel nie interessiert. Er war glücklich, wenn er beim einen oder anderen Song einen exotischen Einfluss ausmachte, den er in Verbindung mit skurrilen Reiseabenteuern zur nächsten Promotionstory für Gatto Dileo aufbauschte.

Er packte die Kamera ein. Weiter oben wollte er die Perspektive des kreisenden Falken simulieren. Die erste Flasche Gazosa hatte er bereits geleert, er ass ein wenig Brot. Wie oft hatte er so gerastet, in den Bergen, zusammen mit dem Vater, der das Wandern als Teil des Assimilationsprozesses zur Familienpflicht erhoben hatte. Ein häufiger Gegenstand von Streitereien damals. Heute hätte er vieles dafür gegeben, wenn sein Vater neben ihm sitzen würde. Anderen seiner Generation ging es wahrscheinlich ähnlich. Eine Altersfrage. Nur kam bei ihm die Reue zu spät, bereits war er der letzte in der Reihe.

In zwei Jahren wurde er vierzig. Ein biblisches Alter für einen Rockstar, hatte er einst gedacht. Nun waren solche Überlegungen unwichtig geworden, Gatto Dileo konnte er leicht beerdigen. Doch woran würde er, Salvo, sich halten? Was blieb, das ihn davon abhielt, dort drüben, jetzt gleich, drei Schritte zu gehen, sich fallen zu lassen, zu stürzen wie Maurizio, hinunter in die Schlucht, ins Leere?

Mitra. Die vielleicht vermessene Hoffnung, er könnte sein Leben in der zweiten Hälfte wiedergutmachen. Sie tat es. Sie hatte Kinder, er war sich sicher. Sie gab die Erfahrung aus ihren Fehlern weiter, erkannte deshalb vielleicht einen Sinn in dem, was geschehen war.

Er nicht.

Während er den Rucksack schnürte, verdrängte er seine düsteren Gedanken. Erinnerte sich an das, was Marco von seiner Mutter über den Mörder in Erfahrung gebracht hatte: Der Kristallsucher war Italiener. Sie schätzte ihn auf fünfzig Jahre, einmal in der Woche kam er für Einkäufe ins Dorf, sprach kaum, liess ihr einige neue Kristalle zum Verkauf da, die Einnahmen zog sie an seiner Rechnung ab. Wie er wirklich hiess, wusste niemand, sein Spitzname war durch Dorftratsch entstanden. Marcos Grosstante Adela habe ihn so genannt, ohne wirklichen Grund, für sie wurde jeder Auswärtige zum Mörder. Früher oder später.

Wann der Strahler hierhergekommen sei, hatte er Marco gefragt. Vor einem Jahr. Oder drei. Vielleicht vier? Übermässige Neugier liess sich dem Jungen nicht nachsagen.

Gatto musste sich selber ein Bild von diesem geheimnisvollen Mann machen, der auf seinem Grundstück lebte. Für die Kristalle hatte er sich noch immer nicht bedankt. Er raffte sich auf. Das T-Shirt band er um die Hüfte. Nach seiner Schätzung hatte er über die Hälfte des Weges hinter sich gebracht. Er kraxelte weiter, angelte sich von Stamm zu Stamm, umging Felsbrocken, die sich zwischen den Akazien und Kastanien auftürmten, die Bäume schliesslich ganz verdrängten, sich in einer zerklüfteten, rund fünfzig Meter hohen Wand vereinten. Darüber begann das nächste Waldstück. Marco hatte ihm die Stelle so beschrieben, von einer seltsamen Behausung gesprochen, die erst auf den zweiten Blick sichtbar sei. Gatto passierte einen Bach, der am äussersten Rand der Wand herunterstob und hier seinen weiteren Weg suchte. Wurde er von Schmelzwasser gespiesen? Hatte es in den höchsten Lagen noch Schnee, im Spätjuli? Lag dort überhaupt jemals Schnee? Was wusste er schon. Seit er hier war, hatte er sich nur für den Torre, für seine paar Quadratmeter Land interessiert. Was ihn nicht direkt betraf, scherte ihn nicht. Eine Folge seines Gesundheitszustandes? Oder seines Lebens als Rockstar? Er hatte sich nie wie einer gefühlt, aber er hatte so gelebt. Stolz und euphorisch erst, bald weil er es nicht anders kannte. Wann hatte er letztmals, so wie jetzt, eine Jahreszeit wirklich wahrgenommen, unter der unerträglichen Hitze gelitten, jede kühlende Brise mit Dankbarkeit begrüsst?

Längere Zeit am selben Ort verbrachte er nur während der Studioarbeit. Meist in Cortona, wo er die Tage verschlief, die Nächte durcharbeitete. Ein Leben der verengten Horizonte, im Rhythmus der Musikindustrie, nicht der Jahreszeiten. Monate im Studio, Wochen auf Pressereisen, Proben für die Live-Auftritte, anschliessend die

Tournee selbst, damit verbunden der endgültige Realitätsverlust: keine Wochentage mehr, nur Soundchecks, Konzerte, gelegentlich ein *day off,* den er vertändelte, weil die innere Uhr aus dem Takt geraten, der Orientierungssinn stumpf geworden war. Hintereingänge, Korridore, Tiefgaragen, Hotelzimmer. Immer wieder Hotelzimmer. Anonymes Einerlei, bis er die Auftritte herbeisehnte, in die Musik abtauchte, die Liebesbeweise des Publikums aufsaugte, am Ende der Tournee so abhängig davon, dass er die Entzugserscheinungen nur im Stress der nächsten Aufnahmesession überwinden konnte. Nicht anhalten, weiterrennen, der Hamster im Laufrad, kein Gefühl, kein Gedanke. Hatte er verdient, was er bekam? Hatte er ein Recht, unglücklich zu sein, er, der reiche Erfolgreiche? *A life of leisure and a pirat's treasure, don't make much for tragedy, it's a sad man, my friend, who's living in his own skin, and can't stand the company ...* Springsteen hatte eine Therapie begonnen, als er sich eingestehen musste, dass es reine Angst war, was ihn bei Konzerten vier, fünf Stunden auf der Bühne hielt. Die Angst vor dem, was danach kam.

Ihn hatte diese Angst viel früher gepackt. Im Grunde am Tag von Maurizios Tod. Siebzehn Jahre lang war er danach von Bühne zu Bühne gerannt. Bis er sich der Angst ergeben hatte.

Tränen trübten seinen Blick. Er umrundete einen Felsvorsprung. Vor seinen Füssen glitzerten seltsame weisse Steine. Er bückte sich, wollte sie sich genauer ansehen. Von oben hörte er ein Scharren und das Geräusch fallender Steine, aus einem Reflex heraus sprang er zwei Schritte vorwärts, gleichzeitig prasselte die nächste Ladung Quarzschotter herunter, landete da, wo er eben gestanden hatte.

Die Begrüssung des Mörders für unwillkommene Besucher? Er zügelte seine Phantasie. Weshalb sollte der Strahler Sicherheitsvorkehrungen treffen, hierher verirrte sich keiner.

Nach weiteren vorsichtigen Schritten blieb er überrascht stehen. Die irrwitzige Konstruktion vor ihm hätte einer Filmkulisse gut angestanden. Am Boden lagen schwarze Scheiben, wie sie Gewichtheber auf ihre Hanteln wuchteten. Es waren neun, jede mit zehn Kilogramm angeschrieben. Durch ihre Mitte lief ein daumendickes Drahtseil, es führte gut fünfzehn Meter hinauf, lief über eine Rolle, die an einem in den Fels gemauerten, rostigen Galgen befestigt war. Oben, am anderen Ende des Seils, hing so etwas wie ein überdimensionaler Vogelkäfig, geschmiedet aus Alteisen. Eine Liftkabine? Wie liess sie sich bewegen? Erneut betrachtete er die Konstruktion. Natürlich! Wenn der Mann zusammen mit dem Korb etwa neunzig Kilo wog, war das System im Gleichgewicht und er konnte die Kabine mit Leichtigkeit bewegen.

Der Lift war wohl ein Arbeitsgerät. Eine Wohnhütte dort oben konnte er sich nicht vorstellen. Er ging zurück, die Stelle mit dem Quarzschotter übersprang er. Suchend schaute er sich um. Jetzt entdeckte er das Wellblechdach, es war drei Meter über dem Boden zwischen zwei Felsen und der Wand verkeilt. In das Dach hatte der Mann zwei rechteckige Öffnungen gefräst, die darin eingelassenen Kippfenster standen offen. Gatto passierte einen flachen Stein, auf den jemand mit roter Farbe die Initialen M.M. und die Jahreszahl 2004 gesprayt hatte. Vielleicht eine Markierung für andere Strahler. Die Wand der Hütte war ebenfalls aus Blech, die Rostschutzfarbe blätterte an einigen Stellen ab. Die Tür stand offen. Gatto klopfte an. Eine Antwort blieb aus, er trat ein. Das untere Stockwerk war ein Werkzeug- und Materiallager. Einige der Stapel waren mit einem grobmaschigen Netz abgedeckt, wie es für Helikoptertransporte benutzt wurde. So brachte der Strahler seine Gerätschaften hierher!

Der Bretterboden des oberen Stockes lag auf einer Balkenkonstruktion, an einigen Stellen war sie mit den Metallstreben eines Baugerüsts verstärkt. Eine Holztreppe, mehr eine Leiter, führte hinauf. Er kletterte hoch, konnte sich ein Lächeln nicht verkneifen: Eine Dachwohnung der rustikalen Art. Nicht ungemütlich! Das Dach und die Wände waren mit Isolierplatten verschalt. In einer Ecke ein Holzofen, ein kleiner Tisch, daneben ein wackliger Stuhl, von dem aus der Mann den Gaskocher bedienen konnte. Auf einer der beiden Platten stand eine Pfanne, er warf einen Blick auf die Polentareste darin. Die notwendigsten Küchengeräte hingen an der Wand. Die andere Seite des Raumes war durch einen Vorhang abgetrennt. Der Schlafraum mit einer Matratze auf selbstgezimmertem Holzrost, darüber ein Regal, vollgestopft mit Büchern. Eine stählerne Box war an die Wand geschraubt. Ein Tresor? Unwillkürlich suchte Gatto den Schlüssel, rief sich zur Ordnung. Die finanzielle Situation des Mannes ging ihn nun wirklich nichts an.

Der einzige schmückende Gegenstand im Haus fiel auf: Ein Foto über dem Kopfende des Bettes. Es zeigte eine Frau auf einer Theaterbühne, in den Augen eine unheimliche Leere, in der Hand ein Stück Papier. Um sie herum lagen Dutzende von zerrissenen Fotografien. Er betrachtete das Gesicht der Frau genauer. Es kam ihm bekannt vor, flösste ihm Angst ein.

Er war zu weit vorgedrungen.

Ausgleichende Gerechtigkeit! beruhigte er sich, während er die Treppe hinunterstieg. Der Strahler hatte sich auch nicht geziert, als er ihm den Kristall in die Küche gelegt hatte.

Er verliess das Haus. Ein beständiges Plätschern von Wasser irritierte ihn. Zwischen einem Felsblock und der Wand sah er eine Lücke. Er zwängte sich hindurch. Der kleine Bach, den er beim Kommen überquert hatte, beendete hier seinen Fall, fand Ruhe in zwei kleinen Becken, bevor er zwischen den Felsblöcken verschwand. Gatto entdeckte eine Kette, die an einem Stück Dachrinne befestigt war. Er zog daran, prompt drehte sich die Rinne so, dass ihr Ende ins fallende Wasser reichte und

Wasser abzweigte. Die Dusche! Nun begriff er auch die Funktion des Brettes, das ein Stück unterhalb der Felswanne zwischen die Felsen geklemmt war. Ein Freiluftklosett mit einmaliger Aussicht.

Ein neues Geräusch schreckte ihn auf. Ein metallenes Sirren. Der Lift? Er verliess das Badezimmer des Strahlers, kletterte zum Weg hinab, umrundete den Felsvorsprung. Der Drahtkorb setzte eben auf. Seine Fracht waren Kristalle, wie er sie in dieser Grösse noch nie gesehen hatte! Zwei Brocken mit jeweils einem Durchmesser von rund fünfzig Zentimetern. Beide waren ähnlich aufgebaut: Aus der Mitte wuchsen mehrere armdicke Quarze, senkrecht hochstrebend wie grosse Kirchenkerzen. Ganze Grüppchen von kleineren Quarzen umrahmten sie. Alles war noch von einer graubraunen Schmutzschicht überzogen. Ihre ganze Pracht würden die Kristalle erst in gereinigtem Zustand offenbaren.

Er blickte hoch. Erst sah er nur die Füsse des Mörders. Sie stiessen sich in kurzen Abständen von der Wand ab, kamen näher. Der Mann landete neben ihm. Ohne Hast löste er den Karabiner, das Seil hängte er an einen dafür vorgesehenen Haken in der Wand. Der Strahler drehte sich zu ihm um. Gatto war angenehm überrascht. Er hatte einen Sonderling mit verfilzten Haaren und einem Bart bis zum Bauchnabel erwartet. Doch die dichten, grauen Haare des Mörders waren auf exakt fünf Millimeter Länge geschnitten, sein Körper wirkte drahtig, sein Gesicht war rasiert, braungebrannt, der Blick seiner hellen Augen wach.

«Mein Nachbar, nehme ich an», sagte der Strahler endlich. «Ich hätte nicht gedacht, dass Sie sich hier heraufwagen!»

«Weil man Sie im Dorf ‹Mörder› nennt?» Gatto fand den Mann auf Anhieb sympathisch.

Dieser schmunzelte. «Mein Ruf eilt mir etwas sehr weit voraus – bis jetzt habe ich noch keinen umgebracht. Nennen Sie mich lieber Matteo.»

«Salvo.»

«Salvo?»

«Ja.»

Der Händedruck war kurz und kräftig. Matteos Blick schweifte von Gattos Gesicht ab, prüfend betrachtete er die Wolkentürme in der Ferne.

«Ein Glas Wein, bevor das Gewitter losbricht?»

«Sie glauben wirklich, es wird regnen?»

«Für das, was sich da zusammenbraut, ist Regen ein sehr harmloser Ausdruck!»

«Ich gestehe, ich habe bereits einen Blick in Ihr Haus geworfen, als ich auf Sie gewartet habe! Arbeiten Sie da oben?»

«Möchten Sie die Kristallkluft sehen?»

«Würde mich schon interessieren.»

«Wie schwer sind Sie?»fragte Matteo mit einer Handbewegung zum Lift hin.

«Achtundsechzig Kilo.»

«Kein Problem.»

Er bückte sich, seine Armmuskeln schwollen an, die Adern traten hervor, als er die erste Kristallgruppe aus dem Käfig hob. Gatto bot seine Hilfe an. Matteo schüttelte nur den Kopf, hob den zweiten Brocken heraus. Gatto kletterte in den Korb. Der Strahler packte das Seil, das von den oben schwebenden Gewichten herabhing, löste die Eisenstange, mit der er den leeren Korb arretiert hatte. Mühelos zog er die Gewichte herunter, Gatto schwebte hoch. Einen Moment später sprang er auf den Felsvorsprung. Der Käfig verschwand in der Tiefe.

Die Aussicht auf das Tal war atemberaubend. Nur sein Haus war von den Baumwipfeln verdeckt. Wenn er sich auf die Zehenspitzen stellte, sah er gerade noch das Kreuz.

Der Strahler kam bedächtig hochgeklettert, ging voran. Unter einem Felsüberhang war eine Holzverkleidung angebracht, die darin eingelassene Stahltür stand halb offen. Der Eingang in die Höhle. Kluft, hatte der Strahler es genannt.

«Stossen Sie sich nicht den Kopf!» warnte er und zwängte sich durch die nur hüfthohe Tür. Gatto kroch hinterher. Der erste Raum war lediglich die Fortsetzung der Felseinbuchtung. Sie endete in einem schmaleren Durchbruch. Der Strahler zündete mit seiner Grubenlampe hinein, das Licht gleisste hell zurück. Gatto folgte ihm auf allen vieren, der Gang öffnete sich nach vielleicht drei Metern in die dahinterliegende Höhle. Hier konnte Gatto problemlos stehen. Er traute seinen Augen nicht. Zu Hunderten wuchsen Kristalle von der Decke herab. Sie trafen sich in der Mitte mit den Spitzen der von unten hochstrebenden.

«Eine Schatzkammer!»

«Die Schönsten sehen Sie später», versprach Matteo.

«Wie bringen Sie die heraus?»

Der Strahler war kein Mann vieler Worte. Er überliess Gatto die Lampe, verschwand Richtung Ausgang. Kurz darauf erklang das Stottern einer anlaufenden Maschine. Vermutlich der Generator. Matteo kam zurück, ausgestattet wie ein Forstarbeiter: Augen, Ohren und Mund geschützt. Gatto warf er dieselben Utensilien zu, dann griff er nach dem schweren Baubohrer, der bei den Kristallen lag. Mit einem kurzen Blick vergewisserte er sich, ob Gatto bereit war, und setzte den Bohrer an. Das hämmernde Geräusch! Hier drinnen war es trotz Gehörschutz ohrenbetäubend.

Fasziniert beobachtete Gatto ihn. Der Bohrer drehte sich immer weiter in die Gesteinsschicht, welche die Kristalle mit der Felsdecke verband. Diese Stelle hatte der Strahler wohl vorbereitet. Dieser stellte den Pressluftbohrer schon wieder ab, winkte Gatto zu sich, drückte ihm eine Schaumstoffmatte in die Hand.

«Damit er nicht beschädigt wird, wenn er sich löst!»tönte es dumpf durch seinen Mundschutz. Der Strahler nahm ein Stemmeisen, führte es in das Bohrloch, hebelte mit aller Kraft, der Kristall tat keinen Wank. Unbeeindruckt wiederholte der Strahler den Vorgang beim nächsten Bohrloch, beim übernächsten. Erste Steine bröckelten ab.

«Vorsicht!»

Die Warnung kam keine Sekunde zu früh, eine ganze Gruppe löste sich. Gatto zog seine Hände reflexartig zurück. Der Strahler hingegen hielt sie mit der einen, freien Hand, liess das Stemmeisen los, nahm die zweite Hand zu Hilfe, liess die Kristalle vorsichtig auf die Gummimatte herab. Mit vereinten Kräften schleppten sie den Brocken durch den Gang zum Eingangstor.

Gatto rang um Atem. «Ziemlich anstrengend», sagte er. Eine gewaltige Untertreibung.

«Gewohnheitssache.» Der Strahler hatte sich bereits erholt. Gehör- und Augenschutz legte er beiseite, die Gesichtsmaske behielt er auf. «Der Quarzstaub ist nicht ganz ungefährlich», erklärte er. «Ich zeige Ihnen meine Kathedrale.»

Ohne eine Antwort abzuwarten, kroch er in den Verbindungsgang zurück, Gatto blieb nichts anderes übrig als zu folgen. Obwohl er nicht klaustrophobisch veranlagt war, fühlte er sich allmählich doch beengt. In der Kluft wartete der Strahler. Er deutete zur rückwärtigen Wand. «Zufällig entdeckt, weil sich ein Brocken gelöst hat. Am Anfang wird es etwas eng.»

Sein Kopf verschwand zuerst. Erst jetzt sah Gatto das Loch in der Wand. Er kletterte hinterher, fand sich in einem Gang wieder, dessen Durchmesser nicht viel breiter war als seine Schultern. Der Gang endete an einer behelfsmässig einbetonierten Stahltür. Sie bestand aus kleineren Platten, die Matteo erst hier zusammengeschweisst haben musste. Wofür der ganze Aufwand? Gatto kontrollierte, ob die Tür nicht hinter ihnen zufallen konnte. Der Doppelriegel war von beiden Seiten aus zu betätigen. Etwas beruhigt schlüpfte er hindurch, kniete erneut in einer Kammer. Diese Höhle war deutlich weniger hoch als die erste, wenn er nicht aufpasste, stiess er sich an der Decke den Kopf. Auf den ersten Blick wirkte sie unspektakulär. Matteo richtete die Lampe auf das hintere Ende. Die ganze Breitseite war mit Kristallen überwachsen. Sie glichen jenem, den ihm der Strahler ins Haus gelegt hatte: dieselben moosartigen Einschlüsse, nur waren diese Quarze um ein Vielfaches grösser als jener, den er im Torre hatte. Sie fächerten das Licht in alle Farbfacetten auf.

«Wohl ziemlich wertvoll, sonst hättest du dir die Mühe mit der Stahltür nicht gemacht!»

«Natürlich.»

Der Strahler war noch einsilbiger geworden, fiel Gatto auf. Schon seit sie den Verbindungsgang zum ersten Mal passiert hatten. Als wäre er in Gedanken woanders. Wahrscheinlich eine Folge seines Einsiedlerlebens!

«Schau sie dir ruhig genauer an.» Er reichte ihm die Lampe. Gatto kroch zum grössten Exemplar in seiner Reichweite.

«Was ist das Grüne im Quarz?»

«Das, was du darin sehen willst. Die Hoffnung. Vielleicht.»

Sein veränderter Tonfall machte Gatto stutzig. Er drehte sich, hob die Lampe, sah, wie sich das Stahltor schloss, hörte das schabende Geräusch eines Riegels. Sofort war er an der Tür, schrie, er möge solche Scherze nicht, er kriege Platzangst, wenn man ihn einschliesse, Matteo solle das verdammte Ding sofort öffnen. Mit aller Kraft trat er gegen die Tür, sie bewegte sich sowenig wie der Doppelriegel in seiner Hand. Der Hall seiner Schreie war die einzige Antwort. Es war kein Scherz, wurde ihm klar. Die Erkenntnis, dass er eingesperrt war, lähmte ihn.

12.　1983
(Lucio Dalla)

«Ein bisschen schnell, nicht?» Anna zeigte auf den Tachometer. «Ras nicht so, erzähl!»

Mitra ging vom Gas. Der Tonfall ihrer Tochter liess ihr keine Wahl. «Was willst du wissen?»

Anna seufzte übertrieben leidvoll. «Erst gestehst du deine Liebe zu einem der erfolgreichsten Rockstars Europas, erwähnst in einem geheimnisvollen Nebensatz, er hätte mein Vater sein können, und dann fragst du im Ernst, was ich wissen möchte?»

Genau da lag der Grund für ihr bisheriges Schweigen. Sie konnte Anna nicht die Wahrheit erzählen und ihren Vater ausklammern. Die Erklärungen, mit denen sie sich in den letzten Jahren durchgeschlängelt hatte, reichten nicht mehr. Bisher hatte Anna die Geschichte von der kurzen Ferienbekanntschaft mit einem italienischen Rucksacktouristen nie angezweifelt. Der vermeintliche Vater war zur mythischen Figur geworden. Anna besetzte sie mit ihren Wunschvorstellungen, Mitra schob ihr in Gesprächen wenigstens einige Charakterzüge des wirklichen Vaters unter. War es zu spät für die Wahrheit? Hätte es einen früheren, besseren Zeitpunkt gegeben?

Als Anna erste Fragen gestellt hatte, musste sie eine Geschichte erfinden, die ein vierjähriges Kind verstand. Diese verselbständigte sich im Lauf der Jahre, wurde unantastbar. Selbst vorsichtige Korrekturversuche enttäuschten Anna. Danach die Pubertät, ein jahrelanger Tanz auf Eiern. Der neue Mann in der Familie sorgte für weitere Konflikte mit der Tochter, Manuel raubte ihr die Zeit, sie auszufechten. Das Leben war an ihr vorbeigerannt, ohne Mitra eine Hand zu reichen. *E' lunedì, martedì, ma che vita è?* Es wurde Montag, es wurde Dienstag – aber in welchem Leben? Seit Arezzo lief *1983*. Ihr Lieblingslied auf dem gleichnamigen Album von Lucio Dalla. Gekauft hatte sie es kurz vor dem Unglück. Nach Maurizios Tod und Salvos Flucht war ihr nur die Musik geblieben. Nicht die eigene, die der andern. Erst kürzlich hatte sie sich einen neuen Plattenspieler gekauft, die alten Vinylscheiben vom Estrich geholt. Lucio war ihr seit Jahrzehnten ein weiser, verschmitzter Freund, dem sie nun wieder regelmässiger Gehör schenkte. Mit *1983* hatte Lucio musikalische Bilanz gezogen. Er war damals vierzig geworden. Heute war er sechzig und Mitra näherte sich der Vierzig. Fand neue Bezugspunkte in seinen Texten. *Incontri la gente e si annoia, la noia è una congiura/ Poi li vedi come vivono in fretta – forse la noia e soltanto paura.* Alle um dich herum langweilen sich, die Langeweile ist eine Verschwörung. Dann siehst du sie dem Leben nachhetzen. Vielleicht ist ihre Langeweile nur Angst. Eine Angst, die verletzt, die dich jeden Morgen packt, die Angst, dass dein Leben sich nicht mehr ändert. ... *e che la vita non cambi più.*

Sie sang die letzte Strophe des Liedes laut mit. Jahre verflüchtigten sich. Jahre liessen sich nicht an der Uhr ablesen. Kinder waren der einzige Anhaltspunkt, waren blitzschnell nicht mehr Säuglinge, wurden Kinder, Teenager, sassen plötzlich halb erwachsen auf dem Nebensitz, liessen sich nicht mit unzulänglichen Erklärungen abspeisen. Was gestern noch zu früh gewesen war, schien heute schon zu spät. Nein, ihre Entscheidungen, was sie Anna über ihren Vater erzählte, waren richtig gewesen. Aus der jeweiligen Zeit heraus verständlich.

Sie befürchtete nur, Anna würde anders denken.

Mitra schaltete den Schweibenwischer ein. Kaum waren sie losgefahren, hatten sie eine erste Regenfront durchquert, jetzt wechselten kurze Aufhellungen mit heftigen Schauern, die tiefhängenden, schwarzen Gewitterwolken am Horizont verhiessen Schlimmeres. Auch deswegen machte sich Mitra auf eine anstrengende Fahrt gefasst. Sie drehte die Lautstärke des CD-Players zurück.

«Die Geschichte ist so alt wie einige dieser Lieder. Es geht um Musik, um Freundschaft und Liebe, um Schuldgefühle ...»

«Jetzt erzähl endlich!» Anna legte ihre Beine hoch.

Mitra hatte sich diesen Moment anders vorgestellt. Nun war sie erleichtert, dass sie Anna in den nächsten Stunden nicht in die Augen schauen musste.

«Ich lernte Salvo mit sechzehn kennen, in der ersten Klasse der Kantonsschule. Anfänglich hatten wir wenig miteinander zu tun. Er war der Aussenseiter, der Rocker. Wir bewunderten ihn, zugleich war er uns ein bisschen unheimlich. Er hatte nur einen wirklichen Freund in der Schule: Maurizio. Sie kannten sich schon länger, machten gemeinsam Musik.»

Sie verstummte, im Rückspiegel sah sie einen Lastwagen, der bedrohlich dicht auffuhr. Sie gab die linke Spur frei, der Truck überholte, das aufstiebende Wasser seiner mächtigen Räder peitschte gegen ihre Windschutzscheibe. Sie nahm den Fuss vom Gas, der Abstand zwischen ihnen vergrösserte sich.

«Maurizio war ein schüchterner, verschlossener Junge. Aber sehr nett, wenn man ihn näher kennenlernte.»

«Du hast ihn näher kennengelernt.»

Sie warf einen Blick hinüber, Anna sass im Schneidersitz und lehnte sich gegen die Beifahrertür, das Gesicht ihr zugewandt.

«Wir wurden ein Paar. Wir gingen miteinander, wie es damals hiess.» Mitra schmunzelte bei der Erinnerung, was sie alles hatte tun müssen, bis Maurizio für die Idee eines ersten Rendezvous empfänglich wurde. «Wohin wir gingen – das ahnten wir allerdings nicht. Der Reihe nach: Maurizio spielte Schlagzeug, Salvo Gitarre und Keyboard. Sie verkrachten sich mit ihrem Bassisten. Ich bin eingesprungen.»

«Selbstverständlich.»

«Ja.»

«Du willst mir weismachen, du hättest in einer Band gespielt? Als Bassistin?»

«Wir waren nicht mal schlecht.»

«Du hast mir nie, aber auch gar nie davon erzählt!»

«Das wirst du bald verstehen.»

Sie seufzte. «Ich bin alt genug, Mutter!»

«Du bist alt genug.»

«Welche Art von Musik war das?»

«Zu Beginn Coverversionen. Amerikanischer Rock. Springsteen, Seger, was in jener Zeit gut war. Salvo reichte das nicht. Er wollte eigene Stücke komponieren. Maurizio schrieb die Texte, Salvo die Musik.»

«Und du?»

«Ich war Schiedsrichterin, wenn sich die beiden nicht einig wurden. Geschah öfters.»

«Eine Schiedsrichterin sollte neutral sein.»

«Es war nicht einfach.»

«Seid ihr ... ich meine ... ich kann es nicht fassen. Du! Seid ihr aufgetreten?»

Mitra beobachtete misstrauisch das Elefantenrennen der beiden Trucks vor ihnen. Kaum war die linke Spur frei, trat sie aufs Gas. Der vordere Transporter erhöhte beständig sein Tempo. Derselbe, der sie eben überholt hatte. «RCA» stand in grossen Lettern auf den orangenen Planen. Das Firmenkürzel kam ihr bekannt vor. Sie ordnete sich hinter ihm ein und antwortete Anna:

«Es begann mit Konzerten vor Freunden, an Schulveranstaltungen, bald in den kleinen Musikclubs der Region. Wir nahmen Demotapes auf, bombardierten damit die Veranstalter. Manchmal erhielten wir Antwort.»

«Nicht gerade überwältigend!» warf Anna ein.

«Es gab viel Konkurrenz, wir waren jung. Aber wir wurden fast täglich besser. Mit achtzehn gewannen wir einen nationalen Nachwuchspreis, kurz darauf organisierten wir eine Mini-Tournee durch die halbe Schweiz.»

«Warum habe ich ständig das Gefühl, ich werde verkohlt?»

«Weil ich deine Mutter bin. Mütter stehen normalerweise nicht auf Rockbühnen.»

«Ich stelle mir die Szene eben vor!»

«Gib dir keine Mühe, es ist lange her.»

«Ihr seid also herumgetingelt ... und du hast deinen Freund gewechselt?»

«So einfach war das nicht.»

«Gestern sagtest du ...»

«Der Schlagzeuger und die Bassistin – ist logisch, nicht? Der Sänger muss sich um die Groupies kümmern.» Der Scherz misslang ihr.

«Nur weil du sagtest ...»

«... ich möchte die Geschichte von Anfang an erzählen! Oder willst du gleich das bittere Ende?»

«Easy.»

«Tut mir leid. Ich bin nicht sehr gut in solchen Dingen.»

Mitra schloss wieder zum Lastwagen mit den orangenen Planen auf. Nach kurzem Zögern überholte sie ihn.

«Noch mal!» Annas Stimme verriet ihre Ungeduld. «Du und Maurizio – ein Duo im Trio, sozusagen. Ging das gut?»

«Meistens. Musikalisch war es sogar ein Vorteil. Die Rhythmusgruppe harmonierte perfekt. Und ich sorgte dafür, dass Maurizio der Stoff für Songtexte nie ausging.»

«Das klingt zweideutig.»

«Das ist zweideutig.» Mitra deutete ihr Lachen nur an. Sie sah Maurizio, wie er vor Konzerten mit seinen Stöcken nervös die Garderobe malträtierte, seinen Blick, wenn sie schwierigere Passagen meisterten, sein entrücktes Gesicht, wenn er abhob, sich vergass, am Schlagzeug, im Bett …

«Vorsicht!» rief Anna.

Vor ihnen leuchteten Bremslichter auf. Sie näherten sich Florenz. Der Verkehr auf der Autostrada wurde merklich dichter. Mitra sah die Ausfahrtstafel einer Raststätte und betätigte den Blinker.

«Ich brauche einen Kaffee.»

Sie suchten sich einen freien Tisch am Fenster. Anna begutachtete den Inhalt ihres panino caldo, bevor sie hineinbiss. Mitra beobachtete sie. Die Ähnlichkeit mit ihrem Vater war schon bei der Geburt offensichtlich gewesen, sie hatte sich in den letzten Jahren noch verstärkt. Anna bello *sguardo … Anna, stella di periferia …* Sie war jetzt so alt wie die Anna im Dalla-Song, nach der sie ihre Tochter benannt hatte. Einst zum Entsetzen ihrer wenigen Freundinnen, heute war der Name wieder modern. Wie würde sie ihr Geständnis verarbeiten? Das neue Bild des Vaters, der plötzlich einen Namen hatte, eine Geschichte, zu wahr, als dass sie kindlichen Wunschvorstellungen standgehalten hätte?

Was immer zwischen Gatto und ihr geschah, schwor sie sich, vernachlässigen durfte sie ihre Tochter in den kommenden Wochen keine Sekunde.

«Wie hiess eigentlich die Band?» fragte Anna mit vollem Mund.

«Triade.»

«Italienisch?»

«Auch. Griechisch ursprünglich. Für Dreiklang. Dreiheit. Oder der Begriff für eine chinesische Geheimorganisation. Die drei Unzertrennlichen. *Eravamo in tre.*»

154

«Die neue Single von Dileo.»

«Ja. Wir waren drei.»

«Siehst du, er hat dich nicht vergessen.»

«Was uns zugestossen ist, kann man nicht vergessen.»

Mitra leerte den zweiten Zuckerbeutel in ihren Cappuccino. «Die ersten zwei Jahre waren paradiesisch. Die Schule war Nebensache, wir lebten praktisch im Übungsraum. Das alte Schwesternhaus des Bezirkspitals war schon lange nicht mehr benötigt worden. Zuvor hatten Jugendbanden darin gehaust. Bis die Gemeinde es in einem Anflug von Grosszügigkeit, den sie bald bereute, den lokalen Musikern zur Verfügung stellte. Es wurde unser eigentliches Zuhause. Dort waren wir nicht mehr die Aussenseiter, alle hatten wir den gleichen Wunsch.»

«Berühmt zu werden!»

Mitra lächelte. «In unseren wildesten Träumen vielleicht. Geschafft hat es nur einer. Es hat sich früh abgezeichnet. Wir hatten Salvo manchmal fast aus dem Übungsraum in die Schule geprügelt. Es kam vor, dass er am Montagmorgen nicht auftauchte, nicht vorsätzlich, nur weil er die Zeit vergessen hatte. Irgendwie schaffte er die Schule dennoch, rettete sich jeweils mit dem knappest möglichen Notenschnitt ins nächste Semester. Maurizio leider nicht. Er war ähnlich besessen, aber viel labiler. Er musste eine Klasse wiederholen. Kurz bevor wir abschlossen, flog er von der Schule.»

«Scheisse.»

«Er war fast zwanzig, stand vor dem Nichts. Ihm passierte, was uns allen prophezeit worden war.»

«Und eure Beziehung?»

«Wurde schwieriger. Salvo und ich bereiteten uns auf die letzten Prüfungen vor, Maurizio verkroch sich im Waschhaus, schrieb Texte, kiffte, komponierte sogar, nur waren seine Lieder schlechter als jene von Salvo.

Er hätte es beim Texten belassen sollen. Das beherrschte er. Dank ihren rhythmischen Strukturen waren es ohnehin bereits Songskizzen, Salvo ergänzte sie mit entsprechenden Melodien.»

«Du hast dich von Maurizio entfernt, bist Salvo nähergekommen», fasste Anna zusammen.

«Unvermeidlich. Aus heutiger Sicht, wohlgemerkt! Damals merkten wir beide lange nicht, wohin wir steuerten. Maurizio schon, er war sensibel, eifersüchtig, bevor er ein Recht dazu hatte. Er spürte, wie sich das Gleichgewicht in der Triade verschob. Wir klebten aneinander, waren an den Wochenenden unterwegs zu Konzerten: Die gemeinsame Nervosität in der Garderobe, die Eruptionen auf der Bühne, die Euphorie nach dem Auftritt – unaufhörliche Reibungen. Sie schlugen Funken und nicht alle landeten im feuchten Gras. Zum Beispiel war es das Normalste der Welt, dass ich mich in derselben Garderobe umzog. Wie unter Geschwistern ... nur waren wir keine Geschwister. In einem solchen Moment entschied sich alles, obwohl nichts passierte. Wir waren im Studio. Ich ging nach oben, duschte, rieb mich mit Körpermilch ein, sah durch den Türspalt plötzlich Salvo. Er beobachtete mich.

«Was hast du getan?» fragte Anna widerwillig neugierig.

«Meine Haut war sehr ausgetrocknet.»

«Du hast mit ihm gespielt!»

«Du kannst dich zu gut in die Situation hineinversetzen, Tochter! Später kam er rein.»

«Und?»

«Nichts. Ich sah seine Erregung, ich spürte meine. Wir beide wussten, wir hatten die Situation mutwillig herbeigeführt, wir würden sie nicht ausnutzen.»

«Warum nicht?»

«Aus Respekt vor Maurizio vielleicht? Er übte unten verbissen die Drumparts für unsere Stücke. In diesem Moment waren wir noch eine Band.»

«Eine Illusion.»

«Wir waren drei. Drei ist einer zuviel. Sagte Maurizio später mal.» Mitra drehte abrupt den Kopf weg, blickte hinaus. «Lass uns weiterfahren, bevor wir ein Boot brauchen.»

Der Scheibenwischer kämpfte unermüdlich gegen das aufsprühende Fahrtwasser der Autos vor ihnen. Mitra schaltete ihn eine Stufe höher. Seine hektischen Bewegungen machten sie zusehends nervöser.

«Dann seid ihr nach Cortona gefahren», nahm Anna den Faden wieder auf. Sie liess nicht locker. Mitra konnte es nicht länger hinauszögern. Vielleicht half es, wenn sie die Geschichte möglichst sachlich erzählte.

«Es war wohl allen klar, was dort geschehen würde. Sogar Maurizio. Er war ja nicht blind. Ich ... ich machte mir trotzdem etwas vor. Redete mir ein, das Verhältnis mit Salvo sei nur körperliche Anziehung, die sich schnell abnützen würde. War nicht so. In den paar Tagen in Cortona verliebte ich mich. Mit Haut und Haar. Nimm jedes Klischee, von dem du je gehört hast – meine Empfindungen waren stärker. Ich kam nicht dagegen an.»

«Wie ist das, ich meine, wenn es ... Mist, du weisst, was ich wissen will!»

Mitra lächelte. Sie fragte besser nicht, wozu Anna diesen Massstab benötigte. «Menschliche Grundbedürfnisse werden zweitrangig. Du merkst erst abends: Du hast den ganzen Tag nichts gegessen! Weil es dir jedesmal vor Aufregung den Magen zusammenzieht, wenn du ihn siehst. Du lächelst zum Leidwesen deiner coolen Freundinnen den ganzen Tag. Du stellst Dinge an, für die du dich in normalen Zeiten wochenlang schämst. Du ritzt mit einer Nadel den Anfangsbuchstaben seines Namens in deinen Arm. Du bist nicht du selbst, weil du Angst hast, was du bist, genüge ihm nicht. Wenn es ganz schlimm ist, behältst du so was für den Rest deines Lebens ...» Sie nestelte mit einer Hand das Portmonnaie aus ihrer Handtasche, zog ein Stück Plastik heraus, es schützte einen Wattebausch mit einem rostroten Fleck.

«Was ist das?» fragte Anna verblüfft.

«Ein Tropfen seines Blutes.»

«Dich hatte es wirklich erwischt!»

Mitra blickte in den Rückspiegel. Derselbe Lastwagen! Unmöglich, sie hatten mindestens eine Stunde lang gerastet! Widerwillig beschleunigte sie. Sie war eine vorsichtige Fahrerin.

«Ein Blutstropfen, mein Gott!»

«Wir schnitten uns in den Arm, vermischten unser Blut. War zu jener Zeit noch möglich.»

«Und heute nervst du dich über ein Piercing!»

«Wir kehrten zurück. Im Tessin, im Rustico seiner Eltern, trafen wir Maurizio. Wir bereiteten uns auf ein Konzert im Umfeld des Filmfestivals vor. Salvo hatte Donato in Cortona kennengelernt. Dass dieser auch ans Festival musste, war Zufall.»

«Hab ich mitbekommen, als Michele es erzählt hatte.»

«Ich dachte, Settimo hätte dich vollkommen in Beschlag genommen.»

«Ich habe selten Gelegenheit, dir beim Flirten zuzusehen!»

Mitra ging nicht darauf ein. «Die Geschichte, die Michele erzählt hat, stimmt höchstens zur Hälfte. Donato war tatsächlich an einer Zusammenarbeit interessiert. Salvo bat mich, Maurizio vor dem Konzert nichts von unserer Affäre zu erzählen. Donato habe alle notwendigen Kontakte, ein etablierter Produzent, im Ausland, in Italien. Das sei unsere grosse Chance.»

«Du hast Theater gespielt.»

«Deine Bemerkung ist ein bisschen zu präzis, Tochter! Gelegentlich müssen wir mal über deine Erfahrungen in diesen Dingen reden.»

«Gelegentlich. Maurizio kam dahinter?»

«Mit Sicherheit. Ich sagte ihm nichts, wir haben uns geliebt, er sagte nichts, wir haben gekifft, er schwieg weiter. Er hat nur *La Luna* geschrieben, einen neuen Song.»

«Muss ich den kennen?»

«Wurde später Salvos erster grosser Hit. Ein Abschiedslied, verschlüsselt, kryptisch ... ein anderes Thema.»

Der orangene Lastwagen tauchte plötzlich auf, überholte sie. «Fahr ich Scheisse oder fährt der Scheisse?!» rief Mitra genervt.

Anna legte ihr die Hand auf den Arm. «Wenn dich die Geschichte zu sehr stresst ...»

«Geht schon.»Hoffte sie. Und wunderte sich, dass Anna die eine naheliegende Frage nicht direkt stellte. Schliesslich konnte sie eins und eins zusammenzählen. In ihrem Fall zwei und eins.

«Weiter. Das Konzert ... Maurizio und ich spielten trotz oder wegen allem, was zwischen uns gärte, gut. Salvo war nervös. Zu Beginn fiel er ab. Bis jene Nummer kam, die er jeweils alleine bestritt. Gesang, Gitarre, Computerprogramm. Er verlor sich in der *twilight zone,* wie wir das nannten.»

«Versteh ich nicht.»

«Ein Moment tiefster Konzentration. Dein Körper, in diesem Fall seine Hände, wird von Impulsen aus dem Unterbewusstsein gesteuert. Sportler erleben das manchmal. Musiker ebenfalls. Egal, jenes Lied hat Donato wohl auf die unselige Idee gebracht. Nach dem Konzert verschwand Salvo mit ihm. Als er zurückkam, sah ich in seinen Augen eine seltsame Mischung von Euphorie und Verlegenheit. Donato sei begeistert, sagte er, er möchte sofort mit der Arbeit beginnen, er finanziere die

Aufnahmen und handle einen Plattenvertrag aus. Ich fragte nach dem Haken an der Sache. Donato wolle nur ihn, antwortete Salvo. Über die Bassistin könne man reden, der Schlagzeuger genüge Studioansprüchen mit Sicherheit nicht.»

«Schwein!»

«Ich war nicht überrascht. Wir hatten von ähnlichen Geschichten gehört. Einem wie Donato war Aussehen und Ausstrahlung eines Musikers wichtiger als die Musik selbst. Von der Entstehung guter Songs hatten sie nicht die leiseste Ahnung! Das schlimme an der Geschichte war Salvos Reaktion. Ich sagte: Du hast ihn zum Teufel gejagt!»

«Hatte er nicht.»

«Nein. Von aussen betrachtet war es die richtige Entscheidung, nicht? Er wurde ein Star. Er hat sich seinen Jugendtraum erfüllt.»

«Ohne dich!»

«Mir geht's besser. Ich habe ein Tochter.»

«Auch wenn die gepierct ist!»Anna grinste. «Und Maurizio?»

«Maurizio ...» Mitra stockte. «Nach dem Konzert kehrten wir ins Rustico an der Quarta zurück. Wir sitzen alle drei draussen, am Fluss, rauchen, nicht nur Zigaretten, trinken. Salvo erzählt endlich, mit gesenktem Blick, was Donato gesagt hat. Maurizio schaut ihn lange an. Dann sagt er ... er sagt, keiner habe das Recht, eine solche Chance auszuschlagen. Keiner! Er steht auf. Umarmt Salvo. Küsst mich, flüstert mir ins Ohr, ein Dreiklang sei ein Missklang, bei dreien sei immer einer einsam. Rennt los. Ich verstehe, schreie Salvo an, er müsse ihn aufhalten. Maurizio ist bereits im Wagen. Wir sehen die Rücklichter, nur die Rücklichter.»

«Er ist verunfallt?» fragte Anna vorsichtig.

«Er hatte getrunken, er hatte geraucht, er war verzweifelt. Er durfte nicht mehr fahren. Wir haben ihn nicht aufgehalten.»

«Ihr konntet ihn doch nicht aufhalten!»

«Später hörten wir die Sirenen. Den Helikopter. Er war das Tal hinauf-gerast, irgendwo über der Schlucht ins Schleudern gekommen ...»

«Du glaubst, es war Absicht?»

«Ob Selbstmord oder Unfall ist unwichtig. Das Resultat ist dasselbe, die Schuld daran tragen wir. Die kann uns keiner abnehmen.»

«Ich bin mir nicht sicher.»

«Ich schon.»

Zum zweiten Mal schwiegen beide.

«Mamma?»

Mitras Hände krampften sich um das Steuer. Die Autobahn senkte sich, führte in einen Tunnel.

«Davor hattest du die ganze Zeit Angst? Ich könnte denken, du seist schuld am Tod meines ... Vaters?»

«Vielleicht, ja!»

«Das ist es nicht. Ich werfe dir vor, dass du mir nicht früher von ihm erzählt hast! Das werde ich dir so schnell nicht verzeihen.»

«Anna!»

«Verdammt, hast du dir einmal überlegt, wie sehr ich ihn vermisst habe? Wie sehr ich ihn gebraucht hätte? Ihn. Meinen Vater. Nicht Rolf.»

«Wann, Anna? Wann hätte ich es dir erzählen sollen? Es tut mir leid, dass ich es nicht früher geschafft habe. Aber es gibt für solche Dinge kei-nen richtigen Zeitpunkt!»

«Das ist eine dumme Ausrede!»

«Ich ... Anna ich ... Himmel nein, nein!!!»Die Rücklichter waren Bremslichter, der Lastwagen vor ihr stand praktisch still. Mitra riss das Steuer herum, lenkte auf die Überholspur. Der Lastwagen schlingerte ebenfalls nach links, die orangenen Planen kamen näher. Er wollte sie gegen die Tunnelwand drücken! Zu spät, schoss es ihr durch den Kopf, wieder zu spät! Sie sah die Funken zwischen Auto und Wand, hörte ein metalles Kreischen, Angstschreie, wusste nicht, ob es ihre eigenen waren oder die von Anna, hielt nur eisern das Lenkrad fest, das Bremspedal am Anschlag. Der Lastwagen löste sich von ihnen, ihr Wagen brach aus, schlingerte erst, drehte sich zweimal um die eigene Achse.

Mitra schaute in den Rückspiegel, erwartete einen Aufprall. Er blieb aus. Wenige Meter hinter ihnen kamen auch die nachfolgenden Autos zum Stehen.

«Alles okay? Anna? Du blutest!»

«Wo?» fragte Anna verwirrt.

«Da, über dem Auge!»

Mitra wischte das Blut weg, war erleichtert. «Nur eine Platzwunde, nichts Schlimmes!»Den eigenen, stechenden Schmerz in ihrer Brust ignorierend, nestelte sie die Papiertaschentücher aus der Seitenablage. Sie reichte Anna das Päckchen. Dann wollte sie aussteigen. Die Fahrertür liess sich nicht öffnen.

«Versuch's du!»

Anna hebelte auf ihrer Seite erfolglos am Türgriff.

«Wir müssen warten, bis sie uns rausholen. Komm, ich helf dir. Gib mir die Taschentücher.»

«Lass sein!»

«Anna!»

«Lass mich einfach in Ruhe! Hörst du nicht? Fass mich nicht an!»

«Ich will dir doch nur ...»

«Du hast schon genug getan. Mehr als genug!»

13. DER VERRAT

Gatto sass im Halbdunkel, hatte jedes Zeitgefühl verloren. Er musste sich mit der Situation abfinden, so unerträglich sie auch war. Sinnlos, die verbliebene Energie in Panikanfällen zu verpuffen. Er hatte sich an der Stahltür die Fäuste blutig geschlagen, sich heiser geschrien. Keine Reaktion.

Suchen würde ihn keiner.

Er wusste, wer der Strahler war. Die beiden Kerzen hatte er erst wahrgenommen, als er die Lampe ausschaltete, um die Batterien zu schonen. Sie standen zwischen den Kristallen, flackerten in der Zugluft: Ein Bild der Besinnung. Keine Fotos, kein Kreuz, nur die Kerzen ... Seit dem Tod der Tochter zünde er zwei an. Er habe Angst, die beiden Verstorbenen kämen ihm zwischen Sonne und Mond abhanden. Die Sätze waren in Gattos Gedächtnis eingebrannt.

Ein Rätsel blieb: Welche Verbindung stellte der Mann zu ihm her? Brauchte nicht selbst ein Verrückter einen Anlass für eine solche Fixierung?

Gatto lehnte sich erschöpft an die Felswand. Hätte der Strahler ihn gleich töten wollen – ein kleiner Schubs im richtigen Moment, oben am Lift beispielsweise, hätte genügt. Nein, der Mann verfolgte einen anderen Plan. So waren in der Kiste, auf der Gatto sass, keine Werkzeuge gewesen, wie er es sich erhofft hatte. Statt dessen eine akustische Gitarre, ein Notizheft, zwei Kugelschreiber, eine Petroleumlampe, deren Öffnung so klein war, dass er sie mit einer Kerze gar nicht entzünden konnte, und ein Mini-Disc-Player mit Mikrophon. Der lag zerschmettert an der Rückwand. Auch im nachhinein fand er seine Affekthandlung angemessen.

Warum schreiben Sie nicht darüber einen Song, Gatto Dileo?

Wie ein Mantra hatte er dies in seinen Mails wiederholt. Ein Lied über das kleine Mädchen, das im Regen Mutters Baum goss, eine selbstgebastelte Biene ins Krankenhaus trug, im Schlaf weinte ...

Er wollte einen Song von ihm.

Weshalb tat er ihm nicht einfach den Gefallen, kombinierte zwei Akkorde mit einigen Zeilen, und bekam möglicherweise seine Freiheit zurück? Die Vorstellung, Mitra sei in der Schlucht angekommen und suche ihn vergeblich, liess ihn verzweifeln. Aber keinesfalls wollte er sich auf Mini-Disc verewigen, sich ... überflüssig machen! Dieser Gedanke überraschte ihn. Er befürchtete, der Strahler lasse ihn in der Kluft verrotten, sobald er ihm den gewünschten Song ablieferte.

Wenn er dieselbe Logik bei Donato anwandte: Hatte er sich da nicht ebenso entbehrlich gemacht? Seinem Manager alles in die Hand gegeben? Das neue Stück, das Material für eine Abschieds-CD mit sämtlichen Verwertungsoptionen. Donato musste fast darauf hoffen, dass Gatto verschwunden blieb. Dann konnte er schalten und walten, wie er wollte. Nicht zum ersten Mal kam er auf diesen Gedanken, fiel Gatto auf. Wenn er ihn weitertrieb: Weshalb sollte Donato – in seiner verzwickten Lage – nicht zu Gatto Dileos endgültigem Verschwinden beitragen? Steckten die beiden gar unter einer Decke? Undenkbar. Der Strahler war ein irregeleiteter Gerechtigkeitsfanatiker. Er hatte Donato ebenfalls im Visier.

Gattos Überlegungen wurden immer konfuser. Er zwang sie an ihren Ausgangspunkt zurück: Wenn er ein Lied aufnehmen würde, hätte Matteo sein groteskes Ziel erreicht. Benötigte ihn dann nicht mehr, würde ihn umbringen. Also musste er den Strahler hinhalten, ihn von seiner fixen Idee abbringen. Widerstand leisten!

Ein lange vermisstes Gefühl flackerte in ihm auf. Ähnlich jener Erregung, die jede Faser seines Körpers tränkte, wenn er jeweils einen Schlüsselakkord, den Zugang zu einem neuen Stück gefunden hatte. Damit verbunden eine ungefähre Hoffnung, ebenso im Unterbewussten entstanden, die sich bald zur Gewissheit verdichtete: Er war auf dem richtigen Weg. Er rang sich etwas Substantielles ab, näherte sich der Wahrheit, einem Resultat, das späteren Überprüfungen standhielt.

Ein Rest jenes kreativen, fast sichtbaren Energiestromes also, der so oft geflossen war, wenn Gatto und Maurizio zusammen gespielt hatten. Jene Energie, die er später nur noch aus sich selbst geschöpft hatte. Bis nichts mehr da war. Bis er ausgebrannt war. Erst emotional, dann auch körperlich.

Burned out.

Das chronische Erschöpfungssyndrom. «Wenn Sie aus einer Zisterne einen Becher Wasser nehmen, sinkt der Pegel kaum», hatte ihm der Arzt nach seinem Zusammenbruch erklärt. «Wenn Sie das aber jeden Tag, über Wochen, Monate, Jahre tun, und wenn in dieser Zeit nie Regen fällt, ist irgendwann die grösste Zisterne leer.» Gatto müsse sich vorstellen, seine gesamte Energie sei gleichsam auf drei Zisternen verteilt. Eine für die emotionale Energie, eine für die geistige Energie, eine für die körperliche. Ein Musiker zehre vor allem von der emotionalen Energie. Doch der Arzt ging davon aus, dass bei einem wie ihm alle drei Zisternen leer waren. «Sie müssen in erster Linie herausfinden», hatte er Gatto mit auf den Weg geben, «wie Sie die drei wieder auffüllen können.»

Was hatte das mit seiner derzeitigen Situation zu tun? Gatto dehnte seine Glieder, so gut dies in seiner leicht gebückten Haltung ging. Zwischen dem Plan des Strahlers, den Gesetzen der Musikindustrie und dem, was ihm sein Arzt gesagt hatte, bestand eine Verbindung. An diesem Punkt musste er weiterdenken:

Gatto würde Matteo nicht das liefern, was er wollte. Die einzig richtige Entscheidung, davon war er überzeugt. Den Gesetzen der Musikindustrie hingegen hatte er sich nie widersetzt. Ein Fehler. Denn nach jeder Veröffentlichung stiegen die Erwartungen. Die Lieder gehörten nicht mehr ihm. Die Fans kamen an die Konzerte, wollten die Songs hören, die sie liebten, genau so, wie sie sie liebten. Nur wenige – Dylan, Neil Young – entzogen sich diesem Teufelskreis. Die kümmerte es wenig, was sie gestern noch wie gespielt hatten. Sie erfanden sich mit jedem Konzert neu, stürzten dabei ab, schwangen sich in neue Höhen, liessen sich nicht festlegen. Für Künstler wie sie waren Plattenveröffentlichungen nur Zwischenstationen.

Genau darin lag doch der Ausweg aus seiner Krise! Ein taugliches Schöpfgefäss für seine drei Zisternen: Alle Erwartungen beiseite wischen – die Forderung des Strahlers, Donatos Wünsche, die Verpflichtungen gegenüber der Plattenfirma und den Tourneeveranstaltern. Sich nicht mehr festlegen lassen, nur noch dem eigenen künstlerischen Instinkt und Rhythmus folgen. Der erste Schritt: Er würde kein weiteres Album mehr aufnehmen!

War ein Neustart nach dem Prinzip der Verweigerung, der Zerstörung aller Erwartungshaltungen möglich? Elektrisiert vom ersten Schimmer Hoffnung nach Monaten der Depression, überprüfte er seine Theorie am wichtigsten Beispiel: Hätte er *La Luna* nicht aufgenommen, wäre Maurizios Abschiedslied nie zur romantischen Hymne unglücklich verliebter Teenager geworden. Er hätte das Stück im Lauf der Jahre weiterentwickelt. Es wäre in diesem Karaoke-Kampfsingen, das sich Popgeschäft nannte, nicht fadenscheinig gegröhlt worden.

Es hätte seine Würde nicht verloren.

Gatto tastete im schwachen Schein der beiden Kerzen nach der Gitarre. Du fühlst dich bestätigt, Maurizio? Bei aller Verehrung: Du wärst in dieselbe Falle getappt. Weisst du noch, wie wir davon geträumt haben? Unser Song auf dem ersten Platz der Charts? Unsere Musik, die man in allen Restaurants im Hintergrund hört! Unser Videoclip auf MTV! Du hast dir das genauso gewünscht wie ich. Von der Kehrseite des Ruhms hatten wir beide keine Ahnung!

Gatto zupfte suchend Akkorde, kehrte zurück in den Garten des Rustico, damals, am Ufer der unteren Quarta, empfand Maurizios Schmerz, die Enttäuschung, erinnerte sich an die Rhythmik, die die Worte vorgaben, wich bewusst jener Fassung aus, die er sich in Donatos Haus abgepresst hatte, kurz nach der Beerdigung.

Ein Geräusch an der Stahltür unterbrach ihn. Eine Klappe wurde aufgemacht, ein Teller hindurchgeschoben. Gatto fiel auf die Knie, sammelte die Reste des Mini-Disc-Players auf, kroch zur Tür, polterte dagegen, schrie dem Strahler nach: Das hier könne er sich sonstwohin stecken! Zu seiner Verblüffung hörte er erneut das Scharren des Riegels, die Klappe gab dem Druck seiner Hand nach. Er schmiss das Resultat seiner Zerstörungswut hinaus. Wartete. Der Strahler reagierte nicht. Kein Wort. Die Tür blieb verschlossen.

Ernüchtert setzte sich Gatto auf die Kiste. Die Panini auf dem Teller schmeckten gut, er nahm es widerwillig zur Kenntnis. Mit Hilfe der beigelegten Streichhölzer konnte er die Petroleumlampe entzünden. Ihr beissender Geruch verzog sich schnell, die Luftzirkulation hier drinnen funktionierte tatsächlich. Zum wiederholten Mal streckte er die Hand aus, mass die Höhe der Höhle aus, die Breite, die Tiefe. Das Ergebnis beruhigte ihn. Nur in seiner Einbildung senkte sich die Decke langsam auf ihn herab, näherten sich die Seitenwände einander unaufhaltsam.

Aus diesem Alptraum erwachte er nicht, er musste ihn als Realität akzeptieren. Die Höhle hatte Jahrtausende überdauert, beruhigte er sich, sie würde auch in den nächsten Tagen nicht einstürzen.

Er suchte Klänge und fand Bilder. Maurizio im Rustico. Die gezwungene Begrüssung. Er allein, am Ufer der Quarta. Spuren von Mitras Fingernägeln auf seiner Haut. Die beiden andern im Haus. Brachte ihn

Eifersucht auf die Idee? Er schmeisst seine Gedanken den Kieselsteinen hinterher, sie kommen zurück, jedesmal kantiger, härter. Nein, er ist keiner jener grossmütigen, sehnsuchtsvollen Entsager! Er will sich mit Haut und Haar in der Liebe verlieren, zusammen mit ihr, wie in den letzten beiden Wochen in Cortona. Nie mehr ohne sie. Wie immer er das anstellt.

Da hat er sich schon entschlossen. Er wird Maurizio verraten.

Seine Vorstellung muss beide überzeugen, Maurizio und Mitra. Er wird sich verhalten, als überrollten die Ereignisse auch ihn.

Etwas später wieder an der Quarta, schmerzender Kopf, Mühlsteine, die seine Gewissensbisse zermalmen. Maurizio jetzt neben ihm, bietet ihm seinen Joint an, er winkt ab. Er wolle vor dem Konzert einen klaren Kopf behalten, wegen des Produzenten, Maurizio wisse schon.

«Du bist ja echt nervös.»

«Wir sind nahe dran, du Arsch! So nahe! Also schmeiss den verdammten Joint weg, konzentrier dich auf das Konzert!»

«Beruhige dich. Wenn du dich verkrampfst, spielst du Scheisse!»

Gatto widerspricht nicht. Seine Reaktion hat nichts mit Donato und dem Konzert zu tun. Er erträgt nur Maurizios Befriedigung nicht. Dessen Geruch.

Mitras Geruch.

«Gestern geschrieben.» Maurizio reicht ihm sein aufgeschlagenes Notizheft. Widerwillig nimmt es er. Der Titel *L'ultima Luna* ist halb durchgestrichen. Schon bei den ersten Zeilen wird ihm klar: Maurizio ist ein Wurf gelungen. Eine Dreiecksgeschichte mit melancholischem Ausgang. Startrampe für eine Ballade, die Sterne glühen lässt.

«Gut zum Abrocken!» sagt er.

«Hast du sie noch alle? Eine Ballade, sieht ein Blinder!»

«Überlass das Musikalische mir.»

Maurizio reisst ihm das Heft aus der Hand. Dieser Donato müsse ja ein ziemliches Arschloch sein, es färbe bereits ab.

Abends der Soundcheck in der Bar. Erst da sieht er sie wieder. Er übt Gitarrenläufe, sie kommen herein. Arm in Arm. Seine Bemerkung über ihre Verspätung ignorierend. Bei erster Gelegenheit nimmt er Mitra zur Seite. Was sie mit dem Theater bezwecke?

«Theater? Himmel, Salvo! Erklär mir, was ich tun soll! Ich darf ihm nichts sagen ... was bleibt mir übrig? Was, Salvo?»

Tränen in ihren Augen.

Gatto machte die blakende Petroleumlampe aus. Die Kerzen genügten. Die Wolldecke, die er zuunterst in der Kiste gefunden hatte, legte er sich über die Schultern. Sie half nicht. Sein Frösteln kam von innen. Wie damals. Er hatte sich die Seele aus dem Leib gekotzt. Minuten vor dem Konzert. Die Nervosität, redet er sich ein, nicht der bevorstehende Verrat. Dann die ersten Songs. Er steht neben sich, betrachtet verstört den Buben am Mikrophon, der Einsätze verpasst, dessen Stimme wackelt. Er fühlt sich schwindlig, sucht Blickkontakt mit Donato im Publikum, hofft, er würde ihn nur an seiner Solonummer messen. Mitra und Maurizio verlassen die Bühne. Er bekommt seine Gefühle in den Griff, singt besser, spürt erstmals die Zuhörer, nimmt Vibrationen auf, gibt sie in Klängen zurück. Donato nickt ihm zu, der Rest des Konzertes ist ein Kinderspiel.

Er gehe mit Donato auf ein Bier, sage ihnen nachher Bescheid.

«Sollten wir nicht alle dabei sein?» Maurizio ist irritiert.

«Besser nicht, ich habe einen Draht zu ihm. Er ... er ist etwas schwierig!»

Während er ihn aus der Bar lotst, fragt Donato, weshalb die anderen nicht mitkämen. Er erfindet eine Besprechung mit einem Schweizer Tourneeveranstalter. Also nur sie beide, in einem Strassencafé an der Seepromenade.

«Und?» fragt er ängstlich.

«Besser als erwartet, wenn ich ehrlich bin.»

«Aber nicht gut genug.»

«Doch. Entspann dich, Junge! Du benimmst dich, als hänge dein Leben von mir ab.»

«Tut es das nicht?»

Donato lacht. Verständnisvoll, redet Gatto sich ein, dabei bedient er mit seiner Unterwürfigkeit nur Donatos Eitelkeit.

«Ihr seid einen Versuch wert! Natürlich ist der Name der Band unbrauchbar. Für die Plattenaufnahmen müssten Studiomusiker gemietet werden. Einige der Stücke können wir aufpeppen, neue werden hinzukommen.»

«Weshalb Studiomusiker?» Nachhaken, Donato auf das richtige Gleis bringen, zielgerichtet, aber nicht aufdringlich.

«Kann nicht schaden, wenn euch Profis auf die Sprünge helfen. Mitra hat ja beträchtliches Potential, und eine Frau am Bass ist immer sexy, daran möchte ich gar nichts ändern.»

Gatto starrte in die Flamme der Kerze. Donato hatte ihm den Gefallen getan, leise Zweifel an den Entwicklungsfähigkeiten des Schlagzeugers geäussert. Er hatte sie für seine Zwecke ausgenutzt. Er wolle Maurizio nicht in den Rücken fallen, ein Jugendfreund, Donato verstehe das sicher, nur manchmal fehle ihm der letzte Biss, der Perfektionismus, den es brauche. Jedes Talent stosse irgendwann an seine Grenzen. Donato hatte verstanden. Ein befreundeter Drummer, der mit diesem und jenem aufgenommen habe, komme bald von der akuellen Vasco-Rossi-Tournee zurück.

Er hatte sich aufgeregt gegeben. Alle Skrupel verdrängt, seine Eifersucht geschürt. Eine Stunde lang schmiedeten sie Pläne. Donato malte ihre gemeinsame, rosige Zukunft aus. Sie verabschiedeten sich mit einer herzlichen Umarmung.

Donato mochte Umarmungen. Als könne er damit die Skepsis der Leute ersticken.

«Ob mit oder ohne Band, ich erwarte dich in vier Wochen in Cortona!» hatte er noch gesagt. «Deine Entscheidung.»

Er kann sein Doppelspiel jederzeit beenden, Maurizio mit an Bord nehmen. Die Chance, von der sie alle drei geträumt haben, der Moment, den er und Maurizio sich immer wieder ausgemalt hatten, ist da! Und fern wie nie zuvor. Ausweglos die Situation. Wenn er Maurizio nicht aus der Band wirft, verliert er Mitra. Sie würden zu dritt nach Cortona reisen, würden sich in den ersten Tagen unweigerlich verkrachen. Oder sie erzählen Maurizio von ihrer Beziehung. In der Hoffnung, er tröste sich mit der Aussicht auf eine musikalische Karriere.

Wird er nicht. Er kennt Maurizio. Ihre Chance, die einzige, wäre verspielt.

Unmöglich.

In der Bar sieht er Maurizio und Mitra, eng umschlungen, eingekreist von Bewunderern. Sie löst sich, zieht ihn an den Tresen.

«Erzähl?»

Er schweigt lange. Schaut zu Maurizio hinüber, der seinen Blick nicht erwidert.

«Du musst dich entscheiden!» sagt er.

«Ich?»

«Donato will mich, dich möchte er dabeihaben, den Schlagzeuger sicher nicht.»

«Den Schlagzeuger?! Wir sprechen von einem Menschen. Von Maurizio!»

«Ich sagte, du musst dich entscheiden.»

«Und du hast dich schon entschieden?»

Er meint nicht die Musik. Er will ein Zeichen von ihr. Ein Bekenntnis zu ihm. Aber seine Worte haben eine andere Situation provoziert.

«Das ist es nicht wert, Salvo! Wir sind eine Band. Du hast Donato hoffentlich zum Teufel geschickt!»

Er antwortet nicht.

«Scheisse! Du hast Scheisse gebaut, Salvo.»

Er konnte nicht zurück. Auch später nicht, im Garten des Rustico an der Quarta, als sie drei alleine waren. Als sie über alles hätten reden können. Nur der eine, verhängnisvolle Satz kam über seine Lippen: Donato wolle ihn, vielleicht Mitra, Maurizio nicht.

Noch heute möchte er sich einreden, er habe nur gespielt, habe eine Reaktion provozieren, das Dreieck zu einer geraden Linie machen wollen. Seine Finger suchten auf der Gitarre eine Harmoniefolge, die Maurizios Gefühle auf seiner verhängnisvollen Fahrt mit dem gemieteten Bandbus ausdrückten. Und zum Text von *La Luna* passten. Maurizio musste den Song zwischen dem nachmittäglichen Gespräch an der Quarta und dem Konzert umgeschrieben haben. Es waren kleine Änderungen, aber sie machten aus dem melancholischen Abschied einen unwiderruflichen, aus Verlangen nach Nähe Todessehnsucht. Gefühle, die Gatto erst jetzt musikalisch nachvollziehen konnte. Siebzehn Jahre hatte er gebraucht, bis er soweit war. Und einen Besessenen, der ihn in einen Felsen sperrte.

Wie Maurizio einst, fürchtete er weniger den Tod an sich als die Gewissheit, Mitra nie mehr zu sehen.

Er hatte seinen Verrat sofort bereut, weil er sah, fühlte und wusste, was in Maurizio vorging. Er nimmt seine Worte trotzdem nicht zurück. Kann nicht. Maurizio nähert sich ihm.

Gatto legte die Gitarre beiseite. Weshalb hast du nichts getan, Maurizio? Verdammt, weshalb hast du mich nicht verprügelt? Du hast dich nie gewehrt! Das war dein grosser Fehler. Es hätte so wenig gebraucht, um mir diese fatale Idee auszutreiben. Ein Schlag, ein Faustschlag hätte genügt, Maurizio!

Er schlägt ihn nicht, er küsst ihn. Sagt sehr leise, er habe nie gedacht, dass Salvo jemals wieder mit Leimkübeln hantieren würde. Das erste Mal, dass einer der beiden den Vorfall aus ihrer Kindheit erwähnt. Maurizio weiss mit Worten umzugehen! Kein Fluch, keine Beschimpfung könnten verletzender, treffender sein.

Er küsst auch Mitra. Rennt los.

Mitra schreit ihn an. Er brüllt in seiner Ohnmacht zurück: Was sie Maurizio denn von ihnen erzählt habe?!

Er wischte seine Tränen nicht ab, hing dem Ansatz einer Melodie nach, drei Töne nur, vervielfacht von den Höhlenwänden. Im Kopf hörte er die Fortsetzung: Harmonien von unerträglicher Reinheit. Widerhall seiner Gedanken.

Ein neues Geräusch kam hinzu. Das Tropfen von Wasser. Er liess den Lichtkegel der Taschenlampe durch die Höhle wandern. Eine Stelle an der Wand glänzte feucht, Rinnsale liefen herunter, sie sammelten sich in einer kleinen Pfütze auf dem Boden. Das Kribbeln in seinen Fingerspitzen kündigte eine nächste Panikattacke an. Für das, was sich da zusammenbraue, sei das Wort Regen viel zu harmlos, hatte der Strahler heute, nein, gestern gesagt. War das Unwetter losgebrochen? Bahnte sich das Wasser einen Weg durch den Fels? Unwillkürlich begann er zu rechnen, welche Mengen von Wasser es brauchte, um die Höhe zu fluten. Er rief sich zur Ordnung. Er wusste nichts über Kristallklüfte und Höhlen in Felswänden, es war unvorstellbar.

Gehörte das zum Plan des Verrückten? Wollte er ihn hier ersäufen? War das seine Rache? Ein qualvoller, langsamer Tod?

Er traktierte die Stahltür, hörte die Angst in seiner splitternden Stimme.

Minuten oder Stunden später war die Pfütze nur wenig grösser. Er hatte sich wieder in der Gewalt, war sogar kurz eingenickt, hatte geträumt, der Strahler öffne die Klappe, riefe herein: Warum schreiben Sie nicht darüber einen Song, Gatto Dileo? und war wieder aufgewacht.

Zur Beruhigung nahm er die Gitarre, spielte Akkordfolgen, verwarf Melodien. Was seine Finger hervorbrachten, hielt dem Vergleich mit dem Lied in seinem Kopf nicht stand. Doch er würde nicht aufgeben und jene Klänge finden, die Maurizios Worten zustanden. Er musste das Stück neu erfinden. Wollte, dass es die Leute hörten! Nicht unveränderlich auf einer CD. Nur live, von ihm gespielt, jedesmal einzigartig, jedesmal neu und wahrhaftig. Er schüttelte den Kopf. Vor wenigen Tagen hätte er geschworen, er werde nie wieder eine Gitarre anrühren. Jetzt, zurückgeworfen auf sich selbst, war ihm die Musik das nächste. Er hatte keine Sekunde an Lebensnotwendiges gedacht, nicht ans Essen, nicht ans Trinken. Er war Musiker. Noch immer. Trotz allem.

Die Klappe in der Stahltür ging auf. Kein Traum diesmal. Die Stimme des Strahlers verriet keine Gemütsregung.

«Das Wasser steigt, Gatto Dileo.»

14. LA LUNA

(Gatto Dileo/Maurizio Bersalo)

Vorsichtig richtete sich Mitra im Hotelbett auf, verlagerte ihr Gewicht auf die unversehrte Seite. Die Warnung des Arztes war übertrieben, die Verletzung setzte ihr nicht sehr zu. Schmerz war ihr Fachgebiet. Bei Anna hatten sich die Wehen über drei Tage erstreckt, bei Manuel über zwei. Es gab wenig, das sie noch schreckte. Zwei geprellte Rippen schon gar nicht. Ärgerlich war die damit verbundene Unbeweglichkeit – bei dem, was sie vorhatte.

Sie schaute zum anderen Bett hinüber. Im schwachen Schein der Nachttischlampe sah sie Annas Haare und das Gazepflaster über der geklebten Wunde. Die Narbe auf der Braue würde bei guter Verheilung kaum sichtbar sein, hatte der Arzt ihr versichert, der Bluterguss verschwinde in einigen Tagen. Sie lauschte auf den Atem ihrer Tochter. Ruhig. Gleichmässig. Den ersten Schock hatte sie wohl überstanden.

War sie selbst in der Lage, am nächsten Morgen in das Mietauto zu steigen? Sieben Stunden brauchten sie noch bis ins Quarta-Tal. Sie lächelte über ihre Ungeduld. Nach siebzehn Jahren kam es auf den einen Tag mehr oder weniger nicht an. Trotzdem. Sie setzte sich an den Schminktisch. Die Polizeiformulare mussten schnellstmöglich ausgefüllt werden. Ob die Versicherung den Totalschaden bezahlte? Am Unfall traf sie keine Schuld, die Frage war nur, ob die hiesige Polizei das auch so sah. Sie hatte den Lastwagen geschildert, das seltsame Verhalten des Fahrers, die orangene Plane, das Firmenkürzel RCA. Es stünde für eine der grössten Plattenfirmen Italiens, hatte ihr der Polizist erklärt. Sie war verstummt, hielt mit ihrem Verdacht zurück. Man hätte ihr ohnehin nicht geglaubt. Der Truck war spurlos verschwunden, Fahrerflucht, kein Zeuge ... Sie solle allen Heiligen dafür danken, dass die nachfolgenden Fahrzeuge rechtzeitig bremsen konnten.

Wäre Anna etwas Ernsthaftes zugestossen, hätte sie sich das nie verziehen. Die Zeit, während der ihre Tochter im Spital untersucht und behandelt worden war, hatte sie in einem Trancezustand erlebt. Schuldgefühle, Anna in diese Affäre hineingezogen zu haben, quälten sie. Und ihr ausgeprägter Gerechtigkeitssinn, die Wut auf den flüchtigen Fahrer hielten sie wach. Nicht die Schmerzen. Da quetschte sie einer gegen die Tunnelwand und konnte sich der Verantwortung einfach entziehen! Sie aber musste Formulare ausfüllen, Fragen beantworten, beweisen, dass nicht nur eine weitere übermüdete Touristin am Steuer eingenickt war. Das dachten alle Polizisten, mit denen sie gesprochen hatte: Stets kam die Frage, wie lange sie am Steuer gesessen habe.

Was hätte sie ihnen sagen sollen? Es habe sie einer von der Strasse gedrängt, weil sie die einzige war, die ahnte, wo ein gewisser Gatto Dileo steckte, Partner des öffentlich angeklagten Musikproduzenten Donato? Zusammenhänge, die nur sie erkannte. Weil sie Dinge gesehen hatte, die Donato zusätzlich zu den übrigen Anklagen belasteten.

Sie hatte geschwiegen.

Alles Hirngespinste? Der Unfall lediglich die Unachtsamkeit eines überforderten Chauffeurs?

Sie würde sich nicht einschüchtern lassen. Nur vorsichtiger sein. Wegen Anna. Sie setzte sich an den Schminktisch, beugte sich über das erste Versicherungsformular.

«Was tust du da?» fragte Anna.

«Papierkram. Schmerzen?»

«Nein.»

«Schlaf weiter. Morgen haben wir eine lange Strecke vor uns.»

«Ohne mich!»

«Mit dir. Wir müssen schnellstmöglich über die Grenze. Schlaf!»

«Du bist verrückt.»

Anna drehte sich zur Seite.

Anna blieb den ganzen folgenden Tag im Hotelzimmer. Mitra fügte sich. Sie stand sich bei der Polizei und in der Mietauto-Agentur die Beine in den Bauch, kontrollierte mehrmals ergebnislos ihre Mails. Ihre schweigende Tochter vor dem Fernseher liess sie in Ruhe. Was hätte sie auch tun sollen? Wenn eine Sechzehnjährige nicht über ihre Gefühle sprechen wollte ...

Das zermürbende Schweigen hielt auch am nächsten Morgen an. Vielleicht würde Anna auf der Fahrt zugänglicher, hoffte Mitra. Als sie sich in den Wagen setzte, entfuhr ihr ein Stöhnen.

Anna tippte sich an die Stirn. «Der Arzt würde dich medikamentös flachlegen, wenn er das sähe!»

«Deshalb solltest du schnell einsteigen.»

Mitra rückte den Fahrersitz vor, überflog das Armaturenbrett des Mietwagens, die Anordnung der Gänge, startete den Motor und fädelte in den Verkehr ein.

«Keine Angst?» fragte sie kurz vor der Autobahnauffahrt.

«Das fragst du mich?»

«Wenn man vom Pferd fällst, sollte man so schnell wie möglich wieder aufsitzen.»

«Natürlich. Und was tust du, wenn uns ein orangener Lastwagen überholt?»

Mitra lächelte. «Erinnert mich an das Spiel, mit dem ich dich als kleines Kind bei Autofahrten unterhalten habe: Wer sieht zuerst ein orangenes Auto?»

«Schon verstanden. Wir fahren und verdrängen.»

«Ist das eine Anspielung auf deinen Vater?»

«... der seit neuestem Maurizio heisst. Oder hiess.»

«Ich verstehe, dass du mir das vorwirfst. Aber sag du mir: Wann hätte ich dir die Wahrheit erzählen sollen?»

«Früher.»

«Bist du dir sicher? Hättest du die Wahrheit früher besser ertragen?»

«Weiss ich doch nicht! Und ich will nichts mehr davon hören.»

Zur Bekräftigung steckte sie sich die Stöpsel ihres Discman in die Ohren.

Mitra verhinderte es nicht. Annas Schweigephasen wurden bereits kürzer, ihre schroffe Ablehnung wandelte sich in Trotz. Schon bald würde ihre Neugier überhandnehmen.

Zwei Stunden später nahm Anna die Ohrstöpsel heraus.

«Sein Grab!»sagte sie unvermittelt, «Liegt das dort, wo wir hinfahren?»

«Nein. Auf dem Waldfriedhof. Dort, wo wir aufgewachsen sind.»

«Auch das hättest du mir sagen müssen. Und ... und du hast mir in all den Jahren nie ein Foto gezeigt!»

Mitra seufzte. «Wenn du eines gesehen hättest, hättest du sofort gewusst ... nein, du hörst mir jetzt einen Moment lang zu, Anna! Vielleicht hätte ich dir früher sagen sollen, wer dein Vater ist. Ich konnte es nicht. Und du – du hast deine eigene Geschichte erfunden. Ich habe sie nur weitergesponnen, vielleicht war das ein Fehler. Erinnerst du dich an deine Pippi-Langstrumpf-Phase? Als wir einen Sommer lang jeden Sonntag auf der Schlangeninsel in der Aare verbracht haben?»

«Was hat das damit zu tun?»

«Jedesmal, wenn wir dort waren, haben wir eine neue Flaschenpost gebastelt. All die Briefe an deinen Vater – du hast damals wirklich geglaubt, er erhalte sie. Hätte ich dir erzählen sollen, dass sie einige Kilometer fluss-abwärts im Rechen des Stauwehrs landeten. Und nicht bei ihm im Taka-Tuka-Land?»

Anna antwortete nicht.

«Versteh mich richtig, ich suche nicht nach einer Entschuldigung! Aber ich möchte, dass du meine Seite auch ein bisschen verstehst. Und ... nein, such mal mein Portemonnaie heraus.»

Anna drehte sich nach hinten, kramte in Mitras Handtasche auf dem Rücksitz.

«Im Seitenfach mit dem Reissverschluss.»

Etwas später blickte sie hinüber. Anna betrachtete das verblichene Bild.

«Ich gleiche ihm. Das hast du gemeint!» sagte sie endlich.

«Wie ein Ei dem anderen! Glücklicherweise.»

«So warst du sicher, wer der Vater ist.»

«Stimmt», gestand sie verdutzt. «Du kombinierst schnell!»

«Liegt auf der Hand. Es muss ja kurz vor seinem Tod passiert sein.»

«Am Tag, an dem er starb. Bei unserem Wiedersehen im Rustico an der Quarta. Am Nachmittag vor dem Konzert. Ich war verwirrt, aufge-wühlt, wir haben zuwenig aufgepasst.»

«War besser so.»

«Weshalb?»

«Sonst gäbe es mich nicht. Aber das hast wohl oft genug bereut.»

«Anna! Wie kannst du das denken!»

«Du warst zwanzig. Ich habe dir deine Pläne versaut.»

«Blödsinn. Natürlich hatte ich Angst. War unsicher. Doch spätestens nach der Geburt waren alle Zweifel verflogen.»

Mitra konzentrierte sich auf ein Überholmanöver, bevor sie weiter-sprach:

«Auch wenn Maurizio noch leben würde – wir wären schon lange nicht mehr zusammen.»

«Warum nicht?»

«Das mit Maurizio war eine jugendliche Schwärmerei. Geliebt habe ich Salvo.»

«Was willst du damit sagen? Ich hätte meinen Vater ohnehin nicht kennengelernt!»

«So war das nicht gemeint. Ich wollte nur ... ach, Scheisse: Du weisst genau, wie schwer es für mich war. All die Jahre! Ohne einen, der ...»

Sie verstummte.

Als Anna wieder etwas sagte, klang ihre Stimme ein wenig freundlicher: «Hast du dir mal überlegt, ob es Schicksal war. Ich meine ... er stirbt, kurz nachdem ihr mich ... nun: gezeugt habt?»

«Was denkst du?»

«Ich weiss nicht, ich dachte nur ... Wenn es etwas wie Vorbestimmung gibt, sind wir in solchen Dingen machtlos, und du hast folglich keine Schuld an seinem Tod!»

«Lieb von dir, aber ich lebe seit siebzehn Jahren damit.»

«Vielleicht ist das dein Problem.»

Mitra seufzte. Sie hatte die jugendliche Unbekümmertheit auf einen Schlag verloren. Hoffentlich bewahrte sich Anna die ihre länger.

«Was macht dein Auge?»

«Schmerzt. Deine Rippen?»

«Schmerzen.»

«Ich muss mal.»

«Ich auch. Kaffeehalt.»

Mitra schluckte zwei Tabletten, spülte sie mit Kaffee hinunter. Lockerte ihr verspanntes Genick. Ein Zeichen, wie sehr sie das Fahren mitnahm.

Bei jedem Wagen, der etwas schnell aufschloss, versteifte sie sich, bei unumgänglichen Überholmanövern trat ihr Schweiss auf die Stirn. Ihr schien, heute seien dreimal mehr Lastwagen unterwegs als üblich. Natürlich war es fahrlässig, so kurz nach dem Unfall weiterzuhetzen. Sie hatte ihrer Unruhe nachgegeben. Mit jeder Faser ihres Körpers zog es sie zu Salvo, als ... als folge sie unhörbaren Hilferufen.

Unschlüssig fingerte sie an ihrem Handy. Am Vortag hatte sie ihre Eltern angerufen, es gehe ihnen gut, bis auf kleine Schwierigkeiten mit dem Auto. Nein, sie bräuchten sich keine Sorgen machen, sie wären auf dem Rückweg ins Tessin. Ob Manuel wach sei? Weil er eben erst ins Bett verfrachtet worden war, hatte sie darauf verzichtet, seine Stimme zu hören, er hätte sonst die Grosseltern eine weitere Nacht lang auf Trab gehalten. Vom Unfall erzählte Mitra nichts. Ihre Mutter hätte die Rettungskolonne in Bewegung gesetzt, den Rega-Helikopter geordert, kein Auge mehr zugetan ...

Auch Rolf wusste nichts von ihrem Unfall. Mit ihm sprechen konnte sie nicht, er würde es ihr anhören, dass etwas nicht stimmte, auf seine beharrliche Art nachfragen, bis sie alles gestand – vom Ehebruch bis zum Totalschaden des Autos! Keine Themen für ein Telefongespräch, beschloss sie und tippte eine möglichst unverfängliche SMS-Nachricht:

Neue Pläne, fahren zurück ins Tessin, bleiben einige Tage da, kommen dann nach Hause.

Was wollte sie Rolf belasten, aufreibende Auseinandersetzungen konnten warten, bis klar war, ob sich eine Generalbeichte überhaupt lohnte.

«Hast du allen Bescheid gesagt?» Anna war mit einem Teller voll Patisserie zurückgekommen. Ihr Appetit wenigstens hatte nicht gelitten.

«Ja.»

«Wie hat Rolf reagiert?»

«Ich halte ihn über alles auf dem Laufenden – in homöopathischen Dosen.»Das Handy meldete ein SMS.

Alles in Ordnung???

Die drei Fragezeichen waren deutlicher Ausdruck wachsenden Misstrauens.

Alles bestens!

schrieb sie.

«Homöopathisch?»

«Eine kleine Notlüge kann manchmal viel Ärger ersparen.»

«Wenn wir Gatto Dileo finden, kommst du mit Notlügen nicht mehr weiter.»

«Soll ich darauf verzichten? Im Ernst, sag du es mir!»

«Schieb die Verantwortung für deine Entscheidungen nicht auf mich ab!»

«Tu ich nicht. Aber du bist mir wichtiger. Wenn du nach Hause willst, fahren wir nach Hause.»

«Würde das irgendwas ändern?»

Im Shop des Autogrill kauften sie Binden und Tampons, obschon Mitra meinte, die Aufregung hätte Annas Hormonhaushalt genügend durcheinandergebracht und sie habe wohl noch einige Tage Ruhe. In einem Gestell neben der Kasse wurden die schlimmsten Verbrechen der jüngeren Popgeschichte auf Kuschelrock- oder Viva-Italia-Samplern angeboten. Mitra klapperte sich zerstreut durch die Plastikhüllen, stiess dabei auf Gatto Dileos *Greatest Hits*.

Der Kauf hatte sich gelohnt. Anna war verstummt. Durch die Kopfhörer des Disc-Mans klang gedämpft Salvos Stimme. Wieder dieses Echo aus der Vergangenheit. Der Mietwagen hatte keinen CD-Player, sie konnte ihren eigenen Gedanken nachhängen, während Anna erstmals bewusst die Songtexte ihres Vaters hörte. Sie finde im Booklet seinen Namen gar nicht, hatte sie eben protestiert. Mitra konnte ihr nicht erklären weshalb. Ein weiterer Punkt, den ihr Salvo erklären musste! Seine Reue in dieser Hinsicht hatte er in der Konzertansage angedeutet. Würde sie mithören, könnte sie Anna bei jedem Song erklären, wo der Text entstanden war, für welche Lieder nur Wortspiele von Maurizio den Anstoss gegeben hatten und welche Salvo Wort für Wort aus Maurizios Notizbuch übernommen hatte.

Gestohlen hatte.

Wie würde er reagieren, wenn plötzlich Maurizios Tochter vor ihm stand? Er schuldete ihr Millionen. Genaugenommen. Aber ausser in ihrem Gesicht stand nirgendwo geschrieben, dass Maurizio ihr Vater war. Rechtlich hatte sie nichts in der Hand. Sie mussten darüber sprechen. Nicht weil sie das Geld wirklich wollte. Sie ahnte nur, was in Salvo vorgehen würde, wenn er erfuhr, was er dem Mädchen vorenthalten hatte.

Auch sie war schuld daran. Ihr Starrssinn. Damals, zwei Monate nach dem Unglück. Sie hätte den Schwangerschaftstest früher machen können. Sie wollte es nicht wahrhaben. Redete sich ein, die Trauer sei Grund genug für ihre ausbleibenden Tage, bald würde sich Salvo melden, gemeinsam könnten sie das Geschehene verarbeiten. Ein Trugschluss. Die Illusionen zerbröckelten, das Kind in ihr wuchs. Wie oft hatte sie den Telefonhörer aufgelegt, nachdem sie die Nummer von Salvos Eltern gewählt hatte? Es wäre ein leichtes gewesen. Sie hätte ihn schnell gefunden.

Andererseits ... sie hatte geahnt, wer der Vater war. Es musste so sein. Schicksal nannte es Anna, ihr war es wie eine Chance zur Wiedergutmachung erschienen. Eine lebenslange Aufgabe. Oft war sie ihr nicht gewachsen gewesen. Sie hatte Anna ihren anderen Grosseltern vorenthalten. Wenige Wochen nach Maurizios Tod waren sie in ihr Heimatdorf in Süditalien geflüchtet und nicht mehr zurückgekehrt. Die Mutter zerbrach am Verlust ihres Sohnes, starb an einem Leiden, für das die Ärzte keine Ursache fanden. Ein halbes Jahr nach dem Unglück. Bei Maurizios Vater einigten sich die Spezialisten auf die Diagnose Krebs. All das erfuhr sie erst an Annas viertem Geburtstag. Sie hatte einen Anlauf genommen, den Kontakt nach Italien geknüpft. Zu spät. Sie bereute ihr Versäumnis. Um so mehr, weil sie täglich die Unentbehrlichkeit ihrer eigenen Eltern erlebte.

In den wenigen ruhigen Augenblicken, die sie zwischen Studium und Anna fand, träumte sie sich Salvo herbei. Sie hätten das Kind gemeinsam aufziehen können, im Gedenken an Maurizio. Eine kleine, beschädigte, glückliche Familie. Ihre Tochter trieb ihr diese letzte Illusion aus. Sie war kein Vermächtnis. Sie war Anna, ein aufgewecktes, übersprudelndes Mädchen. Sie beanspruchte sie in jeder Sekunde. Ihren Vater vermisste sie in den ersten drei, vier Jahren nie. Das kam erst beim Spiel mit anderen Kindern. Worauf sie sich einen Papa erfand, der ihren Spielgefährten trotz steter Abwesenheit mächtig Eindruck machte. Mal schilderte sie ihn als Schiffskapitän, mal als Lokomotivführer im Dschungel Afrikas oder als Schlossherr in Annabethanien. Oder eben als Papa Langstrumpf im Taka-Tuka-Land.

Abends vor dem Einschlafen fragte sie Mitra, weshalb er nicht hier sei, ihr Vater.

Wie hätte sie dem Mädchen die Wahrheit sagen sollen? Sie hatte es nicht über sich gebracht. Gehofft, Anna würde mit der Zeit selbst dahinterkommen, was sich in den Geschichten versteckte. Jetzt bereute sie ihre Feigheit.

«Wenn die Jahresangaben stimmen ...»

Mitra unterbrach Anna mit einer Handbewegung.

«Was?»

«Wenn du die Kopfhörer abnimmst, musst du nicht schreien.»

«Nochmals: Wenn die Angaben hier stimmen, ist das Lied *La Luna* gleich alt wie ich!»

«Wenn Salvo ehrlicher gewesen wäre, hätte er die Jahresangaben aller Songs angepasst. Nur hätte er dann erklären müssen, weshalb er stets altes Material verwendete.»

«Das alles hat wirklich mein Vater geschrieben?»

Mitra war erstaunt, wie selbstverständlich Anna plötzlich das Wort «Vater» über die Lippen brachte.

«Ehrlich gesagt ist das ein weiterer Grund dafür, dass ich dir nicht früher von ihm erzählt habe. Seine Texte strotzen nicht gerade vor Lebensfreude – vorsichtig ausgedrückt.»

«Und *La Luna* ist sein Abschiedslied:

Forse viene il giorno
anima mia
quando ci ritroviamo
intanto me ne vado
me ne vado per sempre
e poi ti aspetto
dietro una tendina di stelle
ti aspetto, anima mia,
dietro quell' ultima luna.

«Vor unserem letzten Konzert hat er mir eine andere Version vorgelesen. Sie war romantischer, nicht so endgültig.»

«Salvo hat den Text nach Maurizios Tod umgeschrieben?»

«Oder es gab verschiedene Fassungen.»

«Vielleicht kommt der Tag, an dem wir uns wiedersehen», übersetzte sie langsam. «Ich gehe, gehe für immer und warte auf dich – *dietro una tendina di stelle* – was heisst tendina?»

«Vorhang.»

«Ich warte auf dich, hinter einem Vorhang aus Sternen ... ich warte auf dich, hinter jenem letzten Mond.»

«Ein verhängnisvolles Lied ist es auf jeden Fall.»

«Verhängnisvoll für wen?»

«Für uns drei natürlich. Aber leider nicht nur das: Ich habe Artikel über Teenager in Italien gelesen, denen es zu gut gefiel. Sie nahmen sich ein Beispiel daran!»

«Sie haben sich umgebracht?»

«Mit diesem Lied als Soundtrack.»

«Schwachsinnig. Ist doch nur Musik.»

«Eben. Ich bin erleichtert, dass du das so siehst. Wäre vor drei, vier Jahren vielleicht anders gewesen! Es braucht manchmal wenig für eine falsche Entscheidung.»

Anna war tatsächlich aufgetaut. Mitra freute sich darüber und wappnete sich für den nächsten Rückschlag. Anna zitierte weitere Stellen aus Maurizios Songs, Mitra half ihr bei der Interpretation nicht, übersetzte nur Stellen, die Anna sprachlich nicht verstand. Sie sollte sich ihre eigenen Gedanken machen.

Die Texte waren das einzige, das ihr Vater hinterlassen hatte.

Sie näherten sich der Agglomeration von Mailand, der Verkehr wurde dichter, die Ausschilderung verlangte volle Konzentration. Bisher war zu ihrer Erleichterung nichts passiert. Kein Lastwagen auf der ganzen Strecke, der jenem anderen glich, keine unerklärlichen Fahrmanöver, zumindest wenn man die italienischen Gewohnheiten auf der Autostrada im Hochsommer berücksichtigte. Sie waren früh genug aufgebrochen, passierten Mailand vor dem schlimmsten Feierabendverkehr. Mitras nächste Sorge galt der Zollkontrolle. Mit einem Mietwagen war sie noch nie über die Grenze gefahren. Sie riet Anna, ein bisschen leidender auszusehen, vielleicht müssten sie Theater spielen. Ihre Sorge war unbegründet. Nach einem kurzen Blick des Beamten in Pässe und Wagenpapiere wurden sie freundlich weitergewinkt.

Mitra atmete auf, gleichzeitig begann ihr Magen zu rumoren.

In etwas mehr als einer Stunde waren sie an der Quarta.

Hatte sie Gattos Mail richtig interpretiert?

Nach Lugano verliess sie die Autobahn, überquerte den Monte Ceneri auf der alten Passstrasse. In den Kehren talwärts erinnerte sie sich an eine Bar im Städtchen, unweit der Piazza Grande, wo man für fünf Franken surfen konnte, begleitet von Vasco-Rossi-Songs aus der Jukebox. Selbst heute noch.

Ihre Mailbox war bis auf einen dieser sinnlosen Newsletters des Providers leer. Enttäuscht startete sie die Google-Suche nach einer Unterkunft im Tal. Zehn Minuten später bezahlte sie den Espresso und die Internetgebühr, spazierte zum parkierten Wagen zurück, jede abrupte Bewegung vermeidend. Ihre Rippen schmerzten stärker. Sie wunderte sich über die fast unerträgliche Schwüle. Es hatte geregnet, die Strassen waren nass. Und weitere, gewaltige Gewitterwolken türmten sich bereits wieder über den Tälern auf.

Anna wachte erst auf, als sie den monströsen Verkehrskreisel ausserhalb des Städtchens hinter sich hatten.

«Wo sind wir?» fragte sie.

«An der Quarta. Du warst eingeschlafen, ich habe in einer Internet-Bar meine Mailbox gecheckt. Nichts.»

«Seltsam.»

«Oder nur logisch. Wenn Donatos Leute mich von der Autobahn drängen wollen, werden sie wohl kaum meine Mails an Salvo weiterleiten.»

«Das war ein Unfall! Ein ganz normaler, dummer Unfall!»

«Vielleicht.»

Die Strasse überwand mit Hilfe zweier Brückenkonstruktionen die untere Quarta-Schlucht am Fuss des Monte Valsano. Bei der Abzweigung des Strässchens zum Rustico hatte Mitra stur auf die Strasse geschaut. Auch jetzt beachtete sie die Umgebung nicht. Ihr Interesse galt dem Schweinwerferpaar im Rückspiegel. Seit dem Kreisel folgte es ihr im stets gleichen Abstand.

«Ziemlich endlos, das Tal.» Anna hatte die Karte auf ihren Knien auseinandergefaltet.

«Wie heisst das letzte Dörfchen kurz vor dem Ende der ausgezogenen Strasse?»

«Bosco Valle.»

«Genau. Dahin fahren wir.»

«Weshalb?»

«Ich habe dort ein Zimmer reserviert.»

«Wann, um alles in der Welt, hast du das getan?»

«Eben. Via Internet. Ein kleiner Familienbetrieb bietet Zimmer in umgebauten Rustici an. Eine verblüffende Website übrigens. Inklusive Online-Reservation.»

«Weshalb gerade dort?»

«Der einzige Google-Treffer für das Quarta-Tal. Wir können unsere Suche ebensogut oben beginnen.»

Mitra trat auf die Bremse. Die Kurven wurden enger, in jeder vierten sah sie Kreuze, Sträusse, Kerzenlichter. Mahnmale für Geschichten, die ihrer eigenen glichen. Sie dachte nicht weiter. Es half niemandem, wenn sie rührselig wurde.

Als sie das Ortsschild passierten, war der Wagen hinter ihnen verschwunden. Mitra atmete auf. Nach kurzer Suche fand sie das Hinweisschild auf die Rustici, es verwies sie auf den Dorfladen. Er war geschlossen. Anna drückte auf eine Klingel, kurz darauf öffnete eine Frau in Mitras Alter die Tür.

«*Buona sera*. Ich habe reserviert.»

«Ja?»

«Via Internet.»

«Ja dann! Ein Hobby meines Sohnes. Aber folgen Sie mir doch!»

Sie führte sie um das Haus. Ein schmaler Pfad schlängelte sich durch die verdorrte Wiese zur Quarta hinüber. Er führte an zwei Rustici vorbei, beim ersten blieb die Frau stehen. Sie öffnete die Tür, machte das Licht an.

«Bitte! Für das Frühstück ist jeder selber besorgt. Alle Lebensmittel erhalten Sie im Laden.»

«Gibt es hier einen Arzt?»

«Nein. Brauchen Sie einen?»

«Nicht dringend. Gelegentlich sollte jemand den Heilungsverlauf kontrollieren.» Sie deutete auf Annas Augenbraue.

«Nicht nötig», protestierte ihre Tochter.

«Lassen Sie mich mal sehen, ich bin ausgebildete Krankenschwester.»

Die Frau zog ohne weitere Umstände das Pflaster weg, untersuchte die Wunde. «Gute Arbeit. Machen Sie sich keine Sorgen, das wird problemlos verheilen.»

«Danke.»

«Vielleicht wird es etwas unruhig heute nacht. Wenn die Bauern recht bekommen, gibt es ein Jahrhundert-Gewitter. Einen kleinen Vorgeschmack hatten wir heute bereits.»Prüfend blickte sie zum Himmel hoch. «Na, vielleicht auch nicht. Wir warten seit Wochen auf richtigen Regen. *Buona notte!*»

15.   DER VORSCHLAG

Gatto hatte sich ein wenig beruhigt. Er war eingesperrt, doch was änderte das? Gefangen war er schon lange. Die Stahltür war nur ein weiteres Symbol, an seiner Situation änderte sie nichts.

Sein Arzt hatte klarere Worte gefunden. Wer am chronischen Erschöpfungssyndrom leide, zweifle, ob er jemals wieder das tun könne, was ihm zuvor wichtig gewesen war.

Konnte er mit dem leben, was er bisher geschaffen hatte? Konnte er damit ... sterben?

Im Grunde spiegelte seine Ohnmacht in den letzten Wochen nur seine Verzweiflung während den Aufnahmen zum ersten Album vor siebzehn Jahren. Er hatte keine Texte schreiben können. Gatto starrte in die schwarzen Pfützen, sie spiegelten die Flammen der Petrollampe und der Kerzen. Donato hatte ihn damals bereits als Fehlinvestition abgeschrieben. Selbst die Fremdkompositionen, die er von befreundeten Fliessbandschreibern erbettelt hatte, klangen in Gattos Arrangements erbärmlich. Eine aussichtslose Situation. Bis er Maurizios Songbook erhalten hatte! Später wurde es zum Fluch, doch damals war es ein Geschenk des Himmels. Zehn Tage schloss er sich im Studio ein. Verbat sich jede Einmischung. Fütterte den Computer mit Maurizios Drumsounds – glücklicherweise hatte das Studio, in dem ihre ersten Demotapes entstanden waren, einige der Basisbänder behalten. Die unumgänglichen Bassparts übernahm er selber. Er richtete den Raum exakt so ein, wie es im alten Waschhaus ausgesehen hatte: dieselbe Aufstellung der Instrumente und Mikrophone. Wählte zwölf von Maurizios Texten aus, darunter dessen letzte Bearbeitung von *La Luna*. Hielt sich an Maurizios rhythmische Strukturen, schrieb Melodien, arrangierte die entstehenden Lieder so, dass er alles aufnehmen und später auf der Bühne alleine spielen konnte.

Neue Musiker hätte er nicht ertragen. Die Leere des Studios füllte er mit Selbstgesprächen: Er stritt sich mit Maurizio, liess Mitra vermitteln, beurteilte jedes Zwischenresultat aus drei strikt getrennten Perspektiven, machte Kompromisse, einigte sich mit seiner imaginären Band auf die endgültige Version. Die Arbeit unterbrach er nur für seinen allabendlichen Versuch, Mitra anzurufen.

Spätestens wenn es bei den Gagliardos klingelte, verliess ihn der Mut. Ein einziges Mal hielt er der Angst stand. Er wartet. Mitra meldet sich. Er bringt kein Wort heraus, sie quittiert das Schweigen mit einem verächtlichen «Fick dich!», hängt auf. Seiner Verzweiflung gibt er in Briefen Ausdruck. Doch die Sprachlosigkeit holt ihn auch hier ein. Denn früher oder später erreicht er immer den Punkt, an dem er seinen Verrat offenbaren muss.

Sie hätte ihm nicht verziehen.

Und jetzt?

Einem Geständnis konnte er diesmal nicht ausweichen. Wenn er sie wiedersah.

Falls der Strahler zur Vernunft kam.

Er käme für das Abschiedskonzert zurück, hatte er seinem Hinweis auf das steigende Wasser beigefügt und die Klappe wieder geschlossen.

Unter Abschiedskonzert verstand er wohl etwas anderes als Donato und seine Marketingspezialisten.

Das einsickernde Wasser sammelte sich in den Vertiefungen des Bodens, stieg langsam, aber stetig. In seiner Erschöpfung schienen ihm die Ereignisse der letzten Tage folgerichtig. Der Strahler führte ihm nur die letzte Konsequenz seines Ausstiegs vor Augen. Im Grund sprach wenig gegen seinen Tod. Er war der Schuldgefühle müde. Er wurde sie nicht los, solange er lebte. Weshalb sie länger ertragen?

Für Mitra?

So leicht würde sie sein Haus nicht finden. Alle Spuren waren verwischt.

Maria schaut vorwurfsvoll auf ihn herab, Gatto bekreuzigt sich flüchtig, geht ans sandgefüllte Becken. Verlorene, abgebrannte Stummel. Vom Gestell daneben nimmt er eine neue Kerze, steckt sie in den Sand, will sie anzünden. Der Docht brennt nicht. Er versucht es erneut. Vergeblich. Unter Marias strengem Blick eilt er in die hinterste Bankreihe, sinkt in die Knie, betet um Vergebung, er habe früher kommen wollen, hätte sich nicht getraut, wolle Busse tun. Mit schmerzenden Knien zurück zum Kerzenbecken. Auch dieser Versuch schlägt fehl. Er tritt vor den Altar, verzweifelt. Was er denn noch tun müsse? Mitra antwortet nicht, er findet Mitleid in ihrem Blick, aber sie antwortet nicht.

Gatto schreckte aus dem Halbschlaf auf. Seine Füsse waren eiskalt. Das Wasser reichte ihm bis zu den Knöcheln. Er zog die Schuhe aus. Watete gebückt zur Rückwand der Höhle. Einige Minuten später und die Kerzen des Strahlers wären erloschen. Er stellte sie auf einen hüfthohen Felsvorsprung, kehrte zurück zur Werkzeugkiste, brachte die Gitarre ins Trockene, setzte sich, mit den Armen seine Knie umschlingend. In der Chiesa di San Francesco war er tatsächlich gewesen. Nach dem grossen Open-air-Konzert in Cortona, während der Tour del ringraziamento. Den einen Gefallen hatte ihm Donato damals mit seiner verrückten Idee getan: Er konfrontierte ihn Tag für Tag mit der Vergangenheit. Der stete Vergleich zwischen seiner ersten und seiner letzten Tournee kulminierte in Cortona. Das erste Konzert dort war mehr ein Testlauf gewesen. Die zwei-, dreihundert Zuschauer kannte Donato wahrscheinlich persönlich, sie hatten sich auf den Natursteinen des Amphitheaters eingerichtet. Er stand unten auf der runden Wiese, im Licht zweier behelfsmässiger Spots, sein erstes Konzert ohne Band. Keine Hilfe, kein ermunternder Blick von Mitra ...

Siebzehn Jahre später sperrten sie alle Strassen Cortonas für ihn ab. In Italien die höchstmögliche Ehre. Vielfarbige Scheinwerfer verwandelten den Palazzo Civico in ein Märchenschloss. Der riesige Bühnenaufbau verschandelte die Piazza della Repubblica seit Tagen, keiner beklagte sich darüber. Jeder Schritt, den Gatto an jenem Abend tat, wurde von unzähligen Kameras verfolgt. Das Konzert bestritt er im Gegensatz zu den vorherigen nicht alleine. Donato hatte für die DVD *Gatto Dileo – Il ritorno a Cortona* die besten Musiker, mit denen sie jemals gearbeitet hatten, zusammengetrommelt. Fünfzehntausend Zuschauer drängten sich auf der Piazza, auf der Himmelstreppe des Palazzos, in den Seitenstrassen, auf den Balkonen der Häuser rundum, angeseilt auf Dächern, doch er sah immer dasselbe Bild, wenn er in die Menge schaute: Die grosse Rathaustreppe direkt gegenüber der Bühne, leer, bis auf Mitra, er hinter ihr sitzend, seine Hand verdeckt hinter ihrem Rücken. Im nächsten Augenblick stand er neben sich, betrachtete mit Abscheu diesen Sänger, der keine Pose ausliess, der auf die Knie fiel, die Arme ausgebreitet, den Kopf ins Genick geworfen, die Absolution des aufbrandenden Applauses erbettelnd, aufsprang, wie ein Irrwisch über die Bühne jagte, sich ins nächste Duell mit dem Leadgitarristen stürzte. Der grosse Rockstar – bis zum nächsten Blick hinaus, zur Treppe, wo Mitra sass, und hinauf zum Himmel. Hinter dem Sternenvorhang Maurizio. Dieselbe Verlorenheit wie einst im Amphitheater.

Dann Donatos Entsetzen! Die Enttäuschung der Fans: Er hatte *La Luna* von der Setliste gestrichen. Nutzte die Verzückung aller, als die letzte Zugabe in den Auftakt des halbstündigen Feuerwerkes mündete, und verschwand. Irrte ziellos durch die Gassen, hoch Richtung Theater, weiter, ausgehöhlt, erschöpft, aufrecht gehalten nur vom übriggebliebenen Adrenalin.

Vor San Francescos Kirche hatte er sich wiedergefunden.

Die Tür war offen, er ging hinein, liess sich auf die hinterste Bank fallen. Er hätte zurückgehen können. Der gefeierte König der grossen Party. Wie so oft hätte sich eine Willige gefunden, die seine Erinnerungen unter ihrem Körper erstickte. Wie immer wäre das Unausweichliche geschehen: Ihr Gesicht hätte Mitras Züge angenommen, die Seifenblase wäre zerplatzt.

Nicht anders als siebzehn Jahre zuvor beim ersten Konzert im Amphitheater. Pardo und Donato hatten die letzten Kabel aufgerollt. Er bleibe noch einige Minuten, treffe sie später beim Turco, rief er ihnen zu. Die Frau hatte keine Umschweife gemacht. Sie wolle es mit ihm tun, gleich hier, auf dem Rasen, wo er unbeschreiblich schön gesungen habe. Er erinnerte sich nicht mehr an ihren Namen. Nach dem Konzertende war sie einfach sitzengeblieben, hatte ihn unverwandt angeschaut. Er ignorierte sie erst, spielte schliesslich mit, sie war schön, er mochte ihre langen Haare. Ein tröstender Schleier, als er unter ihr im trockenen Sommergras des Theaters lag.

Er war weit gekommen, hatte er in jener Kirche gedacht. Spielte perfekt den Star, den die Menge an diesem Tag bejubelt hatte.

Er war keinen Schritt weitergekommen.

Das Spiel war aus.

Am Becken hatte er drei Kerzen angezündet. Eine für Maurizio, zwei für seine Eltern. Drei.

Gatto blickte unwillkürlich zu den Kerzen des Strahlers. In diesem Moment öffnete sich die Stahltür und Matteo schlüpfte herein. Er liess Gatto nicht aus den Augen. In der einen Hand hielt er eine Pistole. Er drückte die Tür zu, schob den Riegel vor, fixierte ihn mit einem Vorhängeschloss, dessen Schlüssel er in die Brusttasche seines Hemdes steckte.

«Hier lässt sich das Wasser mehr Zeit», stellte er sachlich fest. «In der vorderen Höhle steht es so hoch.» Er deutete auf seine Beine, die Hose war bis zu den Knien hinauf nass. Er setzte sich Gatto gegenüber auf ein Felsband, das knapp über dem Wasserspiegel der Wand entlanglief. Die Pistole legte er auf einen anderen Felsvorsprung neben seiner Schulter.

«Woher kommt das Wasser?» fragte Gatto.

Der Strahler schaute ihn erstaunt an. «Ach ja, Sie haben es gar nicht mitbekommen. Die Sintflut hat begonnen. Das Wasser sucht sich einen Weg durch den Fels. In etwa fünf Stunden wird es hier alles gefüllt haben.» Er lächelte. «Wenn diese Tür geöffnet wird, schon früher. In die vordere Höhle läuft mehr Wasser, der Zwischengang wird bald unter Wasser stehen. Aber das sind nur Schätzungen, ich habe mich nie hier drin aufgehalten, wenn es gefährlich wurde.»

«Wie lange bin ich schon hier?»

«Ein Tag? Zwei? Drei? Spielt keine Rolle. Wenn man alleine ist, werden Stunden zu Tagen und Monate zu Jahren. Wer wüsste das besser als ich!»

«Sagen Sie mir endlich, was Sie von mir wollen!»

«Ich werde Ihnen beim Sterben zuschauen.»

Er sagte dies mit so gelassener Selbstverständlichkeit, als hätten sie sich schon längst im guten auf diese Lösung geeinigt. Gatto verlor die Fassung, er sprang von der Werkzeugkiste. Der Strahler hatte die Waffe bereits in der Hand.

«Ruhig, Gatto Dileo. Wir wollen nichts überstürzen.»

Gatto fiel auf die Kiste zurück. «Sie sind verrückt!»

«Meinen Sie?»

«Sie halten sich für einen Racheengel und merken nicht mal, dass Sie sich den Falschen ausgesucht haben!»

«Ich bin im Recht. Sie fühlen es. Sie wissen vielleicht noch nicht genau weshalb, aber Sie fühlen es.»

«Sie sind verrückt!» wiederholte Gatto erschöpft. «Ein Psychopath, egal was Sie sich vorgaukeln.»

«Es gab Tage, Wochen, Monate, in denen ich mir das wünschte: den Verstand zu verlieren. Oder gleich zu sterben, egal was, wenn es mir nur den Schmerz nahm.»

Gatto horchte auf. Vielleicht war es klüger, ihm Interesse an seiner Geschichte vorzugaukeln! «Den Schmerz über den Tod Ihrer Tochter?»

Matteo antwortete nicht sofort. Seine Augen strahlten selbst im Zwielicht hell, sein Blick ruhte nachdenklich auf ihm.

«Ein Vorschlag, Gatto Dileo. Wir haben uns beide schuldig gemacht. Wir beide haben unsere Geschichte. Dass wir hier sind, ist kein Zufall. Ich habe alles genau geplant. Die Mails haben Sie aufgerüttelt, die Kristalle Ihre Neugier geweckt. Ich habe allerdings früher mit Ihrem Kommen gerechnet. Noch bei schönem Wetter. Ich wollte Sie einmauern, die Ziegelsteine, der Mörtel, alles lag beim Eingang bereit. Dank des Wassers musste ich jetzt nur die Eingangstür zur Kluft schliessen. Nach meinem Plan wären Sie hier drin verdurstet, nun werden Sie ertrinken. Ironie des Schicksals.» Er verstummte, betrachtete Gatto nachdenklich. «Doch immerhin besteht die Möglichkeit, dass ich mich in Ihnen täusche», fuhr er fort. «Vielleicht waren einige meiner Überlegungen falsch. Das wird sich in den nächsten Stunden weisen. Mein Vorschlag also: Sie tun, was ich von Ihnen verlange, danach entscheide ich, ob Sie den Schlüssel kriegen», er klopfte auf seine Brusttasche, «oder ob Sie hier mit mir sterben.»

«Sie sind wahnsinnig.»

«Nicht so pessimistisch, Gatto Dileo. Ein Punkt, der beispielsweise für Sie spricht, ist Ihr Alter. Sie hätten noch Zeit.»

«Wofür?»

«Wiedergutmachung.»

Gatto lachte höhnisch. «Ich habe fast zwanzig Jahre lang gedacht, Dinge liessen sich wiedergutmachen.»

«Weshalb haben Sie keine Kinder?»

«Das fragen Sie einen Rockstar?»

«Sie sind nicht bloss ein Rockstar. Ich beobachte Sie seit dem Tod meiner Tochter.»

«Was zum Teufel habe ich mit Ihrer Tochter zu tun?» Gatto verlor wieder die Beherrschung. «Was um alles in der Welt tue ich hier. Weshalb sperrst du mich hier ein, du hirnrissiges Arschloch?!»

Matteo lehnte sich entspannt gegen die Felswand. «Sie haben recht, wir sollten uns duzen. In unserer Situation sind Förmlichkeiten nicht angebracht.»Er deutete auf die Wasseroberfläche. «Es wird Zeit. Zeit zu singen, Gatto Dileo!»

«Den Teufel werde ich.»

«Sing!»

«Wozu? Was?»

«Du weisst, was ich hören will.»

Gatto nahm die Gitarre, unter halb gesenkten Lidern schielte er zu Matteo hinüber. Die Pistole war wieder auf ihn gerichtet. Eine völlig absurde Situation, wurde ihm schlagartig bewusst: Er war in einer Höhle gefangen, die Füsse in ansteigendem Wasser, zwei Kerzen ersetzten die Lichtshow. Ein Privatkonzert für einen Unbekannten, der ihn töten wollte. Bevor er sich selber richtete, wie er aus Matteos Worten schliessen musste.

Dennoch ... weshalb sollte er das Lied nicht hier singen. In dieser Kristallkluft? Der Ort war so gut oder schlecht wie jeder andere. Vielleicht war das hier seine letzte Chance. Und jetzt – gerade jetzt! – war er dem Lied gewachsen. Ruhig liess er seine Hände suchen, bis sie der Gitarre erstmals jene verzweifelten, düsteren Klänge entlockten, die seit Jahren seine Gedanken umflorten. Seine Stimme war ihm fremd. Vielleicht die besondere Akustik der Höhle. Matteo hatte sich bei den ersten Worten aufgesetzt, wedelte abwehrend mit der Pistole. Gatto beachtete ihn nicht, sang den ersten Refrain, *intanto me ne vado, me ne vado*. Nie war er dem, was Maurizio in seiner Verzweiflung einst geschrieben hatte, näher gewesen. Auch er würde Mitra zurücklassen, auf sie warten, zusammen mit Maurizio vielleicht, *dietro una tendina di stelle*, hinter dem Vorhang der Sterne, hinter jenem letzten Mond.

Lange nach dem der Schlussakkord verklungen war, schaute er auf. Der Strahler war in sich zusammengesunken. Vielleicht liess er sich überrumpeln.

«Können wir jetzt gehen?»

Matteo ging nicht auf ihn ein. «Weshalb ... hast du dieses Lied gesungen?»

«Es ist das einzige, das zählt.»

«Dafür sollte ich dich auf der Stelle erschiessen.»

«Erschiess mich. Ein anderes werde ich nicht singen.»

«Dieselben Worte. Aber die Melodie? Weshalb hast du die Melodie verändert.»

«Weil sie falsch war. Weil ich es damals nicht besser wusste. Ein fataler Irrtum.»

«Das war dir bewusst?» Matteo blickte ihn überrascht an. Mit neuem Interesse, so schien es. Gatto hatte nicht die leiseste Ahnung, worauf er hinauswollte. Er spürte nur die Kälte des Wassers, das die Kante der Werkzeugkiste erreicht hatte. Stieg es schneller?

«Wie konntest du dich irren. Du hast es geschrieben. Du bist dafür verantwortlich.»

«Ich habe es nicht selbst geschrieben, aber ich bin dafür verantwortlich.»

«Wer hat es geschrieben?»

«Verdammt, was spielt das für eine Rolle? Weshalb willst du das wissen? Schluss mit dem Schwachsinn, ich will raus!» Er stürzte sich auf den

Strahler, der die Pistole beiseite legte. Gatto wunderte sich noch darüber, da wurde er bereits gepackt, hochgehoben, zurückgeschleudert. Er landete auf dem Rücken, das Wasser dämpfte nur einen Teil des Aufpralls.

Der Strahler schaute auf ihn herab, als er hustend und spuckend auftauchte. «Ich will alles über diesen Song wissen.»

«Draussen. Das kann ich dir alles draussen erzählen!»

«Nein, hier.»

«Wir ersaufen!»

«Wir sind schon tot.»

Gatto zog sich an der Werkzeugkiste hoch. Er war klatschnass. Die Hände taub vor Kälte. Er taumelte, suchte Halt. Jeder Widerstand war zwecklos. Er musste Kraft sparen. Den Strahler bei Laune halten. Mit brüchiger Stimme begann er zu erzählen. Vom Freund, den er einst hatte. Von ihren Träumen und den ersten Konzerten. Von Mitra. Er schilderte, wie er sich unaufhaltsam in die Freundin seines Freundes verliebt hatte. Liess alles weg, was für ihn sprach, beschönigte nichts. Er merkte, dass Matteos Hauptinteresse sich von ihm auf Maurizio, den Autor von *La Luna* verlagerte, wusste der Teufel, weshalb. Er kam auf die zwei Wochen mit Mitra in Cortona zu sprechen, auf ihre Rückkehr in die Schweiz, auf seine Eifersucht, auf seinen Entscheid, Maurizio loszuwerden. Der Strahler hörte ihm aufmerksam zu. Für das Wasser hatte er kein Auge. Gatto hingegen musste seine panische Angst verdrängen. In allen Details schilderte er jenen Tag, an dem Maurizio *La Luna* zum Vermächtnis umgeschrieben hatte. Der Tag des Verrates. Der Tag, an dem Maurizio starb.

«Er hat das Lied geschrieben und sich dann umgebracht?»

«Ja.»

Trotz der Dunkelheit sah Gatto Matteos Tränen. Dieser schwieg lange. Als er weitersprach, schwang Unsicherheit in seiner Stimme mit.

«Dieser Irrtum, von dem du gesprochen hast – ich meine in Bezug auf das Lied: Was meinst du damit?»

«Ich wurde Maurizios Worten nicht gerecht. Verstand nicht, was er damit ausdrückte. Ahnte nicht, was sie beim Zuhörer auslösen konnten. Oder verdrängte es. Ich war ... ich war nicht Künstler genug.»

«Diese Frau, deine Geliebte – weiss sie alles?»

«Bis auf den Verrat. Davon erfährt sie, sobald ich hier rauskomme.»

Matteo war aufgestanden, geduckt watete er zu den Kristallen. Die untere Reihe war bereits im Wasser verschwunden. Die hängenden Quarze brachen das Kerzenlicht, die Lichtreflexe flirrten golden auf der unruhigen Wasseroberfläche. Eine groteske Szenerie, so bedrohlich und unwirklich wie ein Fiebertraum. Sie erinnerte ihn plötzlich an einen Wanderausflug mit seinem Vater. Jene Tropfsteinhöhle im Jura war nur mit Booten erreichbar gewesen. Scheinwerfer tauchten die Stalagmiten und Stalaktiten in ein unnatürliches Licht. Er hörte weder die Erläuterungen des Bootsführers noch die Bemerkungen seines Vaters. Der magische Anblick weckte in ihm jenes Gefühl, das ihn sonst nur beim Lesen, beim Plattenhören, manchmal im Kino beseelte: Die Vorahnung, dass auch er eines Tages zu so was fähig sei. Er würde nicht Tiefbauzeichner werden, wie sein Vater hoffte, nicht Maurer, wie Vaters Freunde prophezeiten, schon gar nicht kaufmännischer Angestellter, wie ihm die Lehrer rieten. Er würde etwas Ureigenes schaffen. Verstanden hatte ihn damals keiner. Er war noch ein Kind gewesen. Ein Kind aus dem Arbeitermilieu, im Nirgendwo des Schweizer Mittellandes.

Erst Maurizio hatte das nachempfinden können, was er nicht ausdrücken konnte.

Noch heute fand er kaum Begriffe für das, was er einst empfunden und im Laufe der Jahre verloren hatte. Kreative Inspiration? Künstlerischer Drang? Worthülsen.

Ergriffenheit! Das war treffender. Die Sensibilität, sich ergreifen zu lassen. Von dem, was andere gespielt, gemalt, geschrieben hatten. Und von seinen eigenen künstlerischen Versuchen. Die neue Melodie von *La Luna* ergriff ihn. Überraschte ihn. In ihr klang etwas Neues mit. Die letzten fünf, sechs CDs hingegen hatte er aus den immer gleichen Versatzstücken zusammengebastelt. Mal raffinierter, mal offensichtlicher. Ein Abklatsch von dem, was er und Maurizio einst angestrebt hatten. Doch im Musikgeschäft kam man damit durch.

«Rache will ich ...» Matteo verstummte wieder. Gatto blickte auf. Matteo drehte sich zu ihm um, begann den Satz neu: «Rache – darum geht es mir nicht. Nicht mehr.»

«Dann lass mich gehen!»

«Unter einer Bedingung.»

«Welche?»

«Du wirst mir zuhören, Gatto Dileo. So wie ich dir zugehört habe. Ich will, dass du mich verstehst.»

«Dafür bleibt keine Zeit! Verdammt, schau dich um!»

«Wir brauchen nicht viel Zeit.»

16. LE PORTE DEL SOGNO
(Sergio Cammariere)

Mitra fand nur Erinnerungen. Das Rustico verwahrlost, die morschen Fensterläden geschlossen, der Garten eine Wildnis. Die Wiese am Ufer der Quarta, Ort ihres verhängnisvollen letzten Wortwechsels, gab es nicht mehr. Buschwerk hatte sie vereinnahmt, arbeitete sich beharrlich dem Haus entgegen.

Wenn sie damals schneller reagiert hätte, wäre Maurizio vielleicht noch am Leben. Und Anna ...

Sie nahm den Regenschirm in die andere Hand. Streckte sich vorsichtig. Die Rippen schmerzten unverändert, jede unachtsame Bewegung wurde bestraft. Das graubraune Wasser der Quarta passte zu ihrer Stimmung. *Così l'autunno è già tra i rami ...* der Herbst hängt schon in den Zweigen. Sergio Cammariere, einer der Spätberufenen unter ihren bevorzugten Cantautori. Während der Morgenhimmel auf mich herunterstürzt. *Giro, giro/ sento i tuoi passi, solo i tuoi passi ...* ich drehe mich, höre deine Schritte, nur deine Schritte. Ich zittere, hier auf dieser Strasse, die so weit fortführt ... *e tremo, tremo/ su questa strada che porta lontano e tu non ci sei.*

Und du bist nicht da.

Verdammt. Auch Maurizio hätte seine Ängste in den Texten verarbeiten können. Seine Kurzschlusshandlung war ihr noch heute unverständlich. Immerhin war er es gewesen, der ihr einst die Selbstmordgedanken ausgetrieben, sie aus der Gruftie-Szene geholt, ihr eine Bassgitarre in die Hand gedrückt hatte. Sie solle etwas Eigenes, Echtes kreieren, Bands wie The Cure, die sie so anhimmle, produzierten bloss pathetischen Müll! Bald hatte sie die Mitternachtstreffen mit ihren gruselig geschminkten, schwarz gewandeten Freundinnen auf dem Waldfriedhof belächelt, ihre Kruzifixe und Totenköpfe entsorgt. *Generazione di sconvolti* hatte Vasco Rossi sie treffend genannt: Die Generation der Verstörten, die nicht zwischen Dämonen und Heiligen unterschieden, nahmen, was übriggeblieben war, Gleichgesinnte fanden, die ihre Verlorenheit teilten. Die Schubladisierung übernahmen andere. Skins, Grufties, Rocker. Etiketten, nicht mehr.

Vor Rückfällen war sie nicht gefeit, das hatte sie während eines Ferienaufenthaltes an der Côte d'Azur festgestellt. Das Fenster des Hotelzimmers im sechsten Stock war nur durch ein kniehohes Gitter gesichert. Jedesmal, wenn sie hinunterschaute, packte sie der Drang zu springen. Ohne erkennbaren Anlass. Sie hatte die Angst nicht ertragen, Maurizio davon erzählt. Seine simple Feststellung, er kenne das, doch sterben werde sie ohnehin, sie könne davor genausogut noch eine Weile leben, leuchtete ihr ein. Oder die blosse Erkenntnis, dass ihre erschreckendsten Gefühle so einzigartig nicht waren.

Hätte sich Maurizio nur selbst an seine Ratschläge gehalten. Sie riss sich vom Anblick der Quarta los. Er war ein Mann, er hatte nicht darüber sprechen können, war nur gerannt. Diesen Pfad entlang, auf dem sie jetzt Richtung Parkplatz ging. Der Regen trommelte auf ihren Schirm. Die Umgebung bekam ihr nicht. Seit Jahren hatte sie sich keine Vorwürfe mehr gemacht. Diesen Teil der Geschichte wollte sie nicht ein weiteres Mal durchleben. Sie hatte die Schuldgefühle verarbeitet, sah Maurizio nicht mehr nur als Opfer. Er war der kreative Kopf der Band gewesen. Er hätte sich wehren können. Wehren müssen! Statt dessen war er die Strasse hochgerast, in einer dieser Kurven ins Schleudern gekommen. In welcher? Wo, zum Teufel, stand Gattos Haus?

Sie war nahe daran, das Unternehmen abzubrechen. Musste Anna sehen, sich erden, bevor die Selbstzweifel unerträglich wurden.

Am Morgen nach der durchwachten Gewitternacht war ihr der Plan logisch vorgekommen: Anna suchte – höchst widerwillig – in Bosco Valle und der näheren Umgebung des Dorfes, sie im unteren Teil des Tales. Solange die Strasse noch befahrbar war! Die Vermieterin des Rustico hatte ihr davon abgeraten. Die Talhänge seien ausgetrocknet, die Wiesen könnten die gewaltigen Wassermassen nicht aufnehmen, man rechne mit Erdrutschen. Bis jetzt war alles gutgegangen. Dennoch war die Fahrt vergeblich. Gelegentlich fuhr sie auf einen der Ausweichplätze, sprang in die Nässe hinaus, suchte das Tal nach Neubauten, nach einer Brücke ab. Doch die Strasse führte meist durch Waldpartien, die ihr einen genaueren Blick verwehrten.

Schneller als erwartet tauchte das Ortsschild von Bosco Valle im Nebel auf. Sie parkierte den Wagen vor dem Laden, ignorierte die Schmerzen in ihrer Seite, rannte zum Rustico. Ihre Kleider waren bis auf die Unterwäsche durchnässt. Vom Regen und vom Schweiss. Die Temperatur war nur unwesentlich gefallen. Die Kaltfront, Ursache der Gewitter, hatte das Tal noch nicht erreicht. Sie suchte in ihrem Koffer nach sauberen Kleidern. Viel war nicht übrig.

Sie trat unter die Tür. Vom Monte Valsano her trieben heftige Windstösse die nächste Wolkenwalze ins Tal. Sie hatte Anna zur Vorsicht gemahnt. Hoffentlich vermied sie gefährliches Gelände, bald würden sich die nächsten Blitze entladen. Schwere Tropfen zerplatzten bereits auf den Steinplatten vor dem Rustico. Weshalb war Anna noch nicht zurück? Am Morgen hatte sie sich erst geweigert, bei der Suche zu helfen. Gatto ginge sie nichts an! Vielleicht hatte ihr Mitras Argumentation doch noch eingeleuchtet: Gatto sei der Mensch, der ihr am meisten über ihren Vater erzählen könne. Egal wie sehr sich ihre Tochter im Moment noch sträubte, spätestens wenn Anna ihren ersten Schock überwunden hatte, würde sie alles über Maurizio wissen wollen.

Mitra suchte im Gepäck nach dem Handwaschmittel. Während sie wartete, konnte sie etwas Nützliches tun. Sie warf die schmutzigen Kleider in die Duschwanne, streute Pulver hinein. Das Wasser, das aus der Brause spritzte, war braun.

«Der erste Rutsch», erklärte die Frau im Laden. «Oberhalb des Dorfes. Er hat die Quellfassung beschädigt.»

«Kommt das oft vor?»

«In letzter Zeit häufiger. Wir spüren die Folgen hier schneller.»

«Welche Folgen?»

«Der Klimaveränderung. Noch was?»

«Ein Brot. Haben Sie meine Tochter gesehen?»

«Sie ist mit Marco unterwegs.»

«Marco?»

«Mein Sohn. Ich habe ihm geraten, Anna zu begleiten.» Sie blickte Mitra forschend an. «Er passt auf!»

Die Sorge stand ihr offensichtlich ins Gesicht geschrieben. Mitra zählte das Geld auf den Tresen, ging zur Tür. Da stürmte Anna herein.

«Hier steckst du ja! Komm, wir haben es gefunden.»

«Anna, schau dich an!»

«Ist doch egal, ich bin bloss ausgerutscht. Los, wir müssen ...»

«Du musst dich hinsetzen», mischte sich die Frau ein. «Dein Pflaster nützt nicht mehr viel.»

Sie drückte Anna auf den Kassenstuhl, ging zum Gestell mit den Drogerieartikeln. Ihre Tochter wollte Neuigkeiten loswerden, Mitra flüsterte, sie solle sich gedulden, bis sie alleine waren.

«Entschuldigen Sie, ich weiss nicht mal Ihren Namen», sagte sie, als die Ladenbesitzerin zurückkam.

«Giulia. So nennen mich hier alle. Zeig mal her!» Sie zog das schmutzige, durchnässte Pflaster von Annas Braue, desinfizierte die Narbe mit einem getränkten Wattebausch, reinigte Stirn und Gesicht. «Wo ist Marco?» fragte sie, während sie ein neues Pflaster aufklebte.

«Unten im Torre.»

«Gut. Da kann nichts passieren. Gehst du wieder hinunter?»

«Ich ... ja!»

«Sag ihm, die Quelle sei halb verschüttet. Wenn er will, kann er unten bleiben, der Torre hat eine eigene Fassung.»

«Sag ich ihm.»

«Das gilt auch für euch. Der Torre ist sicher.»

«Gut.»

Mitra verstand nicht, wovon sie sprachen. Und schon gar nicht, weshalb sich Annas morgendlicher Trotz in Übereifer verwandelt hatte. Jetzt musste sie Anna gar bremsen. «Zuerst ziehst du trockene Kleider an!»

«Aber Mutter, Marco meint ...»

«Keine Diskussion.»

Im Rustico zog Anna sich aus, Mitra warf ihr einige Kleidungsstücke zu.

«Doch nicht die!»protestierte Anna. Plötzlich eilte es ihr nicht mehr. Sie suchte in aller Ruhe den richtigen String aus, komplimentierte Mitra beiseite, zog nach längerem Hin und Her ihre aktuelle Lieblingshose aus dem Haufen mit schmutziger Wäsche. Mitra ging endlich ein Licht auf.

«Sag mal, wie alt ist dieser Marco?»

«Siebzehn.»

«Verstehe. »

«Was soll dieser Blick, Mamma? Ich habe nur mit ihm geflirtet, weil er es nicht verraten wollte.»

«Aha. Was verraten?»

«Wo Gatto wohnt, was sonst? Ich erzähl dir alles auf dem Weg. Wir sollen das Auto nehmen, hat er gesagt.»

«Hat er gesagt. Na dann.»

Mitra manövrierte den Wagen vorsichtig auf die Strasse hinaus. Dann trat sie auf die Bremse, ein Kleinlaster raste an ihrer vorderen Stossstange vorbei.

«Hoppla», kommentierte Anna belustigt.

Mitra starrte dem Wagen wie gelähmt hinterher.

«Mamma!»

«Nichts, es ist nur ... der Unfall, du weisst schon.»

«Ist ja nichts passiert!»

«Du hast recht.» Mitra erhöhte die Geschwindigkeit des Scheibenwischers. Sie hätte geschworen, dass der Mann am Steuer des Transporters Michele gewesen war! Mit Sicherheit. Unmöglich. Sie sah Gespenster. Doch wenn er es gewesen war – was bedeutete seine Anwesenheit hier?

«... also habe ich Marco gefragt, ob in den letzten Monaten jemand zugezogen sei. Er verneinte.» Ihre Tochter schaute sie erwartungsvoll an.

«Ich kann dir nicht ganz folgen.»

«Das Nein kam zu schnell. Marco ist ein schlechter Schauspieler. Er hat gelogen.»

«Also hast du ihn zum Sprechen gebracht.»

«Na ja. Marco sagt im allgemeinen nicht viel. Fahr langsamer, da vorne beginnt die Schlucht. Wir müssten bald etwas sehen.»

«Was?»

«Einen Wendeplatz. Dort zweigt ein Strässchen zum Parkplatz des Torre ab.»

«Herrgott, lass dir nicht alles aus der Nase ziehen. Erzähl!»

«Die Kurzfassung? Ich habe ihn geküsst, er hat mir gezeigt, wo Gatto Dileo wohnt.»

«Du hast ... was?»

«Ein Spiel. Ich wollte mir die Schlucht ansehen. Er fand das keine gute Idee, genau deshalb beharrte ich darauf. Er weigerte sich. Bei diesem Wetter sei der Fussweg gefährlich. Ich habe gefragt, was ich tun müsse, um ihn umzustimmen. Ihn küssen, sagte er und wurde rot. So süss! Ich hab es getan, war nicht mal unangenehm, ehrlich gesagt.»

«Du kennst den Jungen gerade mal eine ... eine Stunde!»

«Wie hast du Michele genannt: Mittel zum Zweck, wenn ich mich richtig erinnere.»

«Gut, gut. Er hat dir den Weg gezeigt ...»

«Da! Der Wendeplatz.»

Mitra stellte den Blinker, bremste. Die eine Seite des gekiesten Rechtecks mündete in einen steil abfallenden Karrenweg. Vorsichtig passierte sie die Lücke in der Umrandungsmauer des Wendeplatzes. Das Strässchen endete nach einer Biegung auf einem Parkplatz. Sie lenkte ihr Auto neben ein rotes Sportcabriolet, stellte den Motor ab, stieg aber nicht aus.

Anna schloss ihre Tür wieder. «Nervös? Unnötig. Er ist nicht da. Deshalb macht sich Marco ja Sorgen.»

«Er hat dir den Weg gezeigt, sagtest du eben ...»

«Ja. Ich entdeckte diese Brücke. Die sehe ziemlich neu aus. Marco antwortete, die gehöre zum Torre degli Uccelli. Privatbesitz. Wem er gehöre, fragte ich. Irgendeinem deutschen Unternehmer. Seine zweite Lüge.»

«Womit hast du ihn dieses Mal verführt?»

«Nichts da!» protestierte Anna. «Er fragte plötzlich, wie ich heisse. Hörte den Namen Gagliardo, sagte erst gar nichts. Nach einer Weile fragte er, ob dein Vorname mit einem M beginne. Ich bestätigte es. Wen wir eigentlich suchten? Ich erwähnte erstmals Gattos Namen. Er druckste einen Moment herum, gestand endlich, genau der wohne im Torre. Er sei sein Freund und habe ihm versprochen, niemandem davon zu erzählen.»

«Anscheinend hat Salvo unseren Namen mal erwähnt», sagte Mitra nachdenklich.

«Nein. Marco half Gatto mal bei Computerproblemen, holte ein Mail von dir herein. Gatto muss seltsam reagiert haben.»

«Kann ich mir vorstellen. Und ... das ist alles? Geschlafen habt ihr nicht miteinander?» Mitra konnte sich die kleine Spitze nicht verkneifen, auch wenn ihr nicht nach Scherzen war.

«Bei mir geht das nicht so schnell wie bei dir!» konterte Anna.

Das hatte sie davon.

17.   DER BRIEF

«Für immer ist morgen.»

Gatto schaute Matteo verständnislos an. Dieser öffnete die Knöpfe seines Hemdes. «Im Grunde beginnt die Geschichte damit.» Er zeigte Gatto die Tätowierung auf seiner Brust. Wie für eine gemütliche Plauderei unter Freunden hatte er sich zu ihm auf die Kiste gesetzt. Sie stand bis zum Deckel unter Wasser. Die Waffe in der Felsnische gegenüber schien Matteo komplett vergessen zu haben. Gatto konnte das Motiv des Tatoos im Zwielicht nicht genau erkennen. Die Umrisse ähnelten der Tatze eines Tieres. Sein Blick schweifte zu den Kerzen hinüber. In wenigen Minuten würde das Wasser sie löschen. Die plötzliche Dunkelheit wollte er ausnützen, Matteo überraschen, die Pistole an sich nehmen. Die Waffe befand sich auf gleicher Höhe wie die Kerzen. Würde sie auch funktionieren, wenn sie nass war?

«Meine erste grosse Liebe. Wir wussten, dass sie sterben würde. Erkannten die Endlichkeit der Liebe, die wir eine ewige nannten. *For ever may be tomorrow.* Du hast Luana vielleicht gekannt. Nein, du bist zu jung.»

«Luana? Ich wüsste nicht …»

«Die Schauspielerin. Ich war damals Fotograf. Dokumentierte ihre letzte Tournee. Sie war krank. Während eines Aufenthalts in den Staaten verschwand sie spurlos. Erst Wochen später wurde sie gefunden. Tot. In einer Schlucht. Wie dein Freund. Bei ihr war es der Grand Canyon. Sie liebte grosse Auftritte – bis zuletzt.»

Die Fotografie in der Hütte des Strahlers! Jetzt erinnerte sich Gatto bruchstückhaft an die Zeitungsschlagzeilen damals. Über die Umstände ihres Todes hatte die Presse endlos spekuliert.

«Du warst dabei?» fragte er aufs Geratewohl.

«Ja. Sie fiel in den Tod. Vor meinen Augen. Aber sie hatte dafür gesorgt, dass ich den Verlust überstehen würde. Ich habe von ihr viel über das Leben, die Liebe und ... den Tod gelernt.»

Gatto schielte wieder zu den Kerzen hinüber. «Was hat das mit mir zu tun?» fragte er, mehr zur Ablenkung.

«Darauf wirst du eines Tages selber kommen. Nur soviel: Luana gab mir eine Aufgabe, die mich in den Tagen und Wochen nach ihrem Tod absorbierte. Sorgte mit einem raffinierten Plan dafür, dass ich mich nicht verlor. Gab meinem Leben einen neuen Sinn. Aber weiter: Jahre danach traf ich Elena. Sie war nicht wie Luana, ich liebte sie ebensosehr. Dann starb auch sie. Ich musste für sie weiterleben, ob ich wollte oder nicht.»

«Wohl eher für deine Tochter», sagte Gatto, erstaunt, dass er dem Mann überhaupt noch Beachtung schenkte. Zwei, drei Minuten blieben bis zum Erlöschen der Kerzen.

«Ella riss mich mit ihrer Trauer noch tiefer. Ein Kind akzentuiert in einer solchen Situation jede Stimmungsschwankung – als lege es dir eine Farbfolie auf die Seele. Früher, wenn ich zwei, drei Tage von zu Hause weggewesen war, hatte mir Elena bei meiner Rückkehr jeweils bis in ermüdende Details geschildert, was ich verpasst hatte. Nun war sie es, die Ellas Leben verpasste. Die täglichen Fortschritte unserer Tochter, die Sprünge in ihrer Entwicklung. Ich konnte Elena nichts erzählen, nichts zeigen. Das erinnerte mich jede Minute daran, wie sehr sie mir fehlte. Zugleich zwang mich Ella, das Unabänderliche zu akzeptieren. Das Unerklärliche zu erklären. Sie akzeptierte keine Ausflüchte. Ich musste Geschichten erfinden, die Ella trösteten, Rituale aufbauen, die ihr Halt gaben. Einen Baum pflanzen beispielsweise. Habe ich dir geschrieben, wie Ella das Zählen gelernt hat? Nachts! Sie hat Mutters Sterne am Himmel numeriert ... Und während Monaten malte sie täglich ein neues Bild für ihre Mutter – so wie sie es früher für mich getan hatte, weil ich oft nicht zu Hause gewesen war. Am Abend legte sie die Zeichnung für Elena jeweils draussen auf den Gartentisch. Ich schlich jede Nacht hinaus und nahm die Zeichnung weg. Die Geschichte mit der Biene war mir eine Lektion gewesen.»

Gatto hörte nur mit halbem Ohr zu. Wenn er Matteo zu den Kerzen hinüberschickte, würde er sich weiter von der Waffe entfernen und Gatto bliebe mehr Zeit! Er änderte seinen Plan.

«Das Wasser löscht deine Kerzen!»

Matteo blieb ruhig sitzen.

«Ich dachte, du würdest sie nie ausgehen lassen?»

«Stimmt. Ich habe mich seit Ellas Tod daran gehalten. Aber jetzt brauche ich sie nicht mehr.»

Gatto verlor die Nerven. Er wartete nicht länger auf die Dunkelheit, hechtete vorwärts. Halb schwimmend kämpfte er sich zur gegenüberliegenden Wand, fühlte den Griff der Pistole in der Hand, drehte sich um, in Erwartung eines Hiebes, eines Aufpralles. Matteo griff bloss in die Hosentasche, nahm eine kleine Tauchlampe heraus, schaltete sie ein, fast im selben Moment erlosch die zweite Kerze.

Gatto richtete die Waffe auf Matteo.

«Tut mir leid, ich kann das Ende deiner Geschichte nicht abwarten. Schlüssel!»

«Schiess doch das Schloss auf!»

Gatto blickte ihn erst überrascht an, doch er überlegte nicht lange, hielt die Pistole dicht ans Vorhängeschloss, drückte ab. Der Verschluss der Waffe klickte metallisch.

«Sie ist nicht geladen. Was ich gerade sagen wollte: Wir hielten uns gemeinsam am Leben, Ella und ich. Bis sie zwölf war. Sich von mir löste. Ihre Mutter noch mehr gebraucht hätte. Bis sie deine Lieder entdeckte, Gatto Dileo!»

Die Pistole glitt Gatto aus der Hand. Von neuem schnürte ihm die Angst den Atem ab.

«Ich weiss nicht, was Ella in deinen Songs fand. Ich habe sie mir alle angehört. Die Texte studiert, die sie auswendig mitsang. Dein Gesicht betrachtet, das dutzendfach in ihrem Zimmer hing. Hörst du? Ich möchte, dass du mir zuhörst, Gatto Dileo.»Er streckte ihm den Schlüssel hin. «Da, nimm!»

Wieder verblüffte ihn der Mann. Gatto nahm den Schlüssel, schwamm zurück, seine klammen Hände suchten das Schloss. Er fand es, traf beim dritten Versuch das Loch.

«Stopp!»

«Was noch? Das mit deiner Tochter tut mir leid, Matteo, aber du kannst nicht mich dafür verantwortlich machen!»

«Ich will dich nur warnen. Das ist ein Doppelriegel, er klemmt die Tür beidseitig fest. Du weißt nicht, was dich erwartet.»

«Was?»

«Die vordere Höhle ist zwar ein Stück höher, aber dort tritt auch viel mehr Wasser ein. Der Verbindungsgang ist mit Sicherheit schon überflutet. Nur die Tür hält das Wasser zurück. Wenn du sie öffnest, dringt es ein. Mit welcher Wucht, kannst du dir vorstellen.»

«Du bluffst.»

«Weshalb sollte ich?» Sein Erstaunen war nicht gespielt. «Wir haben uns doch entschieden!»

«Wofür?»

«Du gehst, ich bleibe.»

Sein Gesichtsausdruck war unmissverständlich: Matteo meinte, was er sagte.

«So gross kann keine Verzweiflung sein!»

«Was weisst du von Verzweiflung, Gatto Dileo? Das Stadium der Verzweiflung habe ich schon lange hinter mir.»

Er sprach nicht weiter.

«Was also rätst du mir?» fragte Gatto endlich.

«Warte.»

«Scheisse! Soll ich hier verrecken? Nicht hier! Nicht so!»

«Endlich ein Bekenntnis zum Leben!» Matteo lächelte müde. «Aber glaub mir: Wenn das Wasser auch diese Höhle gefüllt hat, gleicht sich der Wasserdruck hier jenem draussen an, die Tür geht leicht auf. Mit etwas Glück schaffst du es zum Eingangstor der Kluft. Derselbe Schlüssel. Also warte und hör mir zu!»

Widerwillig liess Gatto den Riegel los. Hatte der Rettungsarzt damals nicht etwas Ähnliches erzählt? Maurizio hätte sich aus dem Wagen retten können, wenn er das Wasser der Quarta langsam ins Auto hätte eindringen lassen. Es sei denn, er hätte beim Aufprall das Bewusstsein verloren.

Oder Maurizio wollte sich nicht retten! hatte Gatto gedacht. So wie jetzt Matteo.

«Hör mir zu, Gatto Dileo! Als ich an jenem Abend nach Hause kam, hörte ich die Musik. Dachte mir nichts dabei. Obwohl immer dasselbe Stück lief.»

«*La Luna!*» Gatto wurde übel. Schlagartig hatte er die Zusammenhänge erfasst.

«*La Luna.* Irgendwer muss es ihr dutzendfach auf eine CD gebrannt haben. Ich ging erst später hoch. Ihre Tür stand einen Spaltbreit offen. Ella schlief. Sie trug ein T-Shirt mit deinem Gesicht darauf. Das hier war ihr aus der Hand gefallen.»

Ein zweites Mal griff Matteo in die Hemdtasche. Er reichte Gatto einen Zettel und die Taschenlampe.

Sei nicht traurig, Papa. Es geht nicht mehr. Ich muss zu ihr. Mach dir keine Sorgen, Gatto begleitet mich. Mit seiner Hilfe werde ich mich zwischen den

Sternen und dem Mond nicht verlieren. Wir warten auf dich, Mamma und ich.
Dietro una tendina di stelle, hinter jenem letzten Mond. Sei mir nicht böse. Ich
liebe dich. Bis bald. Ella

Darunter eine kindliche Zeichnung, sie mit ihrer Mutter, Hand in Hand, hinter einem Vorhang von Sternen.

Dieser eine Satz! Gatto begleitet mich.

«Bis heute wollte ich, dass du mit ihr gehst!» sagte Matteo.

«Es ... tut mir leid.»

«Und jeden zur Rechenschaft ziehen, der direkt oder indirekt mit dem Tod meiner Tochter in Verbindung stand. Bei Donato ist es mir gelungen. Und du bist hier ... In den letzten Jahren habe ich mich immer tiefer in diesen Fels gegraben. Aus Langeweile, aus Verzweiflung. Bis ich diese zweite Kluft fand. Schau dir die Kristalle an: Kein Mensch hat sie vor uns zu Gesicht bekommen. Zu Beginn hatte meine Arbeit eine gewisse Symbolik. Eine Suche nach Reinheit. Dann habe ich die Kristalle verkauft. Musste damit mein verbliebenes bisschen Leben finanzieren. Denn ich habe auf dich gewartet. Ich wollte dich töten.»

«Jetzt nicht mehr?»

«Irgendwann sah ich ein, dass ich Elenas Tod nicht rächen konnte. Jene, die einst Bomben legen liessen, kontrollieren im heutigen Italien den Justizapparat. Die Drahtzieher von damals haben sich höchste politische Ämter erschlichen. Schneidern sich Gesetze, die sie unantastbar machen ... Ich hingegen, ich habe die Kraft nicht mehr. Irgendwann wird die Wut zu Trauer.»

«Deshalb lässt du mich gehen?»

«Es macht keinen Sinn mehr, dich zu töten. Ich habe mich geirrt. Du hast das Lied nicht mal selbst geschrieben. Du hast es nur ... verkauft. Verführerisch klang es, für ein dreizehnjähriges Mädchen. Hättest du den

Text deines Freundes immer so gesungen wie vorhin, wäre Ella nicht fasziniert gewesen.»

«Sie hätte sich ein anderes Lied ausgesucht, Matteo! Versteh mich nicht falsch, das soll keine Entschuldigung sein ...»

«Sie hat sich aber kein anderes ausgesucht.»

«Nein, das hat sie nicht.»

Beide schwiegen lange.

«Was jetzt?» fragte Gatto schliesslich. Das Wasser stand ihm bereits bis zum Kinn.

«Geh.»

«Komm mit.»

«Nein.»

«Du willst hier verrecken? Das macht doch keinen Sinn! Das hilft niemandem!»

«Mir schon.»

«Ich ... ich brauche dich!»

Gatto wunderte sich über seine Worte. Matteo nicht.

«Du brauchst nur die Erinnerung. An Ella. An Elena. An die Stunden hier in der Kluft. Und an das, was ich dir erzählt habe.» Matteo nahm ihm den Zettel aus der Hand. «Was mich betrifft: Sie warten auf mich.»

«Ich ... ich hoffe, du findest sie.»

18. ERAVAMO IN TRE
(Gatto Dileo)

Einen ungewöhnlichen Ort hatte sich Salvo für seinen Rückzug ausgesucht. Mitra betrachtete den Torre, der wie eine natürliche Fortsetzung aus der Felsschulter der Schlucht wuchs.

«Ich suche Marco.»Anna eilte hinein.

Mitra schaute ihr belustigt hinterher. Keine Spur mehr von Trotz oder Missmut! Wie lange würde ihre Euphorie diesmal anhalten?

Mitra trat an den Rand der Terrasse, sah die neuen Stämme im Geländer, den Steinweg, das Kreuz auf dem Felsvorsprung. Unwillkürlich schaute sie zur Strasse hinauf. War Maurizio hier in den Tod gestürzt? Oder hatte Salvo diesen Ort aus anderen Gründen gewählt? Sie ging zur Tür. Neben der Eingangstreppe sah es aus, als sei ein Maurer vom Regen überrascht worden: Zwischen Kellen und Mischbecken stapelten sich Zementsäcke, davor stand ein Hochdruckreiniger. Die bereits gemörtelten Fugen hoben sich weiss von den nassen Granitplatten ab. Wie Teile von zwei verschiedenen Puzzles, von einem unachtsamen Kind durcheinandergebracht.

«Mamma! Kommst du?»

Mitra ging durch die Tür und stand in Salvos Küche.

«Wir sind hier oben!»

Die Holztreppe knarrte unter ihren Füssen. Die Tür zum Schlafzimmer stand offen. Die Decke auf dem Bett war zerknüllt. Ein karg eingerichteter Raum ohne persönliche Gegenstände. Sie ging ganz hinauf. Der Junge sass vor einem i-Mac, Anna beugte sich über seine Schulter. Als er Mitra sah, sprang er auf, streckte ihr die Hand entgegen.

«*Piacere*, Signora Gagliardo.»

Anna trat neben ihn. «Passt das Gesicht?»

«Du hast nicht gelogen.»

«Ich lüge nie.»

«Worum geht es?» fragte Mitra.

«Das zeigen wir dir gleich. Marco denkt, hier stimmt etwas nicht.» Sie stiess ihn mit dem Ellbogen in die Seite. «Erzähl!»

«Na ja, die Haustür stand offen, das Werkzeug auf der Terrasse ist nicht weggeräumt. Und er hat den Computer nur in den Ruhezustand versetzt. Er wollte bald weiterarbeiten.»

«Was ist daran ungewöhnlich?»

«Ich habe es gecheckt, zum letzten Mal hat er ihn vorgestern nachmittag benutzt.»

«Du meinst, seither war er nicht hier?»

«Ja. Es ist kein Wetter für Ausflüge.»

«Vielleicht ist er verreist.»

«Und lässt alles stehen und liegen?» fragte Anna.

«Ausserdem hätte er mir eine Nachricht hinterlassen!» ergänzte Marco. «Ich habe alles abgesucht. Vergeblich.»

«Eines nach dem andern. Wovon habt ihr eben gesprochen?»

«Gatto arbeitete an einem neuen Videoclip», erklärte Anna eifrig. «Der wird dich interessieren!»

Marco rief ein neues Programm auf, ein Fenster mit einem Standbild öffnete sich, er drückte auf die Maus. Aus den Augenwinkeln sah Mitra, dass Anna ihn aus dem Zimmer zog. Salvo stand auf der Bühne, spielte die Anfangsakkorde von *Eravamo in tre*. Die Einstellung wechselte, perplex betrachtete sie sich selbst, verstand erst nicht, was sie sah, fragte sich im nächsten Moment, wie der Kameramann sie im Publikum gefunden hatte. Fassungslos betrachtete sie ihre eigenen Erinnerungen, unterbrochen durch Nahaufnahmen von Salvo. Sie sah sich selbst vor siebzehn Jahren, vielmehr eine Frau, die ihr glich, im Zimmer mit dem gekreuzigten Jesus, im gelben Schnürchenbikini, der ihrer Mutter während Tagen den Schlaf geraubt hatte. Zum Glück hatte sie ihn nie so gesehen: nass, transparent, mit einem durchschimmernden dunklen Dreieck. Dann der Vogel, erhaben drehte er seine Kreise, von der Kamera leicht ins Unwirkliche verzerrt.

Ein Symbol. Maurizio. *Eravamo in tre.*

Am Ende des Clips die Szene mit der Körpermilch. Salvo hatte nichts ausgelassen! Ein Flimmern durchlief ihre Körpermitte. Noch die Inszenierung der Vergangenheit erregte sie.

Danach blieb sie lange sitzen. Er zehrte exakt von den gleichen Erinnerungen! Weder Zeichen noch Wunder, relativierte sie, sie hatten nicht mehr. Was war das bloss, zwischen ihnen? Diese magnetische Anziehungskraft, nach siebzehn Jahren der Trennung, unverändert, fatal. Übereinstimmende Gedanken und Gefühle verbanden die beiden auseinanderlaufenden Lebenslinien. Sie verstand wenig von Geometrie, doch ihres Wissens schnitten sich zwei nicht parallele Geraden nur an einer Stelle. Trotzdem wollte sie Salvo wiedersehen. Rational war das erklärbar. Zugleich wusste sie, dass sie mit ihrer Geschichte nicht allein waren. Ihre war dramatischer verlaufen als andere, doch was war der wahre Grund für all die Klassentreffen und Ehemaligen-Versammlungen? Doch nur die Erinnerung an jene prägenden Jahre der ersten grossen Liebe, der ersten Verluste, der ersten Versäumnisse ... Plötzlich sass sie senkrecht im Stuhl. Die Idee war gut. Sehr gut! Ihres Wissens gab es nichts Vergleichbares. Das Internet war der ideale Ort dafür: Sie würde eine Datenbank einrichten, ein Treffpunkt für Menschen, die sich aus den Augen verloren hatten. Eine Homepage für Jugendfeinde, Jugendfreunde, Jugendlieben, Jugendsünden ... Von Schweizer Schulen konnte sie sich Klassenlisten zusammenstellen lassen. Hunderttausende von Namen waren es wohl, die sie mit einer Suchmaske vernetzen musste. Dank ihr würde jeder seinen Namen finden. Je länger sie darüber nachdachte, um so besser gefiel ihr die Idee. Ein virtuelles Klassentreffen! Rolf würde ihr die Seite gestalten. Jeder Kunde konnte – gegen einen kleinen Betrag natürlich! – seinem Namen in der Liste eine Mail-Adresse hinzufügen. Mit den entsprechenden Vermerken an welche Person auch immer, er oder sie solle sich doch bei ihm melden ...

Aufgeregt suchte sie nach Stift und Papier, um einige Stichworte festzuhalten. Als sie die Schublade des Schreibtisches öffnete, erblickte sie Maurizios Songbook. Den Kristall, der darauf gelegen hatte, legte sie beiseite. Die vertraute, etwas unbeholfene Schrift trieb ihr Tränen in die Augen. Der letzte Eintrag war *La Luna*. Der Text, an den sie sich erinnerte. Nicht jener, den Salvo zum Hit gemacht hatte. Die folgende Seite war offensichtlich herausgerissen. Hatte Maurizio vor seinem Tod tatsächlich noch eine zweite Version geschrieben?

Anna war hereingekommen. Als sie Mitras Gesicht sah, legte sie den Arm um ihre Schultern.

«Geht schon.» Mitra wischte sich über die Augen.

«Ich glaube, ich weiss ...»Marco war hinzugetreten, drehte den Kristall zwischen seinen Fingern. «Natürlich: Weshalb bin ich nicht früher darauf gekommen! Gatto ist zum Mörder hochgestiegen ... dann wurde er vom Gewitter überrascht ... sitzt fest!»

«Ich habe nur Mörder verstanden.»Annas Gesicht war ein einziges Fragezeichen.

«Ein Spitzname. Für einen Sonderling, der oben in der Felswand eine Kristallkluft ausbeutet. Er haust da oben. Gatto wollte ihn schon lange mal besuchen.»

«Dann ist ja alles in Ordnung», sagte Mitra. «Wir kommen morgen nochmals, vielleicht ist Salvo dann zurück.»

«Nein», widersprach Marco entschlossen. «Ich gehe hoch. Es ist gefährlich da oben, bei diesem Gewitter. Und es wird noch schlimmer.»

«Dann gefährdest du auch dich!»

«Vielleicht ist jemand verletzt! Selbst der Strahler ist bei heftigen Stürmen heruntergekommen.»

«Ich komme mit!» sagte Anna begeistert.

«Gar nichts wirst du.» Mitra packte sie am Arm. «Das überlassen wir den Behörden.»

«Behörden, Signora Gagliardo? Die nächste Polizeistation ist unten am See, die Strasse hier herauf vielleicht verschüttet. Nein, hier erledigen wir solche Dinge alleine.»

Mitra suchte in seinem Gesicht nach einem Anzeichen von Selbstgefälligkeit. Der Junge wirkte ruhig und ernst.

«Gut. Gehen wir.»

In der Tür blieb Marco stehen. «Komme gleich.»

Er eilte durch die Küche, öffnete zielstrebig eine Schublade, nahm etwas heraus. «Vielleicht brauchen wir ein zweites Auto!»Er streckte seine Hand aus, zwischen den Fingern hielt er einen Autoschlüssel.

«Wir fahren?» fragte Anna erstaunt.

«Der direkte Aufstieg ist zu riskant bei diesem Wetter.» Wie zur Bestätigung zuckte das grelle Licht eines Blitzes auf. Mitra zählte die Sekunden bis zum Donner, sie kam bis vier.

«Ich bin mit seinem Wagen schon gefahren», sagte Marco beiläufig.

Etwas zu beiläufig, fand Mitra.

«Folgt mir einfach.» Er rannte in den Regen hinaus.

«Siebzehn ist er, sagtest du?» Mitra manövrierte ihren Wagen aus dem Parkplatz.

«Der gibt doch nur an! Ich hoffe, er fährt nicht gegen eine Mauer.»

Prompt machte der Z4 einen Satz, der Motor starb ab.

«Siehst du!»kommentierte Anna zufrieden.

Unterwegs stellte Mitra keine weiteren Unsicherheiten in Marcos Fahrstil fest. Sie passierten Bosco Valle, fuhren zügig einige Serpentinen weiter hinauf, bis die Strasse unversehens endete. Marco war schon ausgestiegen.

«Ab hier müssen wir zu Fuss gehen. Folgt mir.»

Er überquerte mit schnellen Schritten die Wiese. Anna fluchte über ihre enge Jeans, Mitra enthielt sich wohlweislich eines Kommentars.

Marco wartete im Schutz der ersten Bäume. «Wir queren hier ein Waldstück und werden unterhalb der Felswand herauskommen. Bleibt genau hinter mir, der Boden ist rutschig!»

Er bahnte sich einen Weg durch das Dickicht. Nach einigen Metern standen sie auf einem schmalen Trampelpfad. Der nächste Blitz entlud sich weiter oben im Tal. Mitra war beunruhigt. Der Wald schien ihr kein geeigneter Aufenthaltsort bei einem Unwetter. Zu spät. Sie hoffte nur, Marco wusste, was er tat. Minutenlang folgten sie dem Pfad. Wo er kleine Bäche traversierte, blieb Marco stehen und half ihnen, denn zu ihrer Rechten fiel der Hang fast senkrecht ab. Mitras Blick blieb an etwas Goldenem im Gezweig hängen. Sie vergewisserte sich: Es war tatsächlich ein zerknülltes Zigarettenpäckchen, achtlos weggeworfen. MS, die italienische Staatsmarke. Sie hatte sie ausgestorben geglaubt, bis Michele ein Päckchen davon aus der Brusttasche zog.

War er wirklich hier?

Unmöglich.

Möglich schon. Dann war es doch Michele gewesen in jenem Kleinlaster. Aber was wollte er hier? Es blieb ihr keine Zeit für Spekulationen. Die Bäume wurden lichter, Marco beschleunigte seine Schritte. Hinter einigen grossen Felsbrocken stiessen sie auf eine grotesk anmutende Eisenkonstruktion. Ein mannshoher Metallkäfig, von seiner Spitze führte ein Drahtseil senkrecht nach oben.

«Der Lift des Mörders», erklärte Marco, bevor Mitra genug Atem für eine Frage hatte. «Da oben ist seine Kluft. Wartet hier, ich schau in seiner Hütte nach.» Er umrundete den nächsten Felsblock, zwei Minuten später war er zurück. «Keiner da. Seltsam. Wenn jemand oben wäre, dürfte der Korb nicht unten sein. Es hilft nichts, wir müssen nachsehen. Wie schwer seid ihr?»

«Fragt man eine Dame nicht», antwortete Anna.

Er ignorierte ihre Koketterie.

«Zusammen meinst du?» Mitra ahnte, was er meinte. «Hundertfünf!»

«Das heisst eine nach der anderen. Du zuerst, Anna.»

Er schlang das Seil, das an einem Karabinerhaken an der Felswand hing, schräg über seine Schultern, kletterte los, als wäre das Gestein trocken und griffig. Wo der Fels überhängend wurde, verschwand er aus ihrem Blickfeld. Etwas später tauchte er neben dem Galgen der Liftkonstruktion auf.

«Steig ein, Anna!» rief er herunter. «Nein, ich habe eine Idee. Doch beide zusammen!»

Sie zwängten sich nebeneinander in den Käfig, blickten gespannt nach oben. Marco löste einen Hebel, zugleich sprang er auf die runden, schwarzen Scheiben am anderen Ende des Drahtseils. Mit einem Ruck wurden sie hochgerissen, in der Mitte des Liftes sauste Marco an ihnen vorbei. Mitras Blick folgte ihm hinunter. Er prallte hart auf dem Boden auf, hechtete sofort beiseite, packte den unteren Hebel. Nicht zu früh, ihr Korb hatte sich bereits wieder einen halben Meter gesenkt, bevor die Bremse griff. Sie liess Anna vor, half ihr auf den Felsvorsprung hinaus, folgte ihr.

Sie warteten. Marco klettert abermals die rund zehn Meter hohe Wand herauf.

«Kommt», japste er erschöpft, als er wieder oben war. Er ging die paar Schritte zur Felswand voran. Vor dem Tor blieb er wie angewurzelt stehen.

19. DAS TOR

Gatto legte die Hand auf den Riegel.

Matteo nickte ihm zu.

Gatto füllte seine Lunge ein letztes Mal mit Luft. Der Riegel bewegte sich, die Tür drückte ihn zurück. Die eisige Kälte des Wassers, seine undurchdringliche Schwärze jagte ihm Panik ein. Er widerstand ihr, wartete, hoffte auf eine Art Gegenströmung, sobald die Höhle aufgefüllt wäre. Die Sekunden vergingen. Wie lange reichte der Sauerstoff in seiner Lunge?

Endlich liess der Zug in seinen Armen nach. Er hangelte sich der Tür entlang, die Lampe glitt ihm beinahe aus den gefühllosen Fingern. Für Schwimmbewegungen war der Gang bis zum Loch in der unteren Höhlendecke zu eng. Er stiess sich mit einer Hand am Boden, mit den Füssen an den Seitenwänden ab. Seine Bewegungen waren unkoordiniert. Eine Folge der Kälte, beruhigte er sich. Nur die Kälte.

Der Boden senkte sich. Das Ende des Verbindungsgangs! Er hatte die vordere Höhle erreicht. Wenn auch sie aufgefüllt war ... Er schwamm aufwärts. Seine Hände stiessen an die Decke. Wasser. Fels. Keine Luftblase! Die Panik liess ihn schneller schwimmen, er stiess die letzten Luftreserven aus seiner Lunge, sah erste Feuerkreise.

Der Kegel der Tauchlampe durchschnitt plötzlich die Wasseroberfläche.

Er hielt sich an einem Felsvorsprung fest. Nach Luft schnappend orientierte er sich. Das musste die höchste Stelle der Kluft sein. Sechzig, siebzig Zentimeter trennten an dieser Stelle die Wasseroberfläche noch von der Höhlendecke. Ein knapper Kubikmeter Sauerstoff.

Seine Finger suchten in der Tasche der Jeans nach dem Schlüssel. Er brachte ihn kaum heraus. Wenn er nicht bald aus dem Wasser kam, würde ihn die Unterkühlung vollends lähmen. Gatto presste alle Luft aus seiner Lunge, atmete dann tief ein, tauchte in jene Richtung, wo er den Ausgang vermutete. Bald erfasste der Lichtkegel das Eingangstor. Derselbe Riegel, dasselbe Vorhängeschloss. Beim vierten Versuch traf er das Loch, drehte den Schlüssel, seine Hand packte den Riegel. Er zögerte. Was geschah, wenn die Tür dem Druck des Wassers nachgab? Es würde ihn mitreissen. Über den Felsvorsprung hinab. Ein Sturz aus zehn Metern Höhe.

Besser als hier drin zu ersaufen!

Der Riegel bewegte sich. Er drückte ihn ganz aus der Verankerung, krallte sich fest, wartete auf den Sog, auf Licht.

Nichts. Die Tür rührte sich nicht.

Der letzte Ausweg war versperrt.

Matteo hatte ihn angelogen.

Er stemmte sich gegen die Tür. Natürlich ohne Wirkung. Was der Wasserdruck nicht bewirkte, würde er mit seiner Körperkraft niemals schaffen! Er warf sich dennoch dagegen, soweit das im Wasser möglich war, unaufhörlich, seine Schulter schmerzte, die Luft ging ihm aus, er hätte seine Angst herausgeschrien, hätte er gekonnt. Er würde sterben, hier in diesem Felsloch, einige Millimeter Stahl zwischen sich und der rettenden Luft.

Marco trat näher an das dunkle Stahltor. Es war in den Fels eingepasst, verschwand bis zur Hälfte hinter einer Ziegelsteinmauer.

«Weshalb zum Teufel ist die Tür zugemauert?»

«Das hat nicht immer so ausgesehen?» Mitra trat neben ihn.

«Nein. Irgendwo müssen Gatto und der Strahler doch sein!»

«Wahrscheinlich haben sie sich woanders in Sicherheit gebracht!» Anna fror. Sie tänzelte von einem Fuss auf den andern. Die Freude am gemeinsamen Ausflug mit Marco war ihr sichtlich vergangen.

Marco kauerte sich nieder, seine Finger fuhren über die Mörtelmasse zwischen den Ziegelsteinen, er rieb sie gegeneineinander, auf den Kuppen blieb ein feuchter, grauer Brei kleben.

«Frisch. Die steht noch keinen Tag hier!»

«Vielleicht hat der Regen den Mörtel aufgeweicht.»

«Unmöglich. Da!» Er deutete auf feine Rinnsale, die in den Ritzen herunterliefen. «Wasser! Wisst ihr, was das bedeutet? Die Höhle hinter dem Tor ist überflutet!»

«Vielleicht hat der Strahler deshalb die Tür versperrt», schlug Anna vor.

«Wozu denn das?»fragte Marco.

«Was weiss ich – vielleicht will er seine Kristalle waschen.»

Mitra wurde es schwindlig. Das Plattencover ... der Unfall ... die Scheinwerfer hinter ihr bei ihrer Ankunft im Valle Quarta ... Michele! Es war keine Einbildung! Er war ihr die ganze Zeit gefolgt. Sie hatte ihn im Laster gesehen. Das Zigarettenpäckchen war seines gewesen. Er hatte Gattos Haus schneller gefunden, und ...

Aufgeregt packte sie den Jungen an der Schulter, der legte den Finger auf die Lippen. «Habt ihr das gehört?»

«Was? Es donnert, der Regen trommelt. Was meinst du?» fragte Anna entnervt.

«Das war kein Donner.»

Mitra zog Marco näher zu sich heran. «Ein Geräusch von drinnen? Könnte es sein, ich meine, ich weiss, es klingt verrückt – könnte es sein, dass jemand da drin gefangen ist?»

«Genau das befürchte ich. Und wir sind zu spät.»

Sterben hiess für ihn jede Hoffnung aufzugeben. Keine muteinflössenden Engel, keine überirdischen Erscheinungen. Er glaubte nicht. Alle Kraft schwand aus seinen Gliedern. Die Lampe zwischen die

Zähne geklemmt, hielt er sich mit beiden Händen an Felsvorsprüngen fest.

Noch vierzig Zentimeter. Höchstens. Das Wasser stieg schnell.

Eine zweite Luftkammer gab es nicht.

Die Kälte griff von allen Seiten an. Zentimeter für Zentimeter ergab sich sein Körper. Er wollte die Lampe ausknipsen, in vollendeter Dunkelheit würde ihm wenigstens Mitras Bild erscheinen. Seine Finger gehorchten ihm kaum.

Seine Augen brannten. Er schloss sie. Woran hatten jene gedacht, die ihm vorangegangen waren? In diesem Moment der Gewissheit, dass jedes Wunder ausbleiben würde? Waren sie ihrer Angst ausgeliefert gewesen, so wie er? Sein Vater hatte auf seinen Glauben vertraut, vermutete er – Gatto war nicht an seiner Seite gewesen. Und davor hatten seine verschlossene Art, ihre sprachlose Beziehung ein Gespräch darüber verunmöglicht. Beim Abschied vor seinem Flug zur Preisverleihung hatten sie sich kurz umarmt. Erstmals seit seinen Kindertagen. Eine letzte Berührung, die beide verlegen gemacht hatte. Sein Vater hatte gesagt, er solle sich nicht so anstellen. Es bleibe Zeit genug. Er hatte ihm geglaubt.

Glauben wollen.

Am Grab des Vater hatte er sich geschworen, bei der Mutter würde er dasein. Er hatte an ihrer Seite gesessen. Sie hatte es ihm leichtgemacht. War überzeugt, Vater warte auf sie. Er bestärkte sie darin. Blieb neben ihr, ihre Hand in der seinen, wenn sie aus dem Morphiumschlaf aufwachte, mit jenem Blick, den er nie mehr vergessen hatte. Orientierungslosigkeit, furchtsame Erwartung. Und – vor allem – Hoffnung. Ausdruck ihres Gottvertrauens, das sie sich im Laufe ihres Lebens erarbeitet hatte.

Später war sie eingeschlafen. Ruhig, ohne Lächeln.

Ihr Begleiter zwischen Sterne und Mond war nicht Gatto.

Er öffnete die Augen. Dunkelheit. Auf ihn wartete niemand! War es schon soweit? Er drückte auf den Knopf der Tauchlampe, ihr Licht ging an. Und er hatte schon gedacht ... So leicht würde es nicht sein! Wenn er Glück hatte, verlor er unmerklich das Bewusstsein.

Der erste, der gehen musste, hatte es schwerer. Keine Hoffnung auf einen, der ihn erwartete ... Vielleicht konnte Mitra eines Tages auf ihn vertrauen. Sie hatte ihn im Leben nicht vergessen, sie würde ihn im Sterben nicht vergessen. Jetzt war sie irgendwo da draussen, er wusste es. Suchte im Tal nach ihm. In einem Anfall ohnmächtiger Wut schwamm er zur Tür zurück. Fand auf dem Boden einen Steinbrocken, donnerte ihn neben dem Riegel gegen die Tür. Ein dumpfes Poltern war das einzige Resultat.

«Da!» Marco deutete auf die Tür.

«Ich habe nichts gehört», sagte Anna.

«Vielleicht gibt es Luftblasen in der Höhle», sagte Mitra. «Oder höher gelegene Gänge!»

«Eine Kristallkluft ist normalerweise ein simples Loch im Fels», antwortete Marco skeptisch.

«Marco, Herrgott: Denk nach!»

Der Junge blickte Mitra verzweifelt an. Von seiner Bestimmtheit war nicht viel übriggeblieben. Es lag jetzt an ihr, die Initiative zu übernehmen.

«Stell dir vor, Gatto ist wirklich da drin. Was tun wir.»

«Die Mauer muss weg.»

«Also brauchen wir ... Werkzeug! Einen grossen Hammer, eine Spitzhacke, Schaufeln, was weiss ich!»

«Woher?»

«Woher, woher ... sag du es mir! Beim Haus vielleicht! Hat der Strahler in seiner Hütte nichts, was man brauchen könnte?»

«Bin gleich wieder da.»

Mit zwei Sätzen war Marco beim Lift und verschwand.

Mitra verbarg das Gesicht in ihren Händen. Anna drückte sie an sich.

«Vielleicht ist Gatto gar nicht da drin!»

Neue Gewitterböen kamen auf. Sie peitschten die Regentropfen waagrecht durch die Luft. Vereinzelte Hagelkörner waren darunter. Der Überhang der Wand schützte sie nicht mehr. Mitra schaute voller Angst ins Tal hinaus. Sie konnte sich nicht erinnern, ein Gewitter von dieser Heftigkeit erlebt zu haben. Unablässig zuckten die Blitze, ein Donner rollte in den nächsten, noch höhere Wolkentürme bauten sich auf. Nur eine Frage der Zeit, bis ein Blitz in ihrer unmittelbaren Nähe einschlug. Mitra behielt ihre Befürchtungen für sich.

«Der Lift kommt!»

Sie rannten zum Galgen. Marco reichte ihnen einen schweren Vorschlaghammer und eine Schaufel herüber. In der freien Hand hielt er ein grobmaschiges Netz.

«Wozu?» schrie Mitra in den Wind.

Marco antwortete nicht. Er packte den Hammer, stürmte zur Mauer. Gleich beim ersten Schlag zersplitterte einer der obersten Steine, der Riegel der Tür war freigelegt.

«Wenigstens der ist geöffnet!»

Mitra stellte sich neben ihn, hieb mit der Schaufel ebenfalls auf die Mauer ein, erzielte aber keine Wirkung. Marco arbeitete sich von oben nach unten, Anna räumte mit blossen Händen die Steine weg. Bald blieben nur die untersten zwei Reihen. Er lehnte den Hammer gegen den Fels.

«Weiter!» trieb Mitra ihn an.

Marco schüttelte den Kopf, nahm das Netz vom Boden auf.

«Überlegt mal: Wenn das Wasser die Tür aufdrückt, wird es mit gewaltiger Kraft herausschiessen und alles mitreissen. Über den Fels hinaus!

Das Netz hier ist für Helikoptertransporte gedacht, das hält einiges aus. Wenn wir Glück haben, können wir Gatto damit auffangen!»

«Du schaust zu viele Filme», sagt Anna.

«Es kann aber auch nicht schaden», erwiderte Mitra, obwohl sie dasselbe gedacht hatte.

«Gott sei Dank hängt der da!» Marco hatte einen Karabinerhaken entdeckt, der neben dem Tor in eine Felsritze geschlagen war. «Ihr beide haltet das Netz auf der anderen Seite. Ich räume den Rest der Mauer weg, dann wird alles sehr schnell gehen.»

Mitra nickte. Sie packte das Netz, setzte sich hin, den Rücken zur Wand, die Fersen in eine Rinne verkeilt. Anna tat es ihr gleich.

Marco stellte sich neben die Tür, hob den Hammer.

«Bereit?»

Weshalb bist du nicht hier, Mitra? Ich habe die falschen Stücke geschrieben. Meine Lieder haben eine Dramaturgie, eine Logik. Das Leben nicht. Ich ersaufe in einer Kristallkluft. Alleine. Nicht heroisch auf der Bühne, nicht standesgemäss an einer Überdosis oder bei einem Flugzeugunglück. In einer Kristallkluft! Wo ist da der Sinn, Mitra? Ich weiss, ich habe kein Recht auf einen sinnvollen Tod.

Gibt es den überhaupt?

Erinnerst du dich? Damals im Studio? Als ich dich beobachtete. Ich wollte dich so sehr, es zerriss mich. Weißt du, was ich getan habe? Ich habe es mir selbst besorgt. Auf der Toilette. Darauf war ich stolz, Maurizio! Ich hatte widerstanden. Ein einziges Mal. Sonst konnte ich die Finger nicht von den Leimkübeln lassen. Nie. Du hast mich zwischenzeitlich nur falsch eingeschätzt, Maurizio! Ich wollte sein wie du. Ich war eifersüchtig. Wir hatten keine Mädchen in unserer Bande, keinen Unterschlupf, keine Geborgenheit. Wir waren nur Schläger. Dumpfköpfe. Vielleicht habe ich den Überfall nur inszeniert, um danach den Grossmütigen spielen zu können. Kalte Berechnung, purer Opportunismus. Ich war ein Verlierer. Das ertrug ich nicht. Wie alle in dem Geschäft, Maurizio! Ich habe viele kennengelernt. Beschädigte ihrer Kindheit, Aussenseiter. Deshalb ihr Ehrgeiz. Ihr Exhibitionismus. Ich hatte Skrupel wegen deiner Texte. Ein wenig. Die Stiftung war reine Augenwischerei. Donato hat mich nicht überredet. Er sprach nur meine Gedanken aus. Für die ich mich schämte. Ein wenig. Ich wusste, seine Geschäfte waren schmutzig. Schloss einfach die Augen, Maurizio. Du hättest es nicht getan, ich weiss. Du wärst bei deinem Vater geblieben, am Sterbebett. Ich war schwach. Du warst der Stärkere. Wir haben es gewusst. Nur wir. Du wärst auch an meinem Grab gestanden, hättest dich nicht versteckt, hinter den Bäumen. Wärst Mitra zur Seite gestanden, hättest sie auf Händen getragen. Nein, nein, das ist keine Verherrlichung! Und ich bitte dich nicht um Verzeihung. Wir haben uns ergänzt. Wir haben zusammengehört. Schwarz und weiss. Feuer und Wasser. Jagger und Richards, McCartney und Lennon, Henley und Frey.

An den Rändern wird die Erinnerung unscharf, Maurizio. Manchmal frage ich mich, ob es dich überhaupt gab. Hast du wirklich existiert? Oder bist du nur ein Symbol für all das, was ich vor Jahren verloren habe? Das zweite Gesicht des Gatto Dileo? Ausdruck von Offenheit, Ehrlichkeit, Idealismus – unbrauchbare Eigenschaften, wollte ich werden, was ich wurde. *Wish I didn't know now, what I didn't know then.* Unsere erste Coverversion, du erinnerst dich. Bob Seger. Die erste Lüge. Ich habe immer gewusst, was ich heute weiss. Mir selbst habe ich nie etwas vorgemacht. Wenn ich zurückkönnte, ich würde alles anders machen. Du lachst, Maurizo? Natürlich lachst du. Du kennst mich. Nichts würde ich anders machen, Maurizio …

Maurizio?

20. Disperati complici
(*Dalla-Morandi*)

«Er spricht!»rief Anna aufgeregt. «Er hat die Augen geöffnet. Ich glaube, er nennt mich Maurizio!»

Marco hatte sich aufgerappelt, kam ihr zu Hilfe, wickelte Gattos Beine aus dem Netz. Vorsichtig drehten sie ihn in Seitenlage.

«Vielleicht hat er Wasser in der Lunge!» Mitra humpelte hinüber. Als Zug auf das Netz gekommen war, hatte sie vor Schmerz geschrien, aber nicht losgelassen. Nur Marcos Reflexbewegung hatte verhindert, dass das Wasser sie nicht mit Salvo zusammen über den Felsvorsprung gespült hatte.

Die Erkenntnis erschreckte sie jetzt mehr als Sekunden zuvor die Flutwelle.

«Er ist bewusstlos.»Marcos Gesicht war angstverzerrt.

Mitra kniete nieder. Der Regen klatschte in Salvos wächsernes Gesicht, seine Lippen waren blau. Sie nahm seine Hand. Kälter als ihre eigene! Anna drehte ihn auf den Rücken, in regelmässigen Abständen drückte sie mit beiden Händen kräftig auf seinen Brustkorb. Es geschah nichts.

«Was jetzt?» fragte Mitra.

«Weiss nicht», sagte Anna hilflos. «Im Rettungskurs war das die Massnahme bei Menschen mit Wasser in der Lunge. Hat er nicht, oder ich mache es verkehrt!»

«Habt ihr ein Handy?» fragte Marco.

«In meinem Rucksack?»

«Wo ist der?»

Mitra hatte sich bereits umgeschaut. «Vom Wasser mitgerissen, befürchte ich.»

«Ich hole Hilfe. Meine Mutter. Sie weiss, was tun.»

«Wir brauchen einen Rettungshelikopter!»

«Kaum möglich, bei diesem Wetter. Aber ihr müsst ihn wärmen.»

«Unmöglich hier!» Anna strich nasse Haarsträhnen, die ihr wie schwarze Schatten im Gesicht klebten, nach hinten.

«Er muss ins Trockene. In die Hütte des Strahlers!»

Zu dritt hoben sie Gatto hoch, vorsichtig trugen sie ihn zum Liftkorb. Marco liess Anna einsteigen.

«Und wenn wir zu schwer sind?»

«Ich werde das Seil mit dem Blockierungssystem bremsen. Wir haben keine Wahl.»

Mitra begriff die Konstruktion noch immer nicht. Marco behielt die Gewichtsscheiben im Auge, plötzlich stemmte er sich mit aller Kraft gegen den Arretierungshebel, das kreischende Geräusch übertönte selbst den nächsten Donnerschlag.

«Raus mit ihm!» schrie Marco.

Mitra blickte hinunter. Anna wuchtete Salvo aus dem Käfig, fiel unter dessen Gewicht hin. Marco löste die Blockierung, die Gewichte verschwanden aus ihrem Blickfeld. Kaum war der Lift wieder oben, sammelte Marco herumliegende Felsbrocken ein, warf sie in den Korb. «Du bist zu leicht, zusammen sind wir zu schwer.»

Bald fanden sie nichts mehr, die Sturzflut hatte alles Geröll weggespült.

«Vielleicht kann ich unten Gewicht wegnehmen», sagte Marco. «Warte im Korb.»

Er kletterte ohne Sicherung hinunter, liess sich zwei Meter über dem Boden fallen, schlug hart auf.

«Alles in Ordnung?» rief Mitra. Keine Antwort. Marco eilte an die Gewichtsscheiben. Einen Augenblick später sackte der Korb ab, prallte unten auf. Eine Messerklinge bohrte sich zwischen ihre Rippen.

Als der Schmerz abgeklungen war, beruhigte sie Anna mit einer Handbewegung. «Atmet er?»

«Ja.»

«Weiter!»trieb sie Marco an.

Mitra konzentrierte sich auf das Wesentliche. Mit Marcos Hilfe hatten sie Gatto in die Hütte getragen, auf das Bett des Strahlers gelegt. Dann war er losgerannt. Er brauche nicht lange. Sie bat Anna um ein Frottiertuch, egal woher, sie solle den Holzofen in Gang setzen, egal wie.

Zuerst schnürte sie Salvo die Trekkingschuhe auf, zog ihm die Socken aus. Die bläuliche Verfärbung seiner Füsse erschreckte sie. Mit klammen Fingern nestelte sie vergeblich an seiner Gurtschnalle. Sie entdeckte die Schere auf der Ablage über dem Bett, zerschnitt das T-Shirt über Bauch und Brust, riss den Stoffetzen unter ihm hervor. Der zweite Versuch, den Gürtel zu öffnen, war erfolgreicher. Sie zögerte nicht, zerrte die an der Haut klebende Jeans samt Slip herunter. Anna war fündig geworden, warf ihr ein Handtuch zu. Mitra frottierte kräftig Salvos Körper, rote Striemen blieben auf seiner Haut zurück. Sie legte die Decke über ihn, wand sich aus den eigenen Kleidern, wiederholte die Prozedur bei sich selbst.

Anna hatte im unteren Raum Brennholz gefunden, konnte die Scheite aber nicht entfachen.

«Keine Zeitungen, kein Papier, Scheisse!»

«Streichhölzer?»

«Hier. Ich zerbrech sie ständig.»

«Raus aus den Kleidern. Schnell.» Sie nahm Anna die Streichholzschachtel aus der Hand, ihr Blick durchkämmte den Raum, blieb am einzigen Foto an der Wand hängen. Mit zwei Schritten stand sie davor, riss es herunter, bat die Frau, die darauf weitere Fotos verstreute, um Verzeihung, legte sie unter die Scheite. Die kleine, durch die Chemikalien grünliche Flamme entzündete einen Span des untersten Scheits. Behutsam blies Mitra hinein. Rauch quoll ihr entgegen. Sie fand unterhalb des Ofenrohrs einen Hebel, drehte ihn. Sofort frassen sich die Flammen höher.

Anna stand mittlerweile auch nackt neben ihr.

«Wir müssen uns zu ihm legen. Ihn mit unseren Körpern aufwärmen!»

«Machst du Scherze? Das überlass ich dir. Der Typ, der hier wohnt, muss irgendwo Kleider haben!»

Mitra fand unter dem Bettgestell einen Stapel Kleidungsstücke, reichte ihn Anna, legte sich dann neben Gatto unter die Decke, drückte ihren Körper gegen seinen. Er atmete, Gott sei Dank. Schwach, aber regelmässig.

«Hast du toll hingekriegt, Salvo!»flüsterte sie. «Lässt dich in einer Höhle ertränken, nur damit du mich in dein Bett kriegst!»Der Scherz als letztes Mittel gegen die Angst. Sie fürchtete um Salvos Gesundheit, sie wusste nicht, wie es weitergehen sollte, Anna würde sich eine Lungenentzündung holen ...

«Anna?»

«Ja?»

«Tut mir leid, was ich dir da eingebrockt habe.»

«Ich wollte schon immer mal einen Adventure-Trip machen.»

«Im Ernst.»

«Ich will nur in die Wärme.»

«Bald, Anna. Ich verspreche es.»

Was hätte sie sonst sagen sollen? Es war nicht der Moment für Diskussionen. An ihrer Brust fühlte sie ein schwaches Zucken. Salvos Augen blieben geschlossen. Er murmelte etwas, sie verstand nur ein Wort: Maurizio. Unwillkürlich fragte sie sich, ob Sauerstoffmangel bleibende Schäden verursachen konnte. Zugleich meldeten sich Gewissensbisse, überfiel sie Sehnsucht nach Manuel. Es überraschte sie nicht. Sie konnte nicht aus ihrer Haut. Die ewige Zerrissenheit. Sie fühlte Salvo zum ersten Mal seit siebzehn Jahren neben sich. Hatte für ihn ihr Leben riskiert. Weder das eine noch das andere änderte irgendwas. Sie hatte hier nichts zu suchen ... und gehörte doch hierher. Ihre Körper schmiegten sich aneinander, zwei Teile einer Gussform. *Disperati complici* sang Gianni Morandi in jenem Lied. Verzweifelte Komplizen. Ein verzagtes Lächeln erhellte ihr Gesicht. Für jede Situation das treffende Lied, die passende Stimme. Immer die eines Mannes, Sängerinnen hörte sie kaum. Morandi, Dalla, Rossi, Ligabue, Camariere – sie ersetzten ihr Salvos Stimme, die sie jahrelang nicht ertragen und zugleich vermisst hatte. Jetzt lag Salvo neben ihr. Der Moment der Entscheidung nahte. *Se non ti decidi subito/ tu, dovrai rinunciare a vivere.* Wenn du dich nicht sofort entscheidest, verzichtest du darauf zu leben. *E non t'illudere/ non servirà a nessuno* – und mach dir nichts vor, es nützt niemandem etwas.

Machte sie sich etwas vor?

Sie hatte sich vom Wiedersehen mit Salvo Klarheit erwartet. Vielleicht waren es die Umstände, die sie ernüchterten. Sie wollte nur noch weg von hier, dem Gewittersturm entfliehen. Manuel anrufen, so schnell sie konnte, und nach Hause fahren, sobald das Wetter es zuliess.

«Sie kommen!»Anna war aufgesprungen.

Sie sah Marcos Rücken auf der Treppe, er zerrte eine Bahre hinter sich her, ein zweiter Mann folgte, dahinter kam Marcos Mutter.

Mitra löste sich von Salvo.

«Wie geht es ihm?» fragte Giulia, während sie mit dem Handrücken Salvos Körpertemperatur kontrollierte.

«Er ist bewusstlos, aber er atmet regelmässig.»

Giulias Finger tasteten nach dem Puls, sie legte das Ohr auf seine Brust. Aus einem Köfferchen nahm sie eine Spritze, zog aus einer Ampulle eine klare Flüssigkeit auf. Geschickt band sie Salvo den Oberarm ab.

«Was gibst du ihm?»

«Ein kreislaufstärkendes Mittel. Wird ihm beim Transport helfen. Mehr kann ich im Moment nicht tun.»

Anna streckte Mitra Hose und Hemd hin. Erst jetzt wurde ihr bewusst, dass sie nackt war. Sie wandte sie ab, schlüpfte schnell in die Kleider. Marco und der Mann, den er als seinen Onkel Renzo vorstellte, wickelten Salvo in eine Rettungsfolie, dann in die Bettdecke, legten ihn auf die Bahre, schlossen den Reissverschluss der Schutzhülle bis zur Kapuze und schnallten ihn fest.

«Bereit?» fragte Renzo.

«Ja.»

Sie hoben die Bahre über das behelfsmässige Treppengeländer, verschwanden nach unten. Giulia schloss die Sanitätstasche, erkundigte sich nach ihrem Befinden.

«Erfroren!» übertrieb Anna.

«Erschöpft», berichtigte Mitra.

Giulia hielt sie zur Eile an. Der Regen bringe immer mehr Hänge ins Rutschen. Sie traten aus der Hütte. Die Blitze folgten sich nicht mehr ganz so dicht, die zeitlichen Abstände zu den Donnerschlägen waren länger geworden, erste hellere Flecken durchbrachen die schwarzen Wolkentürme. Doch der Regen liess nicht nach. Sie umrundeten den Felsvorsprung, eilten am Lift vorbei. Marco und Renzo verschwanden mit der Bahre bereits im Wald. Der schmale Trampelpfad war sumpfig und sehr glitschig geworden. Mitra packte Annas Hand, ignorierte ihre Proteste, gemeinsam meisterten sie schwierige Stellen. Bis sie die Stelle erreichten, wo früher das Bächlein den Weg gequert hatte. Das Unwetter hatte es zu einem schmutzigbraunen, drei Meter breiten Sturzbach anschwellen lassen.

Mitra fragte sich, wie Marco alleine hinübergekommen war. Jetzt war ein Seil zwischen zwei Bäume gespannt, von Marco und Renzo auf dem Hinweg befestigt. Die beiden Männer hängten mit Hilfe von Karabinerhaken die Bahre daran, sicherten sich selbst. Renzo stieg vorsichtig ins schäumende Wasser, verlor kurz das Gleichgewicht, kam wieder auf die Füsse. Er setzte Schritt vor Schritt, zog die Bahre mit Marcos Hilfe stückweise nach.

«Keine Sorge, sie wissen, was sie tun!» beruhigte Giulia. «Renzo war früher bei der Bergrettung. Hier, zieht die Sicherungsgurten an.»

Mitra und Anna befolgten ihre Anweisungen. Die Bahre hatte den Bach überquert. Renzo half Marco aus dem Wasser, vorsichtig setzten sie Salvo ab.

«Sein Puls?» rief Giulia.

Renzo beugte sich über Salvo, hob kurz darauf beruhigend den Daumen.

«Erst Mitra. Anna nehmen wir in die Mitte. Jetzt!»

Mitra schaute nicht hin, sie wusste, das Wasser stürzte einige Meter weiter unten praktisch ins Leere. Sie glitt ständig aus, fragte sich, wo Renzo und Marco Tritt gefunden hatten. Anna ging es nicht besser. Wenigstens gab ihnen die Sicherungsgurte Halt, selbst wenn sie ausrutschten und in der eisigen, braunen Brühe versanken.

Drüben angekommen klinkten sie die Karabinerhaken aus. Marco und Renzo waren mit der Bahre bereits hinter der Wegbiegung verschwunden. Erst kurz vor der Teerstrasse holten sie sie ein. Vorsichtig bugsierten sie Salvo in den bereitstehenden Kombi. Marco kroch zu ihm hinein. Er würde die Bahre in den engen Kurven festhalten. Renzo fuhr los. Giulia setzte sich ans Steuer des Mietautos, Mitra sank entkräftet neben Anna auf den Rücksitz.

21.   DAS GRAB

Salvo trat auf den kleinen Balkon des Torre. Der Ausblick war unverändert. Die felsige Schulter der Schlucht gleisste in der Sonne. Das Wasser der Quarta war auf den normalen Stand gesunken. Nur einige zwischen den Felsblöcken verkeilte Baumstämme erinnerten an das Unwetter. Doch auf seinen Einkaufsfahrten zu Giulia konnte Salvo das wahre Ausmass der Schäden erkennen. In jedem steileren Wiesenhang klaffte eine Wunde: halbmondförmige Abrisse, die oberste Schicht Humus war abgerutscht, hatte alles mitgerissen, bis dort, wo die Hänge ausliefen. Die Talbewohner hielten sich nicht mit Wehklagen auf. Täglich entstanden neue Baustellen, an vielen Orten waren kleine Bagger aufgefahren. Alle Abrissstellen wurden mit mächtigen Rundhölzern gesichert. Salvo hatte Giulia vergeblich seine Hilfe angeboten. Er müsse sich erst erholen, mit einer Lungenentzündung sei nicht zu spassen. Ganz zu schweigen von der Bewusstlosigkeit! Später, im Herbst gäbe es noch Arbeit genug, hatte sie ihn vertröstet. Oder im nächsten Frühjahr, bis dann würde die staatliche «Soforthilfe» wohl ausbezahlt sein.

Er blickte auf die Terrasse hinunter. Bis auf eine Ecke waren die Bruchstücke neu verbunden. Das Mosaik fügte sich zusammen. Auch ohne Mitra. Er hatte, kaum wieder bei Besinnung, zum Geständnis angesetzt. Sie wollte nichts hören. Sie sei es, die ihm zu lange die Wahrheit verschwiegen habe. Wessen Tochter Anna sei, müsse sie ihm ja wohl nicht erklären.

Anna war Maurizio tatsächlich wie aus dem Gesicht geschnitten. Gatto hatte sich augenblicklich für sie verantwortlich gefühlt und das Misstrauen ignoriert, das sich in jeder ihrer Gesten offenbarte, wenn sie an sein Bett trat.

Er vermisste sie bereits.

Würde er auch ihr sagen, dass er ihren Vater umgebracht hatte? Vorsätzlich, nicht zufällig, wie Mitra es ihr wahrscheinlich erklärt hatte.

Die Hälfte seines Vermögens, seit fünfzehn Jahren unangetastet auf einem Sperrkonto, hatte er Mitra bereits überwiesen. Eine Summe, die für vier Leben reichte. Maurizios Geld. Wenn Donato davon erfuhr, würde er seine Zelle kurz und klein schlagen. Sass er wirklich im Gefängnis? Die Verhaftung hatte in den Medien die üblichen Wellen geschlagen, ebenso Donatos Ankündigung, er werde ein umfassendes Geständnis ablegen. Der ewige Opportunist. Schlug sich auf die Seite der Reumütigen und kam so in den Genuss von Sonderbehandlungen. Wahrscheinlich hatte er bereits einen Vorschuss für seine Memoiren kassiert!

Es konnte ihm egal sein. Sein Anwalt hatte alle geschäftlichen Verflechtungen zwischen Donato und ihm entwirrt und aufgelöst. Der Vertrag mit der Plattenfirma lief ohnehin aus, der Videoclip, seine letzte Verpflichtung, wurde bereits gesendet. Zu seinem Erstaunen in jener Form, die er vor zwei Wochen im Fieber zu Ende geschnitten und abgeschickt hatte. Wahrscheinlich konnte sich die Plattenfirma eine weitere Verzögerung nicht leisten. *Eravamo in tre* stand an der Spitze der Hitparade. Der Song würde sein grösster Erfolg werden, das war bereits klar.

Das Schicksal schlug seltsame Kapriolen.

Salvo beobachtete während einiger Minuten den Flug des Falkens. Seit dem Unwetter kreiste er jeden Tag über der Schlucht. Wahrscheinlich war die Thermik besser geworden. Jetzt verschwand der Vogel zwischen den Baumwipfeln unterhalb der Felswand. Salvo ging in den Aufnahmeraum. Überflog den Text des ersten Liedes. Seine Finger strichen sanft über das Papier. Die aufwendig gearbeiteten Notizbücher hatte er in einem Fachgeschäft für Schreib- und Malutensilien entdeckt, unten im Städchen am See. Bei diesem Buch war das handgeschöpfte Büttenpapier in zwei Holzdeckel gebunden. Dasselbe sinnliche Vergnügen bereitete ihm die kostbare Füllfeder. Die Maserung im Wurzelholz des Griffes erinnerte ihn an die scheinbar wirren Fugen zwischen den Granitplatten. Alles Handarbeit, hatte ihm der Geschäftsbesitzer versichert. Er besitze nur noch wenige dieser edlen Stücke, handgefertigt von einer Heimwerkerin in Gspona. Sie liefere leider nicht mehr, weil sie gerade Mutter von Zwillingen geworden sei. Dann hatte er Gatto bei der Wahl der Tintenfarbe beraten. Wer kreativ arbeiten wolle, müsse solchen Details Beachtung schenken.

Nach längerem Abwägen hatte Salvo zwei Farben ausgewählt. Albicocca, Aprikose für Notizen und Entwürfe, Marrone, braun, für die Reinschrift der Songs.

Salvo betrachtete die beiden beschriebenen Seiten in seinem ersten, eigenen Songbook. Bisher hatte er auf dem Computer getextet, und vielleicht liess er sich vom ungewohnten Schriftbild täuschen, doch ihm schien, er hätte noch nie einen besseren Text geschrieben. *Figlia del dolore*, Tochter des Schmerzes, war um die eine Zeile aus dem ersten Mail des Strahlers gebaut. Der Refrain nahm das Bild des Mädchens auf, das im strömenden Regen ein Bäumchen goss. Salvo hatte Text und Melodie gleichzeitig entwickelt, die Instrumentierung beschränkte sich auf eine Gitarre.

Glücklicherweise war der Song nicht Donatos Urteil ausgesetzt. Keiner würde sich über mangelnde Radiotauglichkeit auslassen! Nicht Donato, nicht die alte Plattenfirma. Er hatte Kontakt zu einem kleinen Schweizer Label aufgenommen, die neuen Verträge waren unterschriftsbereit. Mit einem Bruchteil von dem, was seine CDs früher eingebracht hatten, konnte Salvo den Weiterbestand der Firma sichern. Sie wussten es, er wusste es. Mehr durften sie nicht erwarten. Er hatte sich totale künstlerische Freiheit ausbedungen.

Fraglich blieb, wie er seinen Mitautor abgelten konnte. Der Anwalt war auf der Suche nach lebenden Verwandten von Matteo Mela, bisher ohne Erfolg. Salvo verwendete zwar nur Bruchstücke der Mails, es waren keine Songs wie bei Maurizio, dennoch. Matteo verdankte er die Möglichkeit eines Neuanfangs. Jetzt war Salvo auch klar, weshalb Matteo seine Geschichte mit Luana erwähnt hatte. Die Schauspielerin habe dafür gesorgt, dass er sich nach ihrem Tod nicht verlor ... So wie Matteo Salvo verpflichtet hatte, endlich seine künstlerische Verantwortung wahrzunehmen.

Warum schreibst du nicht darüber einen Song, Gatto Dileo?

Matteo hatte ihm die Themen geliefert. Und ihn in der Kluft zur Auseinandersetzung mit seiner bisherigen Arbeit gezwungen. In der Höhle hatte Salvo mit dem Tod gerechnet. Dann wäre das, was er bisher geschaffen hatte, sein Gesamtwerk gewesen. Das, was blieb, wenn nichts mehr blieb.

Was geblieben wäre, war nicht gut genug.

Das zu ändern, war seine Aufgabe. Das Leben und unsere Arbeit sind wie eine Phrase, hatte ihm ein befreundeter Jazzmusiker kurz vor seinem Zusammenbruch gesagt. Diese Phrase sollte stets scharf umrissen bleiben.

Auch diesen Ratschlag begriff Salvo erst jetzt. Die Erkenntnisse aus der Kluft deckten sich mit den Konsequenzen, die er aus seiner Krankheit zog: Er durfte seine Energie nicht mehr verschwenden. Die drei Zisternen, von denen der Arzt gesprochen hatte, nie leeren. In diesem Bewusstsein war *Figlia del dolore* entstanden. Er hatte den Song auf spielerische Weise entwickelt, die Gitarre in der Hand. Und nur dann gearbeitet, wenn er sich stark genug fühlte, in kurzen Blöcken, seine Energie zielgerichtet gebündelt.

Ein kleiner Anfang war gemacht. Zugleich wusste er, dass noch vieles unbewältigt war. Von Donato hatte er sich zwar juristisch getrennt, aber es musste sich erst herausstellen, ob er auf längere Sicht ohne ihn arbeiten konnte. Bei aller Erleichterung über die Trennung blieb ein Rest Unsicherheit. Das symbiotische Verhältnis mit Donato hatte ihn stärker geprägt, als er wahrhaben wollte.

Doch mehr machte ihm das bevorstehende Geständnis seines Verrates zu schaffen. Solange er Mitra dieses letzte Geheimnis nicht offenbart hatte, durfte er nicht von einer gemeinsamen Zukunft träumen ... Sie müsse nach Hause, zu ihrem Sohn, zu ihrem Mann, einige Tage, Wochen Ruhe finden. Danach würden sie reden. Sie komme wieder, bestimmt, sie wisse nur nicht wann.

Drei Wochen waren seither vergangen. Er hatte nichts von ihr gehört, blieb dennoch ruhig. Ihr Versprechen genügte ihm. In die alte Verzweiflung verfiel er nicht mehr. Vielleicht weil nichts in seiner Hand lang. Weil selbst ohne Mitra eine Zukunft plötzlich möglich schien. Es standen ihm Jahre der Wiedergutmachung bevor, wie es Matteo in der Kluft genannt hatte.

Salvo wunderte sich über seine Gelassenheit. Eine Folge seiner Grenzerfahrung? Er hatte seinen Tod in den letzten Monaten und Jahren ständig herausgefordert. Diese Vermessenheit stand keinem zu, hatte er erkannt. Ihm zuletzt. Seine Zeit war noch nicht gekommen. Dem hatte er sich zu fügen.

Salvo blickte auf die Uhr. Marco erwartete ihn. Würde er seinen Entschluss bereuen, wenn er die Höhle wiedersah? Einige Male war er aus dem Schlaf geschreckt, nach Atem ringend. Dennoch: Traumatisiert hatte ihn seine Gefangenschaft nicht. Eher therapiert. Er fuhr den Computer des Mischpults hinunter, legte sein Songbook und die Füllfeder in die Schublade zu Maurizios Heft, schloss die Studiotür.

Er freute sich auf die nächste Session. Ein Gefühl, das er seit Maurizios Tod vermisst hatte.

Die verbeulte Seitentür des Z4 entlockte ihm jedesmal ein Lächeln. Er brauchte ohnehin ein praktischeres Auto. Marco beteuerte unermüdlich, die Strasse sei überspült gewesen, glitschig, fast habe er es geschafft, dem Betonpfeiler auszuweichen. Als würde sich Salvo auch nur eine Sekunde lang über den Blechschaden ärgern! Typisch Marco. Rettete ihm das Leben, machte sich im nächsten Moment wegen einer Bagatelle ein Gewissen.

Er packte Werkzeug in den Kofferraum und fuhr los. Vor Giulias Laden hielt er an. Marco wartete bereits.

«Alles klar?» fragte Salvo.

«Alles klar. Mutter lässt fragen, wie es dir geht.»

«Gut. Ich habe gestern die letzten Antibiotika-Tabletten genommen.»

«Du sollst sie doch nicht zu früh absetzen!» Marco stellte den Rucksack zwischen seine Füsse, als hätte er rohe Eier eingepackt.

«Die Sorge deiner Mutter in Ehren, aber drei Wochen sind genug. Sagt der Arzt.» Salvo startete den Motor und öffnete das Dach. «Heute abend möchte ich endlich wieder Wein trinken.»

«Trifft sich gut, Mutter lädt dich zum Essen ein.»

«Wunderbar. Ich möchte ohnehin etwas mit euch besprechen. Ist dein Vater wieder auf die Alp?»

«Heute früh.»

«Schade. Ich möchte seine Meinung hören.»

«Worüber.»

«Das erfährst du heute abend.»

«Mach es nicht spannend, Salvo!»

«Geduld. Jetzt zeig mir die Stelle, wo du die Karre demoliert hast!» Marco schaute ihn betreten an.

«Kleiner Scherz», sagte Salvo.

Marco zeigte ihm die Kurve, die ihn ins Schleudern gebracht hatte. Der Betonpfeiler und die Leitplanken waren ebenfalls verschrammt. An einigen Stellen klebte der Lack des Z4.

«Der Verkäufer hat die Farbe ‹merlotrot› genannt», sagte Salvo.

«Sorry.»

«Das war deine letzte Entschuldigung! Denkst du wirklich, ich verschwende den Splitter eines Gedankens daran? Ich bin bloss froh, dass dich die Leitplanke aufgefangen hat.»

Sie fuhren weiter. Marco machte ihn auf die unzähligen Erdrutsche aufmerksam.

«Und oben, auf der Alp?» fragte Salvo.

«Es ist alles repariert. Na ja, behelfsmässig.»

«Wenn ihr Geld benötigt ...»

«Solange das Staudammprojekt nicht beerdigt ist, investieren wir nicht, sagt Vater.»

«Das hab ich völlig vergessen.»

«Wer weiss, vielleicht beginnen die Leute sich zu wehren. Die Unwetterschäden haben den einen und anderen zum Nachdenken gebracht. Die Natur interessiert die Leute erst, wenn sie ihnen in den Arsch tritt.»

Sie erreichten das Ende der Strasse. Marco schaute in den Kofferraum. Von den Werkzeugen nahm er nur die Spitzhacke heraus.

«Was ist mit dem Rest? Kein Zement?» fragte Salvo erstaunt.

«Ich habe Sprengstoff. Im Rucksack.» Marco lächelte verschmitzt.

«Bist du verrückt?»

«Abwarten. Komm.»

«Hier wurde es schwierig mit der Bahre, der Bach war damals dreimal breiter.» Marco zeigte auf das Sicherungsseil. «Wir nehmen es auf dem Rückweg mit.»

Sie überquerten das Bächlein, traversierten ein letztes Waldstück, das sich bald lichtete.

«Nimm den Lift, ich klettere hoch.»

«Ich auch.»

«Dann lassen wir die Spitzhacke hier. Ich seil dich an.»

«Muss wohl sein.»

«Ja.»

Marco kletterte zwei Meter hoch, fasste Stand. Salvo wartete.

«Hier wird es leicht überhängend. Schau mir genau zu. Wenn ich rufe, kannst du folgen. Nicht früher.»

«Geh!»

Behende stieg Marco weiter auf, den Überhang meisterte er mühelos. Aber wie? fragte sich Salvo kurz darauf. Er fand keinen Griff, sein Gewicht zog ihn ins Leere. Nach mehreren Versuchen rief er hinauf, er schaffe es nicht. Das Seil wurde straff, mit Marcos Hilfe überwand er die Stelle, stand etwas später neben ihm.

«Bei nächster Gelegenheit gibst du mir Kletterunterricht», sagte er, nach Luft schnappend.

Das Stahltor zur Kluft stand noch immer offen.

«Es lässt sich nicht mehr schliessen», erklärte Marco.

«Was um alles in der Welt willst du hier mit Sprengstoff?»

«Da, über dem Eingang! Der nächste Überhang! Der Fels ist nicht sehr kompakt, wenn wir es richtig anstellen, werden diese zwei, drei Kubikmeter herunterstürzen und die Kluft verschliessen. Sagt Vater.»

«Weshalb weiss dein Vater ...»

«Wir waren gestern hier. Es ist seine Idee. Wir haben alles vorbereitet.»

«Und wenn uns die ganze Wand um die Ohren fliegt?»

«Keine Sorge. Das wird eine kleine, kontrollierte Sprengung. Vater hat die Ladungen vorbereitet. Es kann gar nichts schiefgehen. Ich werde sie an den richtigen Orten in die Felsritzen stecken, das Kabel legen, bumm ...»

«Wart ihr ... in der Höhle?»

«Nein.»

Salvo zögerte nur kurz. «Du bereitest alles vor, ich schaue nach, ob sie leer ist.»

«Es genügt, wenn wir eine Warnung hineinrufen.»

«Ich muss es tun.»

Marco schaute ihn verwundert an. «Hier, die Lampe. Ruf, wenn es ein Problem gibt.»

Salvo schlüpfte hinein. Erwartete eine Panikattacke. Platzangst. Nichts. Im Gegenteil, er fühlte sich fast geborgen. Vorsichtig kroch er in die Kluft. Der Lichtkegel der Lampe erfasste einige Pfützen. Ein letztes Mal betrachtete er die grossen, klaren Kristalle. Für Matteo waren sie ein Symbol der Reinheit gewesen. Jetzt konnte Salvo seinen Gedankengang besser nachvollziehen. Die Quarze, die er geschenkt bekommen hatte, standen wie Mahnmale auf dem Mischpult seines Tonstudios. Wann immer er bei der Arbeit Ausflüchte suchte, Schwierigkeiten ausweichen wollte und kompromissbereit wurde, nahm er einen von ihnen in die Hand, fand seine Zielstrebigkeit wieder.

Langsam kroch er in den Zwischengang. Der Lichtkegel erfasste die Stahltür der hinteren Höhle. Salvo bereitete sich auf einen schlimmen Anblick vor. Vorsichtig stiess er das Tor auf, suchte mit der Lampe die hintere Höhle ab. Nichts. Er schlüpfte hinein. Kontrollierte jeden Winkel.

Matteos Leiche war nicht hier!

Konsterniert kroch er durch den Zwischengang. Hatte er in der vorderen Höhle etwas übersehen? Er verschloss die Tür hinter sich, suchte vorne weiter, gab schliesslich auf.

Als er wieder ans Tageslicht trat, verlegte Marco gerade ein Kabel Richtung Liftgalgen, warf es über den Felsvorsprung hinaus.

«Hast du ... ihn gesehen?»

«Ja. Vergiss ihn. Er wollte sterben. Sag mal – als die Flut mich hier herausgespült hat, wurden da noch andere Dinge mitgerissen?»

«Schon möglich, ich hatte nur keine Zeit, genau hinzuschauen!»

«Natürlich.» Salvo ging nachdenklich zum Lift, blickte hinab. Wenn Matteo mitgeschwemmt worden war, hatte es seinen Körper bis in die Schlucht hinabgeschleudert.

«Hat das Unwetter eigentlich Todesopfer gefordert?»

«Hier im Tal? Nein. Einer wurde im Auto von einem Erdrutsch mitgerissen, aber er hat es überlebt.»

«Seltsam.»

«Er hatte Glück.»

«Ich meinte nicht das, ich dachte nur ...» Irgendwo musste die Leiche doch an Land getrieben worden sein! Er ging zu Marco zurück. Hütete sich, ihm die Wahrheit zu sagen. Die vermeintliche Beerdigung der Leiche war schon mehr, als Salvo ihm zumuten konnte. Marco stand neben dem Liftgalgen, wickelte ein Kabel ab.

«Weshalb machen wir uns eigentlich die ganze Mühe, Salvo? Der Strahler wollte dich doch umbringen!»

«Das glaube ich nicht. Er hat sein Leben für meines gegeben.»

«Ich sehe das anders. Er hat mit dir gespielt. Überleg doch mal! Das Tor geht nach innen und aussen auf. Deshalb dieser Riegel mit der Doppelzange. Also konnte er hineinkriechen, die Mauer von innen her aufbauen, und erst danach die Türe schliessen.»

«Weshalb hat er mir dann den Schlüssel für beide Türen freiwillig gegeben? Er hätte ihn wegwerfen können, dann hätte er gar nicht zu mauern gebraucht!»

«Er wollte dir noch mal Hoffnung machen, bevor du ganz verzweifelst. Ein Sadist. Du solltest länger leiden.»

«Du siehst zu viele Filme. Fertig?»

«Ja. Ich seil dich ab.»

Einige Minuten später standen sie unten. Salvo glaubte Marcos Theorie nicht und der Mauerrest vor dem Tor war ihm ein Rätsel. Nur keine Energie darauf verschwenden, er konnte es nicht lösen! Marco verband die Kabel mit dem Auslöserkästchen, zog Salvo in den Schutz der unteren Wand.

«Okay?»

Salvo nickte. Marco drückte den Knopf. Die Detonation war weniger laut, als Salvo erwartet hatte. Ein dumpfes Poltern folgte, einige kleinere Steinbrocken flogen in grossem Bogen über sie hinweg, kollerten weiter, bis sie zwischen den unteren Felsblöcken liegenblieben.

Die Kluft war verschwunden. Marcos Vater hatte das Gestein richtig eingeschätzt. Er habe eben jahrelang im Granitabbau gearbeitet, erklärte Marco stolz. In drei grossen Stücken war der Felsvorsprung abgestürzt, verunmöglichte menschliches Eindringen in die Höhle. Marco füllte letzte kleine Lücken mit herumliegenden Brocken auf. «Es ist besser, wenn keine Tiere hineinkommen.»

Salvo half ihm. Es machte zwar keinen Sinn mehr, weil Matteos Leiche nicht in der Kluft lag, aber es hatte dennoch seine Richtigkeit.

Als sie fertig waren, verharrte Salvo einige Sekunden vor dem Steinhügel, Marco bekreuzigte sich mit der Flüchtigkeit des häufigen Kirchgängers.

Giulia wollte ihm zum vierten Mal den Teller füllen. Salvo drückte sie gespielt energisch auf den Stuhl. Der Coniglio zergehe auf der Zunge, die Polenta suche ihresgleichen, aber er könne wirklich nicht mehr.

Marco trug die Teller hinaus. Giulia rief ihm nach, er solle ihnen zwei Espressi bringen.

«Gleich. Ich checke schnell unsere Mailbox.»

Giulia seufzte ergeben.

«Ich mag deinen Sohn», sagte Salvo.

«Er macht sich.»

«Tontechniker will er werden, hat er mir verraten. Ist es ihm ernst damit, oder hat es etwas mit mir zu tun?»

«Den Wunsch hat er schon lange. Deine Anwesenheit hier bestärkt ihn darin.»

«Was denkst du?»

«Ich versteh nichts davon. Wenn er es wirklich will ... die Aussichten für ihn hier im Tal sind nicht berauschend.»

«Er muss mindestens die Matura haben.»

«Überzeug ihn! Nein, nein, gib dir keine Mühe. Er hasst die Schule. Grappa?»

«Gerne. Da wir gerade alleine sind – ich habe eine Idee. Bevor ich ihm falsche Hoffnungen mache, will ich mit dir sprechen.»

«Lass hören!» Giulia füllte die Grappagläser aus einer Literflasche ohne Etikett.

«*Salute!* Im Moment schreibe ich neue Lieder.» Salvo unterbrach sich. Er schrieb! Zum ersten Mal seit Maurizios Tod war dieser Satz keine Lüge. Früher war er auf Floskeln von «Albumentwicklung» oder «erster Annäherung an das Songmaterial» ausgewichen, wenn er zur Entstehung «seiner» Texte und Songs befragt worden war. «Ich überlege mir, eine kleine Test-Tournee zu machen. Im Winter. Nur in der Schweiz. Wenn hier bei euch nicht viel los ist. Marco könnte mich begleiten. Als Hilfstechniker.»

«Versteht er genug davon?» fragte Giulia überrascht.

«Ich werde den Aufwand sehr klein halten. Ich bringe ihm das Notwendigste bei, dafür bleibt genügend Zeit. Wenn ihm die Arbeit gefällt, kann er nach der Matura die entsprechende Ausbildung beginnen! Am richtigen Ort, bei den richtigen Leuten. Dafür sorge ich.»

«Gibt es die in deinem Geschäft?»fragte Giulia skeptisch.

Salvo lachte. «Nicht dutzendweise, aber es gibt sie. Was hältst du davon?»

«Für Marco würde ein Traum in Erfüllung gehen. Ich werde mit meinem Mann sprechen. Er wird nichts dagegen haben. Es muss etwas geschehen, es ist höchste Zeit!»

«Wofür?» fragte Marco, der mit den Espressi hereinkam und ihre letzten Worte gehört hatte.

«Für deine Ausbildung. Sag es ihm, Salvo!»

Marco blickte ihn erwartungsvoll an.

«Ich brauche einen Tontechniker auf meiner nächsten Tournee. Dich.»

«Du ... Das ist ein Witz. Ich kann nicht mal ...»

«Du wirst es lernen. Aber mach dir nichts vor. Vergiss Glamour, Partys und Groupies. Versprochen, Giulia! Wir sind zu zweit unterwegs, mieten eines dieser Spacecar-Dinger, und du wirst von morgens früh bis abends spät arbeiten. Einen Monat lang schätze ich, höchstens zwei. Danach werden wir sehen, wieviel von deiner Motivation für den Beruf noch übrig ist.»

Belustigt warteten Salvo und Giulia, bis Marco seinen Freudentanz beendet hatte. Atemlos sank er endlich auf seinen Stuhl. «Fast vergessen, ich habe auch eine gute Nachricht! Anna und Mitra kommen.»

«Man beachte die Reihenfolge!» kommentierte Giulia.

Salvo hoffte, dass sie den Schweiss nicht sahen, der auf seine Stirn getreten war. «Wirklich eine gute Nachricht.» Er stand auf, erklärte bemüht beiläufig, er gehe eine Zigarette rauchen.

Als er wieder eintrat, hatte er seine Gefühle besser unter Kontrolle. Seine Hände zitterten nicht mehr.

«Ich lade euch morgen abend zur Feier meines zweiten Geburtstages ein! All meine Lebensretter!»

«Ich kann nicht», sagte Giulia bedauernd.

«Mutter, tu nicht so bescheiden!»

«Wirklich nicht, Marco. Du eigentlich auch nicht. Morgen ist der Orientierungsabend für das Nationalparkprojekt, schon vergessen?»

«Stimmt.» Die Enttäuschung stand ihm ins Gesicht geschrieben.

«Keine Angst, ich lass dich zu deiner Anna.»

«Sie ist nicht meine Anna!» protestierte Marco. «Was du immer denkst!»

Salvo hob die Hand. «Gut dass ihr davon sprecht, Giulia! Wenn es irgendwie hilft, kannst du den Leuten sagen, dass ich hinter allem stehe, was ihr plant. Aber jetzt muss ich leider los und das Haus in Ordnung bringen.»

«Schlafen die beiden morgen bei dir?»

«Frag Marco, der hat den direkten Draht!»

Nicht zum ersten Mal an diesem Abend lief der Junge rot an. «Davon hat sie nichts geschrieben.»

«Wir werden sehen. Danke für das Essen, Giulia.»

«Es ist dir wirklich ernst? Ich meine, vielleicht erwähne ich in der Versammlung wirklich deinen Namen!»

«Tu das. *Buona notte.*»

Eine Viertelstunde später sass er wie jede Nacht auf dem Felsvorsprung neben dem Kreuz. Eines der Rituale, ohne die er sich seinen Tagesablauf nicht mehr vorstellen konnte. «Sie kommt zurück, Maurizio. Morgen. Morgen ist der Tag ihrer Entscheidung. Und ich habe ziemlich miese Karten. Oder was denkst du?»

22.   ANNA E MARCO

Nach einer Stunde Wartezeit kam Bewegung in die Kolonne. Die Lastwagen auf der Sperrspur wurden in regelmässigen Abständen zwischen die Personenfahrzeuge geschleust. Mitra prüfte unwillkürlich das Kennzeichen des vor ihr in den Tunnel einfahrenden Trucks. Er kam aus Holland. Sie stellte die Klimaanlage auf Innenzirkulation, nach einigen hundert Metern wurde die Fahrweise innerhalb der Kolonne regelmässiger. Sie schaltete den Tempomaten ein, entspannte sich ein wenig. Liess sie sich von Salvos Geld korrumpieren? In ihrer Entscheidung beeinflussen? Der Volvo-Kombi hatte das Doppelte von dem gekostet, was sie mit ihrem Teilzeitjob im Jahr verdiente. Aber nur ein Drittel des Betrages, der ihr nun jährlich überwiesen wurde. Salvos Anwalt hatte ihr die Regelung ausführlich erklärt: Das gewaltige Vermögen, das sich auf dem Sperrkonto angehäuft hatte, erhielt Anna bei Erreichen des dreissigsten Altersjahres. Ein festgelegter Betrag gehe alljährlich an Mitra, bis ihre Tochter volljährig sei, danach direkt an Anna.

Zum ersten Mal in ihrem Leben hatte sie statt eines Gebrauchtwagens ein fabrikneues Auto mit Klimaanlage und allen möglichen Schikanen gekauft. Ein sicheres Familienfahrzeug! hatte der Verkäufer ihre Gewissensbisse gedämpft, unterstützt von Anna. Einmal in ihrem Leben dürfe Mitra sich ein bisschen Luxus gönnen! Wie zur Bestätigung schlief Anna seit dem Seelisbergtunnel – demonstrativ in die weichen Lederpolster gefläzt.

Das Geld gehöre Anna, hatte der Anwalt betont. Seit der Eröffnung des Kontos sei es nicht angerührt worden, weiterhin fliesse die Hälfte aller Tantiemen der Dileo-Songs darauf. Ihre Tochter habe ausgesorgt.

Und damit auch sie. Das Geld machte sie auf einen Schlag unabhängig! Von Rolf. Von ihrem Job, der sie schon lange nicht mehr befriedigte.

Eine Freiheit, die sie mehr verwirrte als beruhigte. Hatte Salvo genau das bezweckt? Wollte er ihre Entscheidung beeinflussen? Kaum. Für ihn war es Maurizios Geld. Zumindest in dieser Hinsicht war er ehrlich geblieben.

Willst du dich scheiden lassen? hatte Rolf gefragt, nachdem er sich die ganze, verworrene Geschichte angehört hatte. Die Unsicherheit in seiner Stimme! Seine Angst traf sie im Innersten.

Sie wisse es nicht.

Und Manuel? Und wir?

Sie hatte nicht geantwortet.

Sie wusste es nicht.

Die Schlusslichter des Lastwagens vor ihr leuchteten auf. Mit einem kurzen Tritt auf die Bremse schaltete sie den Tempomaten aus. Sie brauchte mehr Zeit. Anna hatte sie zu dieser Fahrt überredet. Wenn sie herausfinden wolle, welche Gefühle stärker seien, müsse sie etwas tun! Mitra war noch nicht bereit gewesen. Hatte zurückgefragt, ob Anna nicht von ihren eigenen Gefühlen für Marco spreche. Sie wolle ja niemanden heiraten, hatte Anna lachend protestiert, keiner zwinge sie zu einer Entscheidung!

Das Privileg der Jungen.

Die Schilder an der Tunnelwand und die Markierungen auf der Strasse erinnerten sie an den Sicherheitsabstand von hundertfünfzig Metern. Mitra nahm den Fuss vom Gaspedal. Sie wusste nicht, was tun. Sie verstand noch immer nicht, was passiert war. Bestand noch eine Gefahr? Oder hatte sie sich die Bedrohung nur eingebildet? Wer hatte das Tor zur Kluft zugemauert? Wer war Michele wirklich? Donato hätte keine Familie, keinen Neffen mit diesem Namen! hatte Salvo gesagt. Als sie insistiert und Michele beschrieben hatte, war er wieder eingeschlafen.

Donato sass im Gefängnis. Einige Mitarbeiter seiner Produktionsgesellschaft ebenfalls. Sie hoffte nur, Michele oder wie immer ihr temporärer Geliebter in Wirklichkeit hiess, war darunter.

Salvo hatte vergangene Woche der *Stampa* ein langes Interview gegeben. Er habe eine Auszeit benötigt, er sei müde, ausgelaugt. Natürlich sei er schockiert von den Machenschaften seines Managers. Er habe nichts davon gewusst, stünde den Untersuchungsbehörden jederzeit zur Verfügung. Alle geschäftlichen Angelegenheiten habe er seinem Schweizer Anwalt übertragen. Er wolle neu beginnen, sein Plattenvertrag laufe ohnehin aus.

Sollte sie Salvo vom Plattencover in Donatos Studio erzählen? Selbst einfachste Fragen mündeten in komplexe Überlegungen. Sie verzettelte sich. Wenigstens behielt Rolf die Übersicht. Sie bewunderte ihn für seine fatalistische Ruhe. Sie solle fahren, er könne ohnehin nichts dagegen tun. Er werde das Wochenende mit Manuel verbringen ... und ob er den Kleinen auf eine mögliche Trennung vorbereiten müsse?

Der Stich war wohlgesetzt.

Sie war Mutter, sie hatte sich entsprechend zu verhalten. Durfte Manuel die Welt, in der er sich täglich ein wenig sicherer bewegte, nicht durcheinanderbringen. Bereits hörte sie ihn fragen, weshalb Papa nicht mehr in derselben Wohnung wohne.

Jeder Meter, der sie der Gotthard-Ausfahrt, dem Süden, der Sonne näher brachte, vergrösserte ihre Unsicherheit. Verfluchtes weibliches Verantwortungsgefühl! Zum ersten Mal hatte sie die Möglichkeit der freien Wahl, konnte kündigen und ihre Idee mit der Internet-Datenbank weiterentwickeln, konnte diesen Mann haben oder den anderen – und sie war überfordert! Es erstaunte sie nicht. Bisher hatte ihr das Schicksal alle Entscheidungen abgenommen. Angefangen mit Maurizios Tod und

Annas Geburt. Danach war alles weitere vorgezeichnet gewesen. Das atemlose Rennen einer Alleinerziehenden, dem Leben hinterher. Das Schicksal hatte wirklich Sinn für Ironie. In der Vergangenheit waren ihr alle Entscheidungen abgenommen worden, kaum holte sie die Vergangenheit ein, durfte sie sich nicht länger vor einer Entscheidung drücken!

Für Salvo oder gegen Salvo.

Als wolle sie einer prüfen, ob sie etwas dazugelernt hatte.

Sie passierte das Südportal des Tunnels, Anna regte sich. Sonnenschein flutete in den Wagen, wie eine Stunde zuvor, als sie aus dem letzten Luzerner Umfahrungstunnel herausgefahren war, die Sicht endlich frei auf den tiefgrünen Vierwaldstättersee.

Weshalb nicht Luzern, fragte sie sich erneut, diesmal schien ihr die Idee nicht mehr so abwegig. Eine hübsche Wohnung in Seenähe, nicht sehr gross, für sie, Anna, Manuel. In der Mitte zwischen Zürich und dem Quarta-Tal. Zwischen Rolf und Salvo.

Sie konnte es sich leisten. Sie war frei.

Ein fauler Kompromiss.

Ein Mann hätte damit leben können.

«Erzähl mir von Marco.» Mitra brauchte Ablenkung. Das Karussell ihrer Gedanken drehte zu schnell.

«Was weiss ich, was du nicht weisst?» fragte Anna kokett.

«*Anna come sono tante, Anna permalosa ...*» sang sie.

«Ich bin nicht wie andere und nehme gar nichts übel!»

«*Marco grossescarpe e poca carne.*»

«Marco trägt normale Schuhe und ist nicht dünn! Ich weiss gar nicht, worauf du hinauswillst. Und überhaupt: Was kann ich dafür, dass er gerade Marco heisst? Nur weil du dieses Lied so geil findest, heisst das noch lange nicht ...»

«Was hast du in den letzten Wochen jeden Abend am Computer gemacht?» unterbrach Mitra.

«Gemailt», gestand Anna überraschenderweise. Sie wollte darüber sprechen. Die Geschichte war wohl doch ernster!

«Weshalb gerade mit Marco?»

«Damit ich mein Italienisch perfektioniere. Deine Rede!»

«Natürlich. Und sonst.»

«Er gefällt mir halt.»

«Was gefällt dir?»

«Seine ... seine Unbeholfenheit. Seine Ehrlichkeit. Er ist ... anders als die Jungs, die ich kenne.»

«Anders als der, von dem du mir erzählt hast?»

«Ja. Bodenständiger. Nein, das ist das falsche Wort. Nicht im Sinn von Landei. Er kennt ja alles, Internet, Musik und so.»

«Geerdeter?» schlug Mitra vor.

«Ja. Er sieht gut aus, nicht?»

Mitra schaute hinüber. Anna hoffte offensichtlich auf eine Bestätigung.

«Du findest den anderen attraktiver, wenn ich deine Frage richtig deute.»

«Nein. Ja.»

«Marco ist kein Schönling. Auf die Typen würde ich ohnehin nicht setzen. Egal was deine Freundinnen sagen, wenn du ihnen Fotos zum Vergleich vorlegst.»

Annas Reaktion zeigte ihr, dass sie genau das getan hatte.

«Woher hast du ein Bild von ihm, Tochter?»

«Er hat mir eines gemailt!» Anna stockte. «Was hast du gegen die Schöneren?» fragte sie dann.

«Nichts. Doch denen fällt in eurem Alter alles zu. Sie sind verwöhnt. Halten die Zuwendung und Aufmerksamkeit, die sie erhalten, für selbstverständlich. Geben sich deshalb weniger Mühe als jene, die wissen, was sie verlieren können – weil sie öfter mal etwas verlieren. Doch das weisst du im Grunde selber. Hat Marco in den Mails viel von sich erzählt?»

«Schon.»

«Intimere Dinge als der andere?»

«Schon.»

«Siehst du.»

Anna schwieg einen Moment. «Und du? Was überlegst du? Gatto Dileo wartet seit siebzehn Jahren auf dich. Er wird dir die Welt zu Füssen legen.»

«Ich würde nur darüber stolpern.»

Die Antwort war ihr spontan herausgerutscht, sie verstand erst gar nicht, weshalb Anna lachte. «Schau Anna, bei unserer Geschichte hinkt jeder Vergleich! Ich muss erst herausfinden, wer er heute ist.»

«Das weisst du nicht?»

«Nach drei Tagen an seinem Krankenbett? Die Hälfte davon war er bewusstlos oder hat im Fieber wirres Zeug geredet.»

«Marco schreibt, sie wären richtige Freunde geworden. Gatto nimmt ihn im Winter mit auf seine nächste Tournee, stell dir mal das vor! Er bildet ihn zum Tontechniker aus.»

«Was du alles weisst! Hat Salvo mit ihm über mich gesprochen?»

«Marco hat nichts dergleichen erwähnt. Soll ich ihn fragen?»

«Tu das. Über Männer kann man nie genug wissen!»

«Wem sagst du das!»

«Meiner altklugen, frühreifen sechzehnjährigen Tochter, die sehr vorsichtig sein wird, wenn es ernst wird!»

«Mutter, das war ...»

«... überflüssig, ich weiss.»

Sie stand auf der Terrasse, beobachtete Anna und Salvo, die unten beim Kreuz auf dem Felsvorsprung sassen. Marco war unterwegs zum Laden, in der Aufregung des Wiedersehens war das Fleisch für das Nachtessen liegengeblieben. Sie hatte ihn gebeten, ihre Jacken aus dem Rustico zu bringen. Die Sonne verschwand hinter dem Monte Valsano. Die Kleider aus Petrellas Laden erzielten bei Salvo und Marco beträchtliche Wirkung, aber der Abendwind bestätigte das Ende des Hochsommers, liess sie frösteln. Der Falke, der ohne Flügelschlag über der Schlucht kreiste, fand mehr Gefallen an der frischen Brise. «Jetzt bist du ein Star», murmelte sie. «Zu sehen auf jedem europäischen Musiksender. Flieg nicht zu hoch!»

Nach dem Essen wollte Anna mit Marco und seinen Freunden an den See fahren, rechtzeitig für das grosse Feuerwerk. Die Aussicht auf die Stunden alleine mit Salvo machte sie nervös. Sie konnte Rolf nicht aus ihren Gedanken verdrängen. Er sass mit Manuel zu Hause, malte sich aus, was sie ...

Abrupt wandte sie sich ab, ging in den Torre. Er habe ihr einen Brief hingelegt, hatte Salvo ihr zugeflüstert, oben im Tonstudio! Für den Fall, dass er ihr nicht sagen könne, was er sagen musste. «Männer!» hatte sie kopfschüttelnd geantwortet. Nun fühlte sie sich selbst unbehaglich. Langsam stieg sie die Treppe hoch. Das Studio war aufgeräumt, wirkte aber nicht mehr unbenutzt, trotz des offenen Fensters hingen Reste von Zigarettenrauch einer langen Nacht in der Luft. Sie nahm den Umschlag vom Mischpult.

Er hatte den Brief mit Tinte auf Büttenpapier geschrieben.

Nach den wenigen Zeilen blieb sie wie erschlagen sitzen. Das änderte alles. Nie ... niemals hätte sie Salvo das zugetraut. Kein Wunder, dass seine Schuldgefühle tiefer waren als ihre! Wenn wirklich jemand für

Maurizios Tod Verantwortung trug, dann er. Sie sprang auf. Wollte das Haus, das Tal auf der Stelle verlassen. Ihm zum Abschied eine Ohrfeige verpassen und ihn dann nie wiedersehen.

Sie zwang sich zu Besonnenheit. Sie waren zwanzig gewesen. Er eifersüchtig. Und sie ... sie hatte mit Maurizio geschlafen. An jenem Tag. Ohne schlechtes Gewissen. Dennoch, sein Verrat war eine Frage des Charakters, nicht des Alters.

Änderte dieses Geständnis tatsächlich etwas? Liess sich irgendwas ändern? Sie trat ans Fenster. Anna und Salvo sassen noch immer vor dem Kreuz. Erzählte er ihr gerade, was in dem Brief stand?

Sie hoffte nicht.

Es war Zeit, diesen Teufelskreis zu sprengen, wurde ihr plötzlich klar. Salvos Geständnis würde ihre Entscheidung bezüglich der Zukunft beeinflussen, das fühlte sie bereits. Dennoch musste sie ihm verzeihen. Sonst fanden sie nie Ruhe. Wurde Maurizios Selbstmord durch Salvos Verhalten damals noch sinnloser? In gewisser Weise schon, doch das waren Kategorien, in denen sie nicht mehr denken wollte!

Salvo hätte diese Sache für sich behalten können. Sie wusste, welche Überwindung es ihn gekostet hatte. Nur sie konnte den Weg ermessen, den er gegangen war.

Ein Bass lehnte zwischen zwei Gitarren an der Wand. Sie hängte ihn um. Das lange vermisste Gefühl sinnlicher Nonchalance, das die ersten Jahre der Triade geprägt hatte, durchströmte sie schon während der ersten Läufe – so fehlerhaft sie waren. Sie drehte den Verstärker ein wenig auf. Versuchte sich an der schleppenden Basslinie von *Vita spericolata*.

Als sie die Augen wieder öffnete, sass Salvo neben ihr, die Elektrische auf den Knien. Er sang mit brüchiger Stimme. Anna lehnte am Türrahmen, Marco stand hinter ihr. Sie nickte ihrer Tochter zu, war für Sekunden glücklich, weil Anna ihren Stolz nicht verbarg.

Salvo zupfte einen Schlussakkord, Anna und Marco applaudierten begeistert.

«Ihr könntet gemeinsam auftreten!» schlug Marco vor.

«Wenn du wirklich Tontechniker werden willst, musst du ein feineres Gehör entwickeln!» sagte sie, mehr selbstironisch.

«Schlecht warst du nicht», widersprach Salvo.

«Falsche Komplimente machen mich hungrig!» Sie sprang auf, stellte den Bass in die Ecke. Die Situation war ihr plötzlich peinlich. Sie konnte die letzten siebzehn Jahre nicht ungeschehen machen, musste die nostalgischen Gefühle endlich ablegen. «Das hatte nichts zu bedeuten», murmelte sie, als sie an Salvo vorbeiging.

Die Zeit verging im Flug. Mitra erzählte von Cortona. Von ihrer Begegnung mit Donato, vom Albumcover, vom Unfall, erwähnte selbst ihren Verdacht bezüglich Michele. Salvo hörte gespannt zu, sie sah, dass er von all dem nichts geahnt hatte. Wiederholt murmelte er, das müsse er seinem Anwalt berichten, da bleibe einiges zu klären.

Danach war die Reihe an ihm. Er schilderte ihnen das chronische Erschöpfungssyndrom mit seinen Symptomen. Dann fasste er die Geschichte des Strahlers zusammen. Sprach mit einer Anteilnahme, die jede Zwischenbemerkung ausschloss. Seine Betroffenheit machte Mitra bewusst, wie sehr er in der Höhle gelitten hatte. Wie nahe ihm der Selbstmord des kleinen Mädchens ging! Er gab sich die Verantwortung dafür. Und er vermied jeden Vorwurf, als ... als verdanke er Matteo sein Leben. Womöglich empfand er es wirklich so, schloss Mitra daraus. Die Grenzerfahrung hatte ihm einen Ausweg aus seiner Krankheit gezeigt.

Marco ergänzte Salvos Schilderung mit der Sprengung der Kluft. «Bleibt das Rätsel um die Mauer», fügte er hinzu. «Ich bin jetzt sicher: Dahinter steckt dieser Michele!»

«Und damit Donato», ergänzte Mitra. «Sie haben Salvos Mailbox manipuliert, weil sie herausfinden wollten, wo er sich versteckt.»

«Ich habe es euch schon tausendmal gesagt, ihr schaut zu viele Filme», fiel Anna ihnen ins Wort. «Wie hat Michele wissen können, dass Salvo oben in der Kluft ist? Wenn er uns hierher gefolgt ist, kam er erst im Tal an, als Salvo bereits eingeschlossen war!»

Die andern schauten Anna verdutzt an.

«Sie hat recht», sagte Salvo. «Ihr habt mich ja auch nur dank meiner Nachricht gefunden.»

«Welche Nachricht?» fragte Marco als erster.

«Der Zettel für dich!»

«Du hast ... also doch!» Marco schaute sie triumphierend an. «Versteht ihr nicht? Der Zettel war weg! Michele muss ihn gefunden haben. Dann hat er im Dorf nachgefragt, wo dieser Strahler lebt – schon war er oben.»

«Das ist auch nur eine Theorie.»Anna gab sich noch nicht geschlagen. «Vielleicht war es doch die letzte Rache des Strahlers! Er hätte die Steine von innen aufmauern können. Das war doch deine Theorie, Marco! Vielleicht wollte er dich bis zuletzt hoffen lassen, Gatto!»

«Ich schätze ihn anders ein.» Salvos Stimme war leiser geworden. «Er hatte ein grosses Herz, nur war es ihm stückweise herausgerissen worden.»

Die drei schauten ihn erstaunt an.

«Entschuldigt, ich werde blumig, wenn ich an neuen Songs arbeite. Dein Vater konnte das besser, Anna.»

«Woran arbeitest du?»fragte Mitra.

«Ein Konzeptalbum. Nicht gerade im Trend, ich weiss. Aber was im Trend ist, kümmert mich nicht mehr. *La figlia del dolore* heisst der Titel.»

«Zu dick aufgetragen», kritisierte Anna ungefragt. «Brauch ihn als Songtitel. Für eine CD ist er zu kitschig. Nimm einfach ihren Namen! Wie hiess das Mädchen? Ella? Ella – der ideale Titel.»

Amüsiert registrierte Mitra Salvos Verblüffung.

«Natürlich zu spät!» kommentierte Marco etwas später das Hupkonzert oben auf der Strasse. «Komm, Anna, wir verpassen das Feuerwerk!»

«Um zwei Uhr seid ihr zurück. Keinen Alkohol für den, der fährt!»

Mitra küsste Anna zum Abschied. Salvo trug das schmutzige Geschirr in die Küche, kam mit zwei Gläsern Grappa wieder.

«Eigenbrand von Giulia!» erklärte er.

Sie nippte daran. «Wunderbar.»

Die plötzliche Stille verstärkte ihre Befangenheit. Erstmals seit siebzehn Jahren waren sie alleine. Worüber sprach man in einer solchen Situation? Nach seinem Geständnis? Sie nahm einen kräftigeren Schluck.

«Ich wollte ...»

«Du solltest ...»

«Entschuldige, du zuerst.»

«Ich verspreche dir nichts, Salvo.»

«Musst du nicht.»

«Vielleicht ist das unser letztes Wochenende. Dein Brief, ich hätte nicht gedacht ...»

«Ich weiss. Was du auch beschliesst, ich werde dich trotzdem lieben. Immer.»

«Vielleicht sterben wir morgen.»

«Ich hoffe nicht.»

«Wirklich nicht?»

«Nicht mehr.»

«Wegen mir?»

«Nicht nur. Ich ... ich muss hier noch einiges erledigen.»

«Gut, denn ich glaube nicht ... übrigens, ich muss dir etwas zeigen!» Sie holte ihre Tasche, zog das Foto aus dem Bettgestell im Kloster heraus.

«Erinnerst du dich?»

Er nahm es. Lächelte. *«Ti sei accorta che facciamo l'amore?»*

Sie war vor ihm stehen geblieben. Dieses verdammte Geständnis – weshalb hatte er es nicht für sich behalten! Es wühlte sie noch immer auf. Zugleich machten sie noch ganz andere, weniger moralische Gedanken kribbelig. Schluss mit der Heuchelei! Sie wollte seinen Körper spüren, seine Nähe. Musste das letzte fehlende Teilchen ins Puzzle einsetzen.

«Wo waren wir vor siebzehn Jahren stehengeblieben ... Ach ja, du warst damals sehr ... ausdauernd!»

Salvo fuhr sich verlegen über seine Stoppelfrisur. «Ich hatte mich entsprechend vorbereitet. Kurz davor. Auf der Toilette.»

«Tatsächlich?»Sie gab sich einen Ruck und setzte sich rittlings auf seinen Schoss, ihre Lippen dicht an seinem Ohr. «Was genau hast du da getan? Auf der Toilette im Kloster der Sorelle ...»

«... dei poveri di Santa Caterina?»

Sie verlor jede Beherrschung. Danach nahm er das leere Grappaglas vom Nachttisch, fing damit einige ihrer Tränen auf.

Als sie ihn soweit hatte, nahm sie dasselbe Glas. Es füllte sich milchigweiss. Einen Moment lang bedauerte sie, dass nichts mehr so einfach war wie einst. Dann setzte sie es an seine Lippen.

Die Nachtluft kühlte ihre schweissgetränkte Haut. Ein halber Mond stand silbern über dem Monte Valsano. Es war schön gewesen mit ihm. Seine Unsicherheit, seine Zärtlichkeit, die Küsse ...

Und doch war ihr seine Haut fremd geblieben.

Unschlüssig stand sie vor ihrem Wagen. Sollte sie wirklich alleine in den Rustico zurückkehren? Kurzentschlossen nahm sie den Weg zurück, in die Schlucht hinab, setzte sich auf dem Felsvorsprung neben das Kreuz.

Eigentlich hatte sie ihre Entscheidung getroffen. Bis zu einem gewissen Grad war sein Geständnis der Grund dafür. Die Erkenntnis, dass sie Salvos Ehrgeiz und seine Skrupellosigkeit damals falsch eingeschätzt hatte. Andererseits hatten ihn die Ereignisse der letzten Wochen verändert, das war offensichtlich. Vieles von dem, was er in den letzten siebzehn Jahren getan hatte, wollte er wiedergutmachen. Doch wie lange würde seine Reue anhalten?

Vielleicht ... vielleicht fehlte ihr ja auch nur der Mut, Rolf zu verlassen und ihr Leben umzukrempeln.

«Verdammt, Maurizio, was soll ich tun? Jetzt schwanke ich schon wieder. Nein, schweig lieber, objektiv bist du ja wohl zuletzt!»

Sie mahnte sich zur Besonnenheit. Sicher war im Moment nur eines: Sie wollte morgen zurückkehren. Zu Manuel und Rolf. Und sogleich ihren Job kündigen. Das Internetprojekt in Angriff nehmen, das sie im Hinterkopf ständig weiterentwickelt hatte. Versonnen betrachtete sie das Kreuz. Weshalb sollte nicht auch sie Maurizio ein Denkmal setzen, ihre Kontaktbörse nach ihm benennen? Amici di sempre ... nein, englisch wäre besser: *friends ... friendsofmaurizio.ch.*

«Eine Schnappsidee? Eine sehr weibliche Idee, Maurizio! Die finden Männer so lange bescheuert, bis sie jenen Erfolg zeitigen, den sie dann für sich beanspruchen können.»

Gelächter oben auf der Strasse riss sie aus ihren Gedanken. Autotüren wurden zugeschlagen, kurz darauf traten Anna und Marco aus dem Schatten der Bäume.

»Anna würde es mir nicht verzeihen, wenn wir nicht mehr hierherkämen. *Qualcuno li ha visti tornare tenendosi per mano.* Erinnerst du dich an unseren Streit über diese letzte Zeile des Liedes, Maurizio? Jemand hat sie Hand in Hand zurückkommen sehen – du fandest das zu pathetisch, weil du nicht eingestehen konntest, wie nahe es dir ging.»

Anna und Marco blieben auf der Brücke stehen. Mitra zog sich in den Schatten der Felswand zurück.

«Zugegeben, dass er ausgerechnet Marco heisst, finde sogar ich ein bisschen kitschig. Aber stell dich nicht an, Maurizio, gib ihnen deinen Segen! Schick Anna eine Sternschnuppe – oder was immer du da oben gerade zur Hand hast.»

Urs Augstburger

Gatto Dileo

Eine Liebesballade

bilgerverlag

(M)eine Meinung zu: Gatto Dileo

—— Bitte schicken Sie mir Ihr Verlagsverzeichnis.

Ich bestelle aus dem bilgerverlag:

—— Ex. Augstburger: Gatto Dileo. 36.- Sfr.

—— Ex. Wandeler-Deck: Piraten. 38.- Sfr.

—— Ex. Goetsch: X. 34.- Sfr.

zzgl. Versandkosten

Absender:

Mailadresse:

www.bilgerverlag.ch

bilgerverlag
Josefstrasse 52
CH - 8005 Zürich

Bitte
frankieren

Discographie:

Vita spericolata (Tullio Ferro/Vasco Rossi)
CD Vasco Rossi: Bollicine (Carosello/Dischi ricordi, 1983)

Va bene, va bene così (Roberto Casini/Vasco Rossi)
CD Vasco Rossi: Va bene, va bene così (Carosello/Dischi ricordi, 1984)

Eccetera Eccetera (Zucchero/P. Panella)
CD Zucchero: Bluesugar (PolyGram, 1998)

L'odore del sesso (Luciano Ligabue)
CD Ligabue: Miss Mondo (Warner Music, 1999)

La nostra storia (Luca Carboni)
CD Luca Carboni: Luca (RCA/BMG, 2001)

1983 (Lucio Dalla)
CD Lucio Dalla: 1983 (RCA, 1983)

Le porte del sogno (R. Kunstler/S. Cammariere)
CD Sergio Cammariere: Dalla pace del mare lontano (EMI, 2002)

Disperati complici (Mogol-Cellamare)
CD Dalla/Morandi: Dalla/Morandi (RCA/BMG, 1988)

Anna e Marco (Lucio Dalla)
CD Lucio Dalla: Lucio Dalla (RCA, 1978)

Der Autor dankt Thomas Stuckenschmidt, Monika Schärer und Gabriela Bloch Steinmann, sowie dem Aargauer Kuratorium und der UBS-Kulturstiftung für die finanzielle Unterstützung.

Urs Augstburger lebt und schreibt in Ennetbaden und Disentis. www.schrifsteller.net

Die Liebesgeschichte von Matteo Mela und Luana lesen Sie in Urs Augstburgers Roman «Für immer ist morgen» (Bilger Verlag, Zürich/Deutscher Taschenbuchverlag, München)

Weitere Informationen, Hörproben und Videoclips zu den Büchern von Urs Augstburger finden Sie auf www.schriftsteller.net

Bisherige Veröffentlichungen:
Für immer ist morgen. Roman, 1997 (bilgerverlag)
Chrom. Roman, 1999 (bilgerverlag)
Schattwand. Ein Bergdrama, 2001 (bilgerverlag)

Korrektorat: Franziska Schwarzenbach, Zürich
Gestaltung: Dario Benassa www.purpurnet.com
Schrift: Garamond Berthold
Druck: Friedrich Pustet KG, Regensburg

ISBN 3.908010.68.3